本书获华中师范大学公共管理学院资助

农村土地信托流转中
农户福利变化及主观响应研究

李名峰 / 著

吉林大学出版社
·长春·

图书在版编目（CIP）数据

农村土地信托流转中农户福利变化及主观响应研究 / 李名峰著. -- 长春：吉林大学出版社，2025.5.
ISBN 978-7-5768-5196-0
Ⅰ．F321.1；F323.89
中国国家版本馆 CIP 数据核字第 2025YZ8809 号

书　　名：	农村土地信托流转中农户福利变化及主观响应研究
	NONGCUN TUDI XINTUO LIUZHUAN ZHONG NONGHU FULI BIANHUA JI ZHUGUAN XIANGYING YANJIU
作　　者：	李名峰
策划编辑：	卢　婵
责任编辑：	卢　婵
责任校对：	王默涵
装帧设计：	叶扬扬
出版发行：	吉林大学出版社
社　　址：	长春市人民大街 4059 号
邮政编码：	130021
发行电话：	0431-89580036/58
网　　址：	http://press.jlu.edu.cn
电子邮箱：	jldxcbs@sina.com
印　　刷：	武汉鑫佳捷印务有限公司
开　　本：	787mm×1092mm　　1/16
印　　张：	15
字　　数：	220 千字
版　　次：	2025 年 5 月　第 1 版
印　　次：	2025 年 5 月　第 1 次
书　　号：	ISBN 978-7-5768-5196-0
定　　价：	85.00 元

版权所有　翻印必究

前　言

通过土地流转实现农业规模化经营，是我国传统农业向现代化转型的必由之路。在这一进程中，农村土地信托作为一种创新的土地流转模式，将信托制度巧妙引入农村土地流转领域，通过签订土地信托契约，明确界定信托当事人的权利和义务。相较于传统的自发流转方式，农村土地信托展现出更高的公平性和规范性。农村土地信托流转历经多年实践，现已逐渐成熟。农户作为农村土地信托的最大参与群体，其在土地信托中的行为响应及福利变化，不仅关乎农村土地信托的顺利推进，更直接影响到国家"引导小农户进入现代农业发展轨道"战略的实施成效。

本书深入探讨了农户参与土地信托的行为响应及土地流转前后的福利变化，旨在探寻提升农用地资源配置和利用效率、增进农户福利的有效途径。具体研究内容涵盖以下5个方面。

第一，本书细致研究了农户在农村土地信托流转中的福利变化情况。一方面，基于详尽的问卷统计数据，本书从农户的工作类型、家庭主要收入来源、家庭年收入与年支出费用等多个维度，全面剖析了参与农村土地信托流转前后农户家庭内部的福利变化。另一方面，依托实地调研所获取的第一手资料，深入分析了地方政府通过推动农村土地信托流转，在带动农村基本农田整治、"美丽乡村"建设、脱贫攻坚、乡村治理等方面所取得的显著进展，以及这些进展对农户福利产生的深远影响。

第二，本书对"邓州模式"与"宿州模式"下的信托公司与新型农业经营主体（以下简称"农村土地信托参与企业"）的行为策略进行了比较分析。首先，对比分析了两种模式在运作流程上的异同。其次，分别构建了"邓州模式"与"宿州模式"下的农村土地信托参与企业行为策略的演化博弈模型，深入推导农村土地信托参与企业行为策略形成的动态演化过程，并据此解释两种模式下农村土地信托参与企业行为策略存在差异的内在机理。最后，通过数值仿真分析，进一步验证了演化博弈推导的结果。

第三，本书从计划行为理论的视角出发，深入探究了农户土地信托决策机制。基于计划行为理论，构建了包含行为态度、知觉行为控制和主观规范3个维度的农户土地信托流转决策分析框架，并据此建立结构方程模型，对农户土地信托流转行为决策的影响因素进行实证分析。研究结果显示，农户的认知"促进性"效应和农业经营情况"抑制性"效应对农户土地信托流转行为决策产生了显著影响。

第四，本书探讨了可持续生计资本对农户土地信托流转意愿的影响。在可持续生计资本分析框架下，将人力资本、自然资本、金融资本、物质资本、社会资本5类生计资本作为前因条件，将问卷调查获取的农户土地流转意愿数据作为结果条件，构建模糊集定性比较分析模型。经过严格的变量校准、必要性检验和组态充分性分析，最终归纳出3类能有效提高农户土地流转意愿的生计资本条件组态。

第五，本书对农户土地信托流转满意度的影响因素进行了深入分析。借鉴顾客满意度理论框架，将农户视为"顾客"，选取个人特征、家庭禀赋、土地特征、外部环境和土地信托流转满意度5个维度的变量作为潜变量，以调查问卷中的18项变量作为观察变量，构建农户土地信托流转满意度结构方程模型。通过该模型，成功识别出影响农户土地信托流转满意度的关键因素。

在上述研究的基础上，本书提出以下政策建议：各级地方政府应准确定位自己在农村土地信托中的角色，积极推动农村土地信托市场化流转价格形成机制的建立，构建完善的农村土地信托风险防范体系，加强农村土地信托流转的相关法律法规建设，同时加大农村土地信托知识和法规的宣传力度。

尽管作者团队付出了诸多努力，但本书仍可能存在不足之处。诚挚希望阅读本书的专家、同仁提出宝贵的意见，以便我们进一步完善书稿，提升作品的质量。

李名峰

2024 年 11 月

目 录

第1章 绪　　论 ·· 1

  1.1 研究背景 ·· 1

  1.2 研究意义 ·· 4

  1.3 国内外研究述评 ·· 5

  1.4 研究内容及技术路线 ·································· 34

第2章 邓州市农户在农村土地信托流转中的福利变化 ······ 37

  2.1 实地调研概况 ·· 37

  2.2 农户在农村土地信托流转中的福利变化分析 ······ 44

  2.3 研究结论 ·· 57

第3章 不同信托模式下信托公司与新型农业经营主体行为

       策略比较 ·· 59

  3.1 农村土地信托流转发展历程 ·························· 59

3.2 宿州市与邓州市农村土地信托流转模式 …………………… 63
3.3 农村土地信托流转参与方的利益博弈 …………………… 73
3.4 "宿州模式"与"邓州模式"对比分析 …………………… 92
3.5 "宿州模式"与"邓州模式"对比的反思与启示 ………… 97

第4章 计划行为理论视角下的农户土地信托决策机制 … 103

4.1 计划行为理论发展及对农户行为的解释 ………………… 103
4.2 农户流转决策行为的计划行为理论分析框架 …………… 107
4.3 农户土地信托流转决策模型构建 ………………………… 117
4.4 农户土地信托流转行为决策影响因素分析 ……………… 127
4.5 研究结论 …………………………………………………… 131

第5章 可持续生计资本对农户土地信托流转意愿的影响……………………………………………………… 133

5.1 既有文献对农户土地流转意愿的研究 …………………… 133
5.2 农户土地信托流转意愿模型构建 ………………………… 137
5.3 数据分析 …………………………………………………… 147
5.4 研究结论 …………………………………………………… 156

第6章 农户土地信托流转满意度影响因素分析 ………… 158

6.1 顾客满意理论及土地流转满意度研究 …………………… 158
6.2 农户土地信托流转满意度模型构建 ……………………… 162
6.3 农户土地信托流转满意度的影响因素分析 ……………… 174

6.4 研究结论 …………………………………………… 182

第7章 进一步推动农村土地信托流转健康发展的政策建议 …………………………………… 185

　　7.1 找准地方政府在农村土地信托中的角色定位 ……… 185
　　7.2 建立农村土地信托市场化流转价格形成机制 ……… 187
　　7.3 构建农村土地信托的风险防范体系 ………………… 189
　　7.4 加强农村土地信托流转的相关法律法规建设 ……… 191
　　7.5 提高土地信托失地农户的社会保障水平 …………… 193
　　7.6 加大农村土地信托知识和法规的宣传力度 ………… 195

参考文献 ……………………………………………………… 197

附录1 实地调查问卷 ………………………………………… 218

附录2 实地调研收集的部分资料 …………………………… 225

附录3 实地调研的部分影像记录 …………………………… 226

后　　记 ……………………………………………………… 229

第 1 章　绪　　论

放活土地经营权，推动土地经营权有序流转，政策性很强，要把握好流转、集中、规模经营的度，要与城镇化进程和农村劳动力转移规模相适应，与农业科技进步和生产手段改进程度相适应，与农业社会化服务水平提高相适应。

——习近平 2016 年 4 月 25 日在安徽省凤阳县小岗村农村改革座谈会上的讲话

1.1　研究背景

通过农村土地流转实现农业规模化经营是我国传统农业向现代化发展的必然选择。统计数据显示，截至 2022 年，我国农村家庭承包耕地土地经营权流转（含出租、入股，不含转让、互换）总面积为 5.76 亿亩[1]，占全国家庭承包经营耕地面积的 36.73%；流转出承包耕地的农户数 7 681.47 万户，占家庭承包经营总户数的 34.8%[2]；农业产业化龙头企业超过 9 万

---

[1] 1 亩 ≈ 666.69 m^2。
[2] 吴宏耀. 巩固和完善农村基本经营制度［N］. 学习时报，2024–10–21（1）.

家[1]，在工商部门登记注册的农民合作社和家庭农场分别达到224.36万个和60万个[2]。新型农业经营主体大量涌现，加速了多种形式农村规模经营的发展。

农村土地流转在提高农村土地生产效率、实现资源优化配置取得了明显成效，但是也伴生了一些问题。①流转过程不规范。不少农户倾向于私下小规模交易，合同签订比例不高，流转纠纷不断[3]。据农业农村部统计，截至2019年底，全国设立农村土地承包仲裁委员会2 503个，聘用仲裁员5.8万人，全年受理纠纷20.5万件，调处纠纷19.2万件[4]。②部分新型农业经营主体盲目追求大规模经营，一旦经营不善可能导致"毁约弃耕"，农民利益因此遭受侵害，不利于土地流转市场的良性运转[5]。③长期以来农地抵押权的缺失使得传统的贷款模式难以满足新型农业经营主体的融资需求[6]。④农业保险不到位、经营权不稳定等因素使得农业经营长期收益得不到保障。

为了协调农村土地流转各方利益关系，促进农村土地流转进一步发展，2016年中共中央办公厅、国务院办公厅印发《关于完善农村土地所有权承

---

[1] 农业农村部. 第七批农业产业化国家重点龙头企业名单公布［EB/OL］.（2022-01-01）［2024-06-18］. https://www.gov.cn/xinwen/2022-01/01/content_5665970.htm.

[2] 高杨，关仕新，王军，等. 2022中国新型农业经营主体发展分析报告（二）［N］. 农民日报，2022-12-29（4）.

[3] 钱忠好，冀县卿. 中国农地流转现状及其政策改进：基于江苏、广西、湖北、黑龙江四省（区）调查数据的分析［J］. 管理世界，2016（2）：71-81.

[4] 农业农村部. 2019年度法治政府建设情况报告［R/OL］.（2020-03-27）［2024-06-18］. http://www.gov.cn/xinwen/2020-03/27/content_5496219.htm.

[5] 徐刚. 适度规模才是种粮增收保障：由种粮大户"毁约弃耕"引发的观察与思考［J］. 农村经营管理，2017（3）：34-35.

[6] 黄惠春，徐霁月. 中国农地经营权抵押贷款实践模式与发展路径：基于抵押品功能的视角［J］. 农业经济问题，2016（12）：95-102.

包权经营权分置办法的意见》，要求完善"三权①分置"办法，充分发挥"三权"的各自功能和整体效用。在"三权分置"改革中要尊重农民参与土地流转的意愿，鼓励各地进行符合实际的实践探索和制度创新，充分发挥"三权"各自功能，形成适合不同地区的"三权分置"具体制度安排。随着我国农村土地流转面积的不断增加，如何在坚持农村土地基本制度的基础上，创新土地流转模式，完善农村土地流转市场，已成为推动土地规模经营和传统农业转型的重要课题。目前根据土地交易方式的不同可以将农村土地流转划分为土地转包、入股、出租、信托等不同类型。农村土地信托作为一种新型土地流转模式，将信托制度引入农村土地流转领域，信托当事人的权利和义务在契约中明确列出并受到法律保护和约束，较之传统自发的流转方式更具规范性和保障性。同时，信托资金的引入为现代农业大规模生产提供了资金来源[2][3]。

2013年中信信托与安徽省宿州市埇桥区政府合作，设立了国内第一个商业化的农村土地集合信托计划。随后，北京信托、中铁信托等信托公司陆续跟进，在各地推动土地信托项目落地。从实践来看，近年来农村土地信托流转得到了进一步的发展。有些地区的土地信托项目在受到法律和制度阻碍时能及时调整，做到灵活应变，为完善土地信托制度进行了积极的尝试；有些地区却无力解决土地信托发展中面临的种种难题，土地信托项目陷入停滞[4]。因此，有必要结合各地发展模式对农村土地信托流转产生不同结果的内在原因展开深入分析，进一步明晰农村土地信托业务发展中

---

① 三权：农村土地所有权、承包权、经营权。

② 王方，沈菲，陶启智. 我国农村土地信托流转模式研究［J］. 农村经济，2017（1）：43–47.

③ 刘卫柏，彭魏倬加. "三权分置"背景下的土地信托流转模式分析：以湖南益阳沅江的实践为例［J］. 经济地理，2016（8）：134–141.

④ 仝志辉，陈淑龙. 我国土地承包经营权信托的比较分析［R］. 北京：国家发展与战略研究院，2015.

面临的问题，以推动土地信托持续发展。

1.2 研究意义

1.2.1 理论意义

农村土地信托流转不仅是金融助力农村土地流转方式的一次制度创新，更是推动农业现代化和农村经济发展的重要途径。它打破了传统土地流转模式的局限，引入了信托机制，为农村土地的规模化、集约化经营提供了新的可能。信托参与主体的行为并非孤立存在，而是受到经济、社会、政策等多种内外部因素的共同影响。目前，学界在农村土地信托流转领域已取得丰富的研究成果，成果主要集中在信托制度构建、信托绩效和宏观政策等层面。相比之下，既有研究对于农村土地信托流转中农户、信托公司、新型农业经营主体等微观主体的行为特征、决策机制及其相互影响等的研究尚显不足。此外，基于实地调研和深入分析的研究也相对匮乏，难以全面反映农村土地信托流转的实际情况和复杂性。

本书基于对河南省邓州市的多次深入调研所获得的丰富资料，运用演化博弈模型分析"政府主导"和"市场主导"两种模式下土地信托利益主体之间的动态博弈过程，揭示其行为策略和演化路径；通过结构方程模型探究影响土地流转前农户决策和土地流转后农户满意度的关键因素及其作用机制；利用模糊集定性比较分析模型对比不同模式下农村土地信托流转的成效和差异，深入挖掘其背后的原因和规律。这些研究不仅能拓宽农村土地信托流转的研究视野，而且能弥补既有研究的不足，更为农村土地信托流转的健康发展提供了坚实的理论支撑和科学依据。

1.2.2 实践意义

我国部分地区的农村土地信托流转实践表明，农村土地信托业务的开展对于促进农民增收、提高农业生产绩效、改善农村经济条件具有重要意义。特别是在实现农村土地规模化利用、优化资源配置、推动农业现代化等方面，农村土地信托流转展现出了独特的优势和潜力。河南省邓州市作为农村土地信托流转的先行者和实践者，其成功经验具有典型的示范意义。邓州市通过创新信托模式、完善制度机制、强化政策支持等措施，有效推动了农村土地信托流转的顺利开展。具体成效表现为农户收入显著增加、农业生产绩效大幅提升、农村经济活力显著增强；同时，还实现了农村土地的规模化、集约化经营，提高了土地利用率和产出率，为农业现代化奠定了坚实基础。这些成功经验不仅为其他地区提供了可借鉴和可复制的样本模板，更为各级政府制定相关政策、推动农村土地信托流转的进一步发展提供了宝贵的决策参考。

然而，邓州市的土地信托流转实践也面临着一些挑战和问题，如信托机制不完善、农户参与度不高、农业经营风险大等。针对这些问题，本书提出了相应的解决方案和建议，如完善信托法律法规、加强农户培训和教育、建立风险防控机制等。这些建议和方案的提出，不仅有助于解决当前存在的问题，更为农村土地信托流转的长期健康发展提供了有益的决策参考。

1.3 国内外研究述评

1.3.1 国外土地信托研究

自19世纪晚期美国出现以公众名义接受土地捐赠的机构以来，经过多年发展，土地信托制度在美国已高度成熟。与我国通过农村土地信托流转提高农业生产效率不同，国外的土地信托的主要作用是自然保护地的生态保护。以美国为例，截至2020年末受土地信托保护的土地面积超过6 100万英亩[1]，2015—2020年新增受保护土地中约有70%受益于土地信

---

① 1英亩 ≈ 4 046.86 m²。

托[①]。在澳大利亚、加拿大、日本等发达国家，土地信托在自然保护地生态保护方面也发挥了重要作用[②]。与此同时，其他西方发达国家也相继建立了土地信托保护体系。伴随着土地信托的发展，国外学者对于自然保护地的土地信托问题进行了长期深入研究，取得了丰富的研究成果。尽管我国的农村土地信托与国外的自然保护地信托存在诸多不同之处，但国外学者在土地信托制度建设、土地信托成本控制、土地信托效能核算、土地信托研究方法构建等方面的研究成果，对于我国的农村土地信托流转仍然具有较高的参考价值。

1.3.1.1 研究方法与数据来源

1.3.1.1.1 研究方法

知识图谱是以知识域为对象，显示科学知识的发展进程与结构关系的一种图像。基于可视化工具对特定领域的文献进行文献计量可视化分析可以探寻科学研究过程中的热点问题，考察一定研究领域的知识基础、研究热点与前沿主题，并以可视化图谱的形式表现出来[③]。在可视化知识图谱软件中，VOSviewer 和 CiteSpace 软件因绘制的图谱信息量大、视觉效果好而被学者们广泛选用。在进行文献分析时 VOSviewer 软件能清晰表现学科主题之间的联系，CiteSpace 软件则在揭示学科发展规律上更具

---

① Land Trust Alliance. 61 million acres voluntarily conserved in America, 2020 national land trust census report reveals [EB/OL]. (2021-12-08) [2024-06-18]. https://landtrustalliance.org/newsroom/press-releases/61-million-acres-voluntarily-conserved-in-america-2020-national-land-trust-census-report-reveals.

② 柴铎，林梦柔，宋彦. 中国土地保护社会化的路径镜鉴：基于土地信托保护的思辨 [J]. 干旱区资源与环境，2018，32（2）：1-7.

③ 陈悦，陈超美，刘则渊，等. CiteSpace 知识图谱的方法论功能 [J]. 科学学研究，2015，33（2）：242-253.

优势[1][2]。本书综合运用上述两种知识图谱软件对国外近30年间土地信托相关文献进行可视化分析，并对土地信托的研究热点以及主题演变规律进行解读。

1.3.1.1.2　数据来源

本书选择 Web of Science（WOS）数据库作为文献研究的数据来源，获取研究样本文献的具体做法如下：在 WOS 数据库中选取核心数据集合，设置检索主题为"land trust"，语言设置为"English"，文献类型设置为"Article"，设置完成后进行文献检索；随后将检索结果进行除重筛选，并剔除社区土地信托相关文献，得到1 476篇文献[3]。这些文献的最早发表年份为1997年，检索截止时间为2021年12月。检索所得文献主要分布于环境科学、生态学、规划学、地理学、经济学、管理学、法学等学科，其中大部分研究与环境科学和生态学两个学科存在关联。

1.3.1.2　土地信托研究发文阶段划分与研究热点

1.3.1.2.1　土地信托发文阶段划分

如图1-1所示，检索期内土地信托相关文献的发表数量大致呈指数增长趋势（$y=4.871\ 4e^{0.1537x}$，$R^2=0.972\ 4$）。在 SPSS 软件中采用 K 均值聚类法，

---

[1] 宋秀芳，迟培娟. Vosviewer 与 Citespace 应用比较研究［J］. 情报科学，2016，34（7）：108-112.

[2] 付健，丁敬达. Citespace 和 VOSviewer 软件的可视化原理比较［J］. 农业图书情报，2019，31（10）：31-37.

[3] 国外社区土地信托研究是土地信托研究的一个小分支。不同于公益性土地信托以保护土地资源为目的，社区土地信托目的与我国经济适用房制度类似，都是为了给低收入家庭提供住房保障。两者之间的差别主要体现在退出机制上，社区土地信托购房者出售住房时土地信托机构拥有优先购买权，并且要确保房屋价格在低收入家庭的可负担范围内。在社区土地信托运作过程中，土地信托机构的主要作用除了募集资金、获取土地和建造出售住房以外，还会提供一些社会服务以促进社区发展，如提供教育培训、工作岗位。目前，世界上很多国家已经建立社区土地信托制度以解决以往留存的住房保障问题。

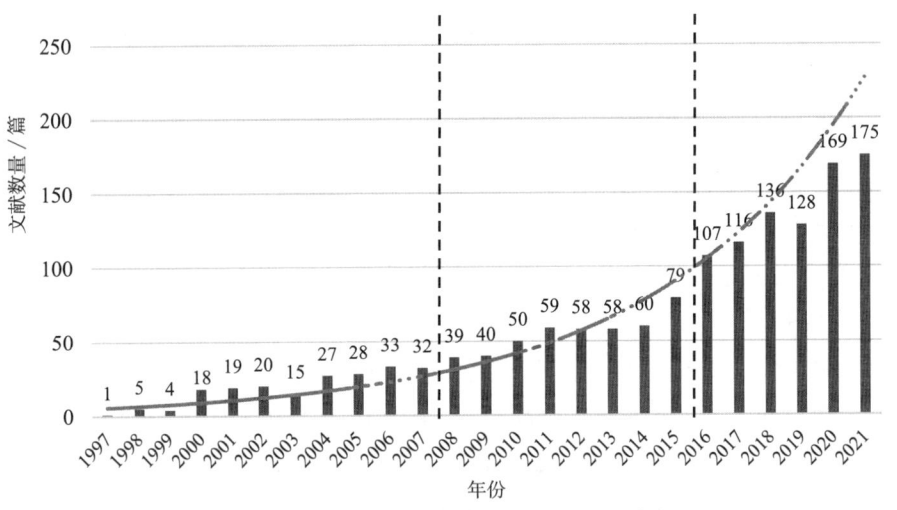

可将研究成果发表情况划分为起步、发展、成熟 3 个阶段。

图 1-1 土地信托文献发文数量时间分布图

1997—2007 年为研究的起步阶段。在该阶段，美国年新增土地信托保护面积由 1995 年的不足 16 万英亩上升到 2003 年的超过 80 万英亩[1]。土地信托保护面积的爆发式增长引起了学者们的关注，发表的研究论文由每年数篇逐步增加到每年 30 余篇。这一阶段相关研究主要侧重于对土地信托适用情境的探讨[2][3]。

2008—2015 年为研究的快速发展阶段。随着美国的土地信托保护面积持续扩大，土地信托日益成为公众关注的焦点和学术研究的热点，相关研究成果数量快速增长，论文发表数量由 2008 年的 39 篇增加到 2015 年的

---

[1] McLaughlin N A. Conservation easements: a troubled adolescence [J]. Journal of land, Resources, and environmental law, 2005, 26 (1): 47-56.

[2] Kiesecker J M, Comendant T, Grandmason T, et al. Conservation easements in context: a quantitative analysis of their use by the nature conservancy [J]. Frontiers in ecology and the environment, 2007, 5 (3): 125-130.

[3] Yandle B. Comments on land trusts and the choice to conserve land with full ownership or conservation easements [J]. Natural resources journal, 2004, 44 (2): 519-527.

79篇。这一阶段的研究主要关注土地信托制度的建构和完善[①②]。2016—2021年为研究的成熟阶段。该阶段每年发表论文数量均在百篇以上,且发文数量呈现出不断上升的趋势。该阶段的研究重心逐渐转向对土地信托案例的微观剖析,学者们运用多种研究方法从多学科多角度对各国的土地信托案例进行了大量实证研究[③④]。

1.3.1.2.2　土地信托研究热点

为了直观呈现国际自然保护地土地信托的研究热点,本书运用VOSviewer软件绘制了1 476篇研究文献关键词知识图谱(图1-2)。在图谱绘制过程中,为了避免关键词数量过多影响图谱可读性,在保留高频关键词的同时对同义词和近义词进行了适当合并。在图1-2中,关键词对应的节点越大,代表该关键词出现的频数越高,研究的热度越高;关键词节点间连线则反映了不同关键词之间的内在联系。如图1-2所示,自然保护地土地信托研究的热点主要集中在土地信托与私人土地保护、气候变化的影响及应对、协同治理中信任机制3个方面。

---

① Lieberknecht K. Public access to U.S. conservation land trust properties: results from a national survey [J]. Journal of the American planning association, 2009, 75 (4): 479-491.

② Alexander L, Hess G R. Land trust evaluation of progress toward conservation goals [J]. Conservation biology, 2012, 26 (1): 7-12.

③ Owley J, Rissman A R. Trends in private land conservation: increasing complexity, shifting conservation purposes and allowable private land uses [J]. Land use policy, 2016, 51: 76-84.

④ Graves R A, Williamson M A, Belote R T, et al. Quantifying the contribution of conservation easements to large-landscape conservation [J]. Biological conservation, 2019, 232: 83-96.

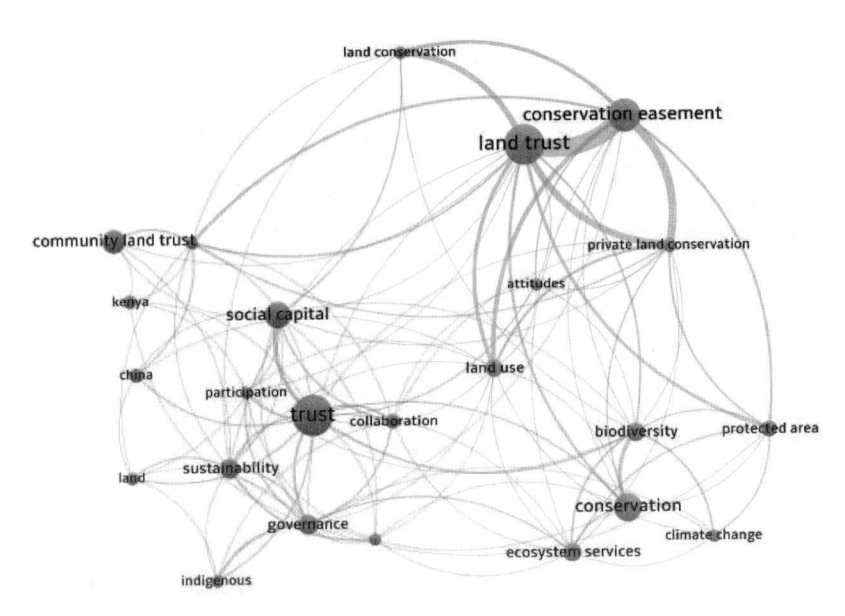

图 1-2　土地信托文献关键词共现知识图谱

研究热点一：土地信托与私人土地保护。其主要关键词包括：土地信托（land trust）、保护地役权（conservation easement）、私有土地保护（private land conservation）、土地利用（land use）、土地保护（land conservation）等。其中，保护地役权与检索词"土地信托"联系最为紧密。相关文献从不同的角度讨论了私有土地生态保护的重要性，并考察了保护地役权在私有土地保护中的相关实践应用。具体而言，Scott 等[1]研究发现美国已建成的自然保护区大部分位于土壤贫瘠的高海拔地区，而 90% 以上的濒危物种却生活在低海拔土壤肥沃的私有土地上，指出应加强私有土地的生态系统保护。Newburn 等人[2]的研究分析了获取土地的成本以及土地利用变化对土地保护效益的影响，建议改进保护区的选址策略，最大限度地

---

[1] Scott J M, Davis F W, Mcghie R G, et al. Nature reserves: do they capture the full range of America's biological diversity? [J]. Ecological applications, 2001, 11 (4): 999-1007.

[2] Newburn D, Reed S, Berck P, et al. Economics and land-use change in prioritizing private land conservation [J]. Conservation biology, 2005, 19 (5): 1411-1420.

减少未来可能的土地用途变化所带来的生物多样性损失。Farmer 等人[1]指出受政府土地保护预算资金有限的影响,政府收购以及土地用途管制等传统的保护方式已无法满足土地保护的需要,保护地役权应成为保护私有土地的主要工具。Klenosky 等人[2]调查发现公众对土地信托认知不足,参与热情不高,建议土地信托组织通过加大宣传力度、增加土地信托财产的使用情况透明度来增进公众对土地信托的理解和支持。

研究热点二:气候变化的影响及应对。其主要关键词包括:保护(conservation)、生物多样性(biodiversity)、气候变化(climate change)、生态服务(ecosystem services)、保护区(protected area)等。图谱内该热点包含的关键词相对较少,但保护区、生物多样性等关键词与研究热点一中的关键词土地信托、保护地役权存在多条较粗的连线,说明研究热点一和研究热点二之间存在较为紧密的关联。研究热点二的相关文献主要探讨了全球性气候变化对保护地生态系统的影响。Epanchin 等人[3]预测到2100年美国东部约四分之一的自然保护地会受到海平面上升的影响,因此建议近期通过净化径流来保护海岸免受海水侵蚀;远期建立生态走廊帮助受影响生物向内陆转移。Rissman 等人[4]发现尽管永久性地役权能够通过限制土地开发保护生态环境,但永久性条款也限制了土地管理者根据气候变化灵活

---

[1] Farmer J R, Meretsky V, Knapp D, et al. Why agree to a conservation easement? understanding the decision of conservation easement granting [J]. Landscape and urban planning, 2015, 138: 11–19.

[2] Klenosky D B, Perry-Hill R, Mullendore N D, et al. Distinguishing ambivalence from indifference: a study of attitudes toward land trusts among members and nonmembers [J]. Land use policy, 2015, 48: 250–260.

[3] Epanchin-Niell R, Kousky C, Thompson A, et al. Threatened protection: sea level rise and coastal protected lands of the eastern United States [J]. Ocean and coastal management, 2017, 137: 118–130.

[4] Rissman A R, Owley J, Shaw M R, et al. Adapting conservation easements to climate change [J]. Conservation letters, 2015, 8 (1): 68–76.

调整保护方案的权利，据此建议将传统地役权协议中时间和空间永续保护的条款调整为保护期限永续，保护的空间位置可根据气候变化灵活调整。

研究热点三：土地保护中的协作信任机制。其主要关键词包括：信任（trust）、社会资本（social capital）、协作（collaboration）、可持续性（sustainability）等。随着土地信托规模的不断扩大，一些西方发达国家中央政府逐步把自然资源保护职责下放给了地方政府和非政府组织。在此背景下，土地信托委托人与受托人之间的信任关系及其对土地信托保护效果的影响受到了学者们的关注。在理论研究方面，Stern 和 Coleman[1]运用规范研究法分析了倾向性信任、理性信任、亲和性信任和程序性信任 4 个维度信任产生的前因，讨论了不同维度信任对自然资源管理的潜在影响，指出自然资源保护机构如能在一个或数个维度获得公众的信任可有效减少自然资源保护工作的阻力。在实证研究方面，Mase 等人[2]通过问卷调查发现在不同类型自然保护机构中，公众对于土地信托机构的信任程度低于高校分支机构和政府部门，其原因在于公众对于通过土地信托保护自然生态的模式较为陌生，进而提出土地信托机构应加强与公众的沟通和互动，增进公众对土地信托的了解。

1.3.1.3 土地信托文献知识基础

1.3.1.3.1 重要知识基础聚类

在某一研究领域，一系列高被引文献构成了该领域研究的知识基础[3]。在文献研究中，通过分析文献共被引网络中关键聚类及节点有助于

---

[1] Stern M J, Coleman K J. The multidimensionality of trust: applications in collaborative natural resource management [J]. Society and natural resources, 2014, 28 (2): 117-132.

[2] Mase A S, Babin N L, Prokopy L S, et al. Trust in sources of soil and water quality information: implications for environmental outreach and education [J]. Journal of the American water resources association, 2015, 51 (6): 1656-1666.

[3] Persson O. The intellectual base and research fronts of JASIS 1986-1990 [J]. Journanl of the American society for information science, 1994, 45 (1): 31-38.

揭示该领域研究演进过程中的关键文献包含的重要信息[①]。为了挖掘自然保护地土地信托研究的知识基础，本书首先运用CiteSpace软件的共被引功能，选取每一年中被引次数最高的50篇文献，构建共被引网络图谱；其次，将各年图谱进行合并，并采用寻径网络算法对复杂图谱的图片进行剪枝简化处理；最后，采用LSI（latent semantic indexing）算法提取关键词进行聚类，保留包含30篇以上文献的主要聚类。为了反映各个时期各聚类研究文献在学术界受关注程度的变化，本书采用时间线的形式将聚类按文献数量从上到下并列排列，如图1-3所示。在图1-3中，节点大小表示文献被引次数，节点间的连线表示文献间存在共被引联系。该图谱的知识网络聚类模块值为0.958 7，说明土地信托研究主题之间界限明晰，聚类分化显著；平均轮廓值为0.853 8，表示聚类效果良好。对CiteSpace软件识别出的7个主要知识基础详述如下。

[①] 刘则渊，陈悦，侯海燕，等. 科学知识图谱方法与应用［M］. 北京：人民出版社，2008：34-35.

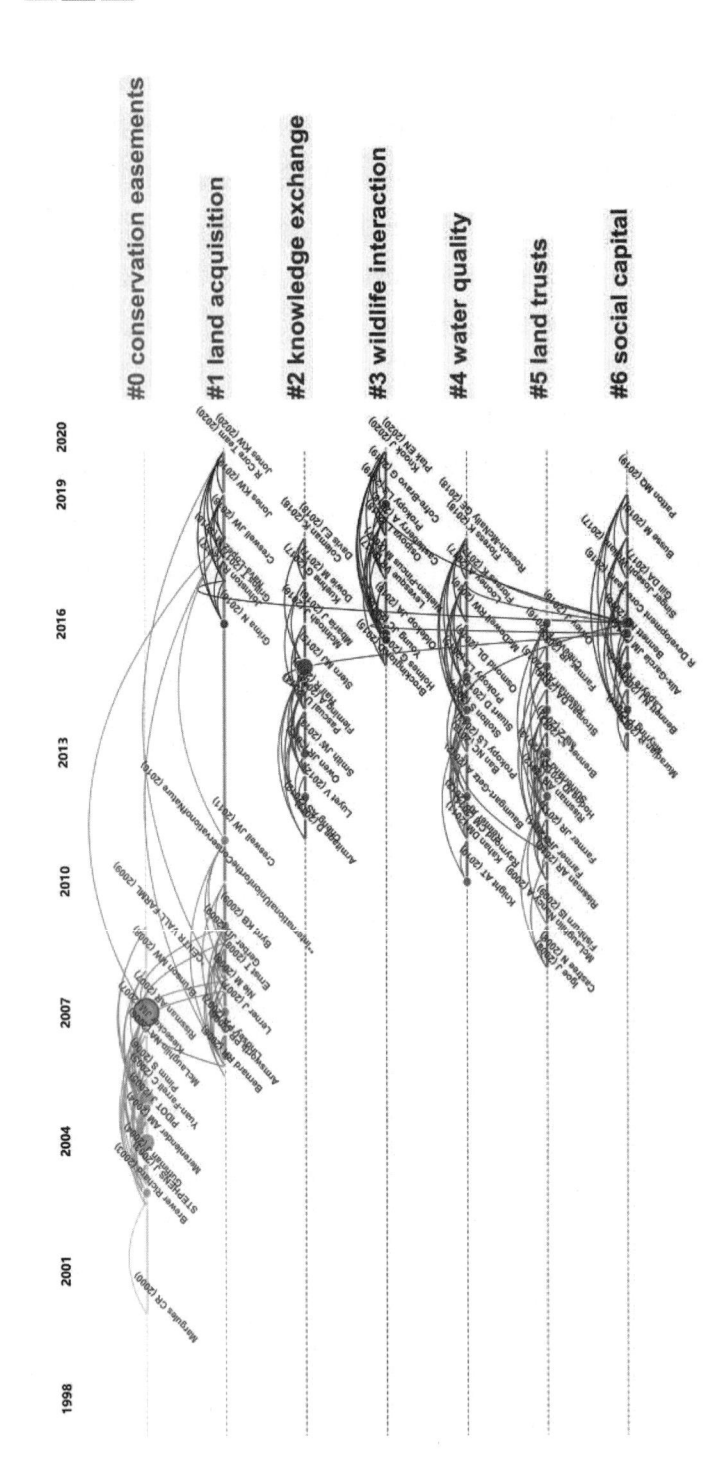

图 1-3 文献共被引时间线聚类图

（1）保护地役权（聚类#0，conservation easement）。保护地役权协议对自然保护地的开发利用做出了具有法律约束力的约定，可以在不改变土地所有权的基础上，对土地未来的开发进行限制[1]。美国大多数保护地役权由地方土地信托机构推动。土地信托机构通过协商或直接购买土地的方式获得地役权，同时允许土地所有者保留土地的财产权及经营权，但土地所有者的建设、采矿、伐木等破坏性土地利用行为受到地役权协议的约束，以保护土地的自然、历史、经济价值[2][3]。通过签订地役权协议保护生态环境的好处在于，对土地利用契约的创新让自然保护地上土地的权利被细分，使得土地信托机构无须花高价购买土地所有权，只需以较低成本地取得地役权即可实现对自然保护地的有效保护[4]。

从聚类#0在文献共被引时间线聚类图中的时间线分布（图1-3）来看，保护地役权的相关研究构成了土地信托研究的开端。利用CiteSpace的突现检测功能，可从聚类#0中识别出5篇突现文献（表1-1）。这5篇文献回顾了土地信托的发展历程，并为保护地役权的相关制度的完善和发展指明了方向。Pidot[5]指出保护地役权是对土地规划、利用、税收等土地保护政策的有效补充，但保护地役权仍面临法律概念不清晰、公共利益难保障、保护效果难评估等问题，因此需要修订法律和完善地役权保护方案。

---

[1] Rissman A R. Rethinking property rights: comparative analysis of conservation easements for wildlife conservation [J]. Environmental conservation, 2013, 40 (3): 222-230.

[2] Peters C B, Zhan Y, Schwartz M W, et al. Trusting land to volunteers: how and why land trusts involve volunteers in ecological monitoring [J]. Biological conservation, 2017, 208: 48-54.

[3] Merenlender A M, Huntsinger L, Guthey G, et al. Land trusts and conservation easements: who is conserving what for whom? [J]. Conservation biology, 2004, 18 (1): 65-76.

[4] Parker D P, Thurman W N. Private land conservation and public policy: land trusts, land owners, and conservation easements [J]. Annual review of resource economics, 2019, 11 (1): 337-354.

[5] Pidot J. Reinventing conservation easements: a critical examination and ideas for reform [R]. Massachusetts: Lincoln Institute of Land Policy, 2005.

Merenlender 等人[②]论证了保护地役权可以用更低的成本限制土地开发，同时指出后续研究中仍需考察保护地役权的长期效果，研判在特定的生态和政治环境下什么类型机构的地役权保护工作更具成效。Yuan-Farrell 等人[①]认为应通过研究地役权保护的空间分布与地役权实施的效果间的关系，为优化地役权保护的空间布局提供科学有效的依据。Rissman 等人[②]指出需要对取得地役权区域内的建设项目进行细分，并明确哪些类型的项目建设应受到限制，以保护生物多样性。Fairfax 等人[③]通过重新审视 200 多年来美国土地保护的案例，提出过度重视私有土地信托削弱了政府为保护环境所做的努力，可能并不利于实现土地保护目标。

表 1-1 保护地役权研究高突现性文献

第一作者	文献名称	发表年份	突现性	开始年份	结束年份
Pidot	Reinventing Conservation Easements: A Critical Examination and Ideas for Reform	2005	3.51	2006	2008
Merenlender	Land Trusts and Conservation Easements: Who Is Conserving What for Whom?	2004	7.01	2007	2009
Yuan-Farrell C	Conservation easements as a conservation strategy:Is there a sense to the spatial distribution of easements ?	2005	4.66	2007	2009
Rissman	Conservation Easements: Biodiversity Protection and Private Use	2007	6.45	2008	2011
Fairfax	Buying Nature: The Limits of Land Acquisition as a Conservation Strategy, 1780-2003	2005	3.5	2008	2010

注：突现检测是指识别短期内被引频次突然增加的文献，识别出来的文献可能包含重要研究信息。表中开始、结束年份表示文献被引频次突然增加的起讫年份。

---

① Yuan-Farrell C, Marvier M, Press D, et al. Conservation easements as a conservation strategy: is there a sense to the spatial distribution of easements? [J]. Natural areas journal, 2005, 25（3）: 282-289.

② Rissman A R, Lozier L, Comendant T, et al. Conservation easements: biodiversity protection and private use [J]. Conservation biology, 2007, 21（3）: 709-718.

③ Fairfax S K, Gwin L, King M A, et al. Buying nature: the limits of land acquisition as a conservation strategy, 1780-2003 [M]. Cambridge: MIT Press, 2005.

（2）土地收购（聚类#1，land acquisition）。该聚类文献主要发表于2005—2010年与2015—2020年两个时间段。其中，2005—2010年间发表的文献主要关注生态组织如何高效地获取被保护土地的问题。Shaffer 等人[①]估算了21世纪初到2040年美国分别采用购买土地、获取地役权、租赁土地3种方式保护自然保护地可能付出的成本，指出通过获取地役权保护土地具有明显的成本优势。Gerber 等人[②③]指出私人土地信托机构在收购被保护土地时，应就土地利用规划加强地方政府的协调与沟通，以有效弥补土地保护方面公共财政资金的不足，实现信托资金的保护效益最大化。发表于2015—2020年的文献主要通过案例研究生态服务支出项目（Payment for Ecosystem Service，PES）的经济成本计算、生态绩效评估以及利益相关者的决策反馈等问题。Jones 等人[④]使用准实验方法测算了墨西哥 Veracruz 地区的 PES 项目的生态收益，发现 PES 项目不仅有利于减少森林砍伐，而且在水源涵养与碳储存方面取得的收益大大超过了 PES 项目的成本支出。Grima 等人[⑤]通过分析美国40个 PES 案例总结出 PES 项目取得成功所需条件，即能持续积极促进当地生计、运营时间介于10～30年之间、采用实物捐助而非现金捐助、避免中间人参与等。Muradian 等人[⑥]则指出过度依

---

① Shaffer M L, Scott J M, Casey F. Noah's Options: Initial Cost Estimates of a National System of Habitat Conservation Areas in the United States [J]. Bioscience, 2002, 52（5）: 439-443.

② Gerber J, Rissman A R. Land-conservation strategies: the dynamic relationship between acquisition and land-use planning [J]. Environment and planning A, 2012, 44（8）: 1836-1855.

③ Gerber J. The difficulty of integrating land trusts in land use planning [J]. Landscape and urban planning, 2012, 104（2）: 289-298.

④ Jones K W, Mayer A, Thaden J V, et al. Measuring the net benefits of payments for hydrological services programs in Mexico [J]. Ecological economics, 2020, 175: 106666.

⑤ Grima N, Singh S J, Smetschka B, et al. Payment for ecosystem services（PES）in Latin America: analysing the performance of 40 case studies [J]. Ecosystem services, 2016, 17: 24-32.

⑥ Muradian R, Arsel M, Pellegrini L, et al. Payments for ecosystem services and the fatal attraction of win-win solutions [J]. Conservation letters, 2013, 6（4）: 274-279.

赖经济手段保护生态会推高保护地土地价格，水涨船高的生态补偿费用会让政府和保护组织难以负担，因此需要在运用经济手段的同时应配套引入非经济激励措施才能更好地保护生态系统。

（3）知识交流（聚类#2，knowledge exchange）。该聚类主要研究知识学习与自然资源保护之间的关系。Torabi 等人[①]通过对澳大利亚自愿参与生态保护的土地所有者进行半结构式访谈，发现社交网络的积极影响和身边同行的示范效应有利于消除土地所有者对生态保护措施有效性的怀疑，能够带动更多人参与生态保护。Nykvist[②]针对瑞典农民的大规模访谈研究显示，农民之间的学习具有社会性的特点，但这种学习并不一定能改善自然环境治理。Bennett 等人[③]调查了美国土地保护从业人员对于 7 种不同私有土地保护方法的熟悉程度，结果显示大多数从业人员仅熟悉保护地役权和直接补偿计划两种保护方法，并且对不同类型土地保护组织的了解程度也存在差异，据此提出需要有针对性地加强专业培训来提高从业人员的专业能力以应对私有土地保护的各种挑战。

（4）野生动物互动（聚类#3，wildlife interaction）。尽管该聚类名称从字面意义上来看与土地信托无直接关联，但该聚类着重考察自然保护地中人类与野生动物的互动关系，与土地信托保护生物多样性的初衷联系紧密。Nyhus[④]指出自然保护地中人类与野生动物存在利益冲突，野生动物活动会对人类生活、经济、安全造成威胁，人类日益增长的土地资源需求会

---

① Torabi N, Cooke B, Bekessy S A. The role of social networks and trusted peers in promoting biodiverse carbon plantings［J］. Australian geographer，2016，47（2）：139-156.

② Nykvist B. Does social learning lead to better natural resource management? a case study of the modern farming community of practice in Sweden［J］. Society and natural resources，2014，27（4）：436-450.

③ Bennett D E, Pejchar L, Romero B, et al. Using practitioner knowledge to expand the toolbox for private lands conservation［J］. Biological conservation，2018，227：152-159.

④ Nyhus P J. Human-wildlife conflict and coexistence［J］. Annual review of environment and resources，2016，41（1）：143-147.

严重挤压其他物种的生存空间。按照 Schmitz 等人[1]的测算，到 2050 年全球农田面积预计将比 2005 年增加 2 亿～3 亿公顷，人类与野生动物的冲突因此将进一步加剧。Nesbitt 等人[2]认为人类与野生动物的互动是涉及公共利益的集体行动，因此野生动物保护机构需要加强与土地所有者及社会公众的联系，以达到在保护人类安全的同时保护野生动物的目的。

（5）水质（聚类#4，water quality）。土地信托保护具有保护生物多样性、涵养水源、水土保持等多重目标，保护行动能否顺利开展在很大程度上取决于土地所有者是否认同自然保护理念及是否愿意向土地信托机构让渡全部或部分土地权利，因此研究土地所有者参与保护行动的动机具有十分重要的意义[3]。该聚类下的文献采用了多种研究方法从微观视角对农户参与生态保护计划的动机进行了探讨。Ranjan 等人[4]对 1982—2017 年农民参与水土保持计划意愿的相关文献进行编码研究，发现农民在经济管理方面的考量和对保护行为的认知影响了他们参与环境保护行动的意愿。Baumgart-Getz 等人[5]通过对美国农业最佳管理实践相关研究文献进行 Meta 分析，发现农民的环保意识和参与环保的态度会对环境保护实践产生重要影响，该

---

[1] Schmitz C, Meijl H V, Kyle P, et al. Land-use change trajectories up to 2050: insights from a global agro-economic model comparison [J]. Agricultural economics, 2014, 45（1）: 69-84.

[2] Nesbitt H K, Metcalf A L, Lubeck A A, et al. Collective factors reinforce individual contributions to human-wildlife coexistence [J]. The journal of wildlife management, 2021, 85（6）: 1280-1295.

[3] Land Trust Alliance. 2015 national land trust census report [EB/OL]. （2016-12-01）[2024-06-18］. https://www.landcan.org/pdfs/2015NationalLandTrustCensusReport.pdf.

[4] Ranjan P, Church S P, Floress K, et al. Synthesizing conservation motivations and barriers: what have we learned from qualitative studies of farmers' behaviors in the United States? [J]. Society and natural resources, 2019, 32（11）: 1171-1199.

[5] Baumgart-Getz A, Prokopy L S, Floress K. Why farmers adopt best management practice in the United States: a meta-analysis of the adoption literature [J]. Journal of environmental management, 2012, 96（1）: 17-25.

研究还为如何科学有效地采集数据来促进土地保护实践和指导科学研究提供了方法上的指导。

（6）土地信托（聚类#5，land trusts）。该聚类在聚类#4的基础之上进一步研究土地所有者、非政府组织之间互动对土地保护产生的影响。Bastian等人[1]指出土地信托的供需双方在生态保护价值观、优先保护事项（如野生动物、植被、水源等）、财务补偿等方面的信息不对称增加了土地信托项目的交易成本，并据此建议土地信托组织向土地所有者提供必要培训，以减少供需双方的搜索和交易成本，增加土地信托项目签约成功率。Stroman和Kreuter[2]研究发现如果土地所有者和地役权持有人之间的潜在社会关系变得对抗而非合作，则有可能破坏保护地役权作为保护私人土地的合法工具的价值和有效性，因此地役权持有机构应提高从业人员的专业素质，以更好地为土地所有者提供信息咨询、技术援助等服务。

（7）社会资本（聚类#6，social capital）。该聚类侧重于研究社会资本在土地管理过程中的作用。Bennett和Dearden[3]的研究表明由政府推动而非社会资本介入建立保护区尽管可能带来缓解气候环境威胁、提高地区休闲旅游收入等积极效应，但也可能产生影响渔民生计、管理者寻租、当地政客抵制等负面影响。Nielsen[4]指出社会资本在促进自然资源可持续性

---

[1] Bastian C T, Keske C M H, Mcleod D M, et al. Landowner and land trust agent preferences for conservation easements: implications for sustainable land uses and landscapes [J]. Landscape and urban planning, 2017, 157: 1-13.

[2] Stroman D A, Kreuter U P. Perpetual conservation easements and landowners: evaluating easement knowledge, satisfaction and partner organization relationships [J]. Journal of environmental management, 2014, 146: 284-291.

[3] Bennett N J, Dearden P. Why local people do not support conservation: community perceptions of marine protected area livelihood impacts, governance and management in Thailand [J]. Marine policy, 2014, 44: 107-116.

[4] Nielsen G. Capacity development in protected area management [J]. International journal of sustainable development and world ecology, 2012, 19（4）: 297-310.

管理方面可发挥两方面积极作用：一是个体成员不同的单一能力可以合并为更强大的集体能力；二是强大的社会网络能给个体带来更多的资源支持和能力发展，促进人们更深入地开展合作。但是，Teshome 等人[①]的案例研究发现社会资本介入生态保护存在运行效率低下，缺乏利益分享机制等问题，因此相关机构有必要通过能力建设和知识分享来改善社区一级的知识网络，同时应鼓励农民通过集体行动增加对土地管理事务的参与。

1.3.1.3.2　知识演进历程

从共被引文献聚类在时间线上的分布（图1-3）来看，按照各聚类受关注的起始时间点的不同可将土地信托保护研究划分为一枝独秀、多头并进、百花齐放 3 个阶段。

一枝独秀阶段始于 2000 年聚类 #0 中 Margules 和 Pressey[②]关于自然保护区系统保护规划研究的发表，随后该保护地役权主题下的研究文献不断增加。到 2005 年前后，相关研究文献呈现出爆发式增长的态势，在此期间涌现出一批具有高突现值的关键文献（表 1-1）。这些文献奠定了自然保护土地信托相关研究的知识基础，有力地引领了土地信托研究的发展。

2006—2008 年，土地信托保护的研究开始向聚类 #1 和聚类 #5 两个研究分支延伸，由一枝独秀阶段迈向多头并进阶段。值得注意的是聚类 #1 受学术界关注持续至今，显示出该聚类的研究对于土地信托保护研究具有较高的指导价值和引领作用。

百花齐放阶段开始于 2010 年。该阶段同时受到学术界关注的聚类数量上升到了 4 个，说明这一时期土地信托保护研究的广度和深度都得到了极大的拓展，相关文献的受关注程度逐渐达到峰值。2018 年之后，聚类 #1、聚类 #3 和聚类 #6 因与各国土地信托保护实践中的热点难点问题联系

---

①　Teshome A, Graaff J D, Kessler A. Investments in land management in the north-western highlands of Ethiopia: the role of social capital[J]. Land use policy, 2016, 57: 215-228.

②　Margules C R, Pressey R L. Systematic conservation planning[J]. Nature, 2000, 405(6783): 243-253.

紧密而仍然为学术界所关注。可以预见，这些聚类的研究的热度将在今后一段时间内得以持续。

1.3.2 国外农地流转研究

1.3.2.1 农地产权制度研究

从产权视角来看，国际上学者们大多认同明晰产权、降低交易成本、土地自由交易是农地流转实现帕累托效应的前提条件。Feder 和 Feeny[1]认为，产权明晰的土地对提高农业生产力以及增加农业投资具有显著影响，应该通过降低成本将土地这一重要生产要素集中到小部分农户手中，最终形成规模经营。Alchian 和 Demsetz[2]的研究指出，农地产权的稳定性直接影响农地所有者的投资意愿：产权越稳定，新型农业经营主体的投资意愿越强，即产权稳定性与投资意愿存在显著的正相关关系。Qu 等人[3]认为，改革开放以来中国实行的家庭联产承包责任制实现了土地与劳动力的高效融合，提高了资源配置和农业生产效率，从而使粮食产量得以提高，因此农村土地承包经营权流转市场的建立加速了各生产要素的流动。Hibsch 等人[4]则将家庭联产承包责任制视为租佃制度，他认为此制度的最大优势在于实现了"按劳分配"，大大提高了农民的生产积极性。农村土地产权制度对于农业经营起着至关重要的作用，只有在与实际情况相符的产权制度环境下，才能更好地实现农村土地资源配置优化，才能更大限度地降低交

---

[1] Feder G, Feeny D. Land tenure and property rights: theory and implications for development policy [J]. World bank economic review, 1991, 5 (1): 135-153.

[2] Alchian A A, Demsetz H. The property right paradigm [J]. Journal of economic history, 1973, 33 (1): 16-27.

[3] Qu F, Heerink N, Wang W. Land administration reform in China: its impact on land allocation and economic development [J]. Land use policy, 1995, 12 (3): 193-203.

[4] Hibsch C, Alvarado A, Yepes H, et al. Household land tenure reform in China: its impact on farming land use and agro-environment [J]. Land use policy, 1997, 14 (3): 175-186.

易成本，推动农业的良性发展[1]。在降低农地流转交易费用方面，一些学者研究[2]显示，存在血缘关系的亲属之间关系紧密，他们之间的相互信任、相互依赖有助于降低土地交易成本。

1.3.2.2 土地流转绩效与影响因素研究

关于土地流转绩效，Wang等人[3]认为农地流转能显著提高农地经营规模，从而提高农业经营的潜在效益。Liu等人[4]经过研究发现，农业流转同时具备边际产出拉平效应和交易收益效应，能促进农村土地资源配置优化，提高农民收入。Brabec和Smith[5]则提出农地的细碎化制约了农地的规模化经营发展，降低了农业经营的产出，削弱了农产品在市场上的竞争能力。与此同时，也有学者提出不一样的观点，认为农地经营规模与土地产出效率成反比，大规模经营的土地产出率反而比小规模耕作的农户要低。刘莉君[6]指出，由于农业技术的提高通常展现出规模收益不变或者规模收益递减的规律，因此土地集中规模经营不一定会提高农业规模经营效益，这也对农户流入土地的积极性造成很大影响。

一些产权学者认为虽然农村土地的自由流转有助于提高土地利用效

---

[1] Dijk T V. Scenarios of Central European land fragmentation [J]. Land Use Policy，2003，20（2）：149–158.

[2] Holden S T，Ghebru H. Land rental market legal restrictions in Northern Ethiopia [J]. Land use policy，2016，55：212–221.

[3] Wang J，Cramer G L，Wailes E J. Production efficiency of Chinese agriculture：evidence from rural household survey data [J]. Agricultural economics，1996，15（1）：17–28.

[4] Liu S，Carter M R，Yao Y. Dimensions and diversity of property rights in rural China：dilemmas on the road to further reform [J]. World development，1998，26（10）：1789–1806.

[5] Brabec E，Smith C. Agricultural land fragmentation：the spatial effects of three land protection strategies in the eastern United States [J]. Landscape and urban planning，2002，58（2）：255–268.

[6] 刘莉君. 农村土地流转的国内外研究综述 [J]. 湖南科技大学学报（社会科学版），2013，16（1）：95–99.

率，但是农村土地尤其是私有制下土地所有权的交易极有可能导致农村土地向少部分人集中，即农村土地的自由交易或许无法满足贫苦农民的用地需求，反而可能形成土地兼并的现象。也正是出于对社会稳定的考虑，许多国家针对农村土地交易进行了干预和限制。Dong[1]对世界上不同国家的土地交易情况进行了研究，发现在20世纪90年代，东欧前社会主义国家在实行土地私有制的前提下对土地交易做了严格的管制。在多重因素的作用下，农村土地租赁成为土地交易的主要形式。农村土地租赁相较土地所有权买卖效率更高，应用范围更广[2]。第一，农村土地租赁所导致的金融信贷风险要小于土地买卖，对农村土地资源利用和社会稳定性的冲击也更小。第二，在市场机制的作用下，大多数缺乏完善的农村金融服务以及社会保障的发展中国家均出现了土地过度集中的两极分化现象，进而引起经济产出的下降，进而影响社会安定[3]。

对于土地流转的影响因素，Macmillan[4]指出由于西方国家土地可以直接进入市场进行买卖，因此需要政府进行适度调控避免市场风险，但又不能干预过多以避免调控失灵。Duke[5]以斯洛伐克为案例研究了土地价格对土地流转的影响，得到了不一样的结论，其研究结果显示政府对于土地价格的直接或间接干预会导致土地流转价格偏低，进而带来土地流转效率不高。不仅如此，该研究还指出土地的细碎化增加了土地的交易费用，提高

---

[1] Dong X Y. Two-tier land tenure system and sustained economic growth in post-1978 rural China [J]. World development, 1996, 24 (5): 915-928.

[2] Basu K A. Oligopsonistic landlords, segmented labor markets, and the persistence of tied-labor contracts [J]. American journal of agricultural economics, 2002, 84 (2): 438-453.

[3] Binswanger H P, Deininger K, Feder G. Power, distortions, revolt, and reform in agricultural land relations [J]. Handbook of development economics, 1993, 3 (2): 2661-2772.

[4] Macmillan D C. An economic case for land reform [J]. Land use policy, 2000, 17 (1): 49-57.

[5] Duke J M, Marisová E, Bandlerová A, et al. Price repression in the Slovak agricultural land market [J]. Land use policy, 2004, 21 (1): 59-69.

了土地交易的门槛，使得土地资源难以达到最优配置。针对中国土地流转市场的发展，一些学者认为由于小农经济下农业收入不高，大量农村劳动力进城赚取非农收入，间接扩大了农村土地流转规模。Kung[①]通过对中国农村非农劳动力以及农地租赁市场的调查，指出农户租赁土地的行为受到农户非农就业和农村劳动力的转移的影响。而中国农村土地流转市场发展缓慢主要有两方面原因：一是家庭联产承包责任制所导致的产权不稳定、产权模糊的问题，土地各项权力缺乏明确界定；二是土地流转市场受到了过度的行政干预，流转市场缺乏自由发育[②]。

1.3.2.3 土地流转中介服务相关研究

在世界上人口的不断增长和自然资源的不可再生的背景下，土地流转中介组织的产生目的在于降低交易成本、改善经济绩效[③]。国际上学者们普遍认为中介组织为农地流转提供了资金融通和科技支持。目前国际上所设立的农业流转中介组织按照服务功能大体上分为两类：一类是以日本的中介服务组织为典型代表的农业协同组合。其提供的服务包括土地租赁、管理和流通等，基本涵盖了农业生产相关的所有服务。日本法律允许农业协同组合开展土地信托业务。农地所有者将其拥有的土地交予信托中介，由中介负责出租，土地所有者无权干扰出租对象的选取。据统计，截至2015年底，日本2015年累计由中介机构流转的土地面积达14.2万公顷[④]。另一类是以欧美西方国家为典型代表的中介合作社。这类中介合作

---

① Kung K S. Off-farm labor markets and the emergence of land rental markets in rural China [J]. Journal of comparative economics, 2002, 30（2）: 395-414.

② 王吕蓉. 西安市农村土地流转的"高陵模式"分析与启示 [J]. 中国农业资源与区划, 2016, 37（2）: 57-61.

③ Macmillan D C. An economic case for land reform [J]. Land use policy, 2000, 17（1）: 49-57.

④ 叶兴庆, 翁凝. 拖延了半个世纪的农地集中：日本小农生产向规模经营转变的艰难历程及启示 [J]. 中国农村经济, 2018（1）: 124-137.

社不充当土地流转供需双方的桥梁，只提供专业发展服务。现如今美国作为土地信托发展最为成熟的国家，其发展模式被许多国家所效仿。美国土地信托的主要目的在于保护土地生态环境多样性，其主要资金来源于社会慈善募捐和债券发行[①]。据统计，截至2015年底，各州、地方、联邦土地信托保护土地总面积达5 600万英亩，其中仅有14%的土地通过购买所有，大约30%的土地采用地役权的方式进行保护[②]。需要注意的是，美国土地信托的发展虽然是建立在土地私有制的基础之上的，但是土地信托中土地所有者所捐献的土地发展权与我国土地地役权的功能十分相似，其对自然保护地的信托保护制度值得我国借鉴。

1.3.3 国内土地信托流转研究

我国对于农村土地流转的态度经历了一个由禁止到支持的过程。改革开放前，农民仅享有对土地的部分收益权，并不享有土地使用权，土地流转也就无从谈起。家庭联产承包责任制实行后，土地包干到户，可土地承包权依旧是禁止转让的。1982年的《中华人民共和国宪法》明确规定："任何组织或者个人不得侵占、买卖、出租或者以其他形式非法转让土地"。这一禁令在之后的宪法修正案中解除，土地承包经营权的流转也得到法律认可。随后，我国各地农村开展形式多样的土地流转，国内学者的相关研究也日益增多。我国对于农村土地信托流转这一新型土地流转方式的研究主要集中在以下几个方面。

1.3.3.1 土地信托的制度构建

国内学者最早从法理角度上开展关于土地信托的研究。李龙浩和张春

---

① Campbell L M. Conservancy: the land trust movement in America [J]. Human ecology, 2005, 33（3）: 439-441.

② Land Trust Alliance. 2015 national land trust census report [R/OL].（2016-12-01）[2024-06-18] https://www.landcan.org/pdfs/2015NationalLandTrustCensusReport.pdf.

雨[1]认为信托法确立了信托等级制度，但相关规定过于简单和含糊，土地管理在法律法规中也没有关于土地信托的具体规定，因此土地信托在实际操作中缺乏理论依据，发展面临重重困难。与其观点相似，常冬勤和蒲玥成[2]认为我国法律对土地信托行为没有限制，也没有明确条文对信托双方的行为进行规定，缺乏与土地信托相关的基本制度建设；即便出台了《中华人民共和国信托法》，但有关内容过于宽泛、原则性规定较多、可操作性不强，因此造成土地信托无法在明确的法律制度下发展，不利于农村土地信托市场的培育。陈敦[3]认为"三权分置"改革从农民、集体、经营者、国家多角度回应了农村土地制度改革的需求；相较于其他流转方式，土地信托在实现农地规模经营方面更具优势，因此需要完善土地信托配套制度建设，树立信托法治思维，明确土地各项权力，厘清各方权力边界，充分发挥信托金融功能，逐渐完善土地信托制度。此外，李萌[4]提出，利用信托进行土地经营权流转，能够在土地权利多层结构中实现三权主体利益并约束其行为，提升土地经营权流转的稳定性和安全性，推动农地经营管理集约化和规模化。江钦辉和魏树发[5]也强调信托流转作为农地流转的创新手段，能解决农地的闲置问题和细碎化问题，最大程度提高农地使用效益，实现农民收益的最大化。吴昭军[6]基于信托理论对农村集体经济组织的经营管理权

---

[1] 李龙浩，张春雨. 构建我国土地信托登记制度的思考［J］. 中国土地科学，2003（4）：48-51.

[2] 常冬勤，蒲玥成. 我国农村土地流转信托的现状、问题及对策［J］. 农业经济，2016（1）：92-93.

[3] 陈敦. 土地信托与农地"三权分置"改革［J］. 东方法学，2017（1）：79-88.

[4] 李萌. "三权分置"背景下农村土地经营权的信托流转［J］. 甘肃社会科学，2024（1）：135-144.

[5] 江钦辉，魏树发. 《民法典》背景下农地经营权信托流转法律构造中的主体疑难问题［J］. 新疆社会科学，2022（1）：91-101，147-148.

[6] 吴昭军. 论农村集体经济组织的经营管理权：基于信托理论的阐释［J］. 当代法学，2023，37（1）：95-107.

进行阐释，指出农村集体经济组织对集体财产的经营管理权是私权，来自集体所有权上的法定信托关系，既是法律赋予的权利亦是法定的职责和义务。

1.3.3.2 土地信托发展模式研究

随着各地土地信托的发展，逐渐有学者关注不同模式下土地信托发展的方向。既有文献根据自身研究需要对土地信托进行了多层次的划分。例如，陈敦和张航[1]将全国土地信托概括为"双合作社"以及"层层代理"两种基本模式；李停[2]在已有研究基础上进一步将土地信托概括为"双合作社"以及"二次代理"两种模式，其认为"二次代理"模式更适合我国当前土地大规模流转的情境。杨明国[3]通过考察各地区土地信托实践状况把土地信托总结分为两种典型模式——以宿州为代表的"市场引导"模式和以益阳为代表的"政府主导"模式，两者区别在于是否引入市场化信托公司，即是否由地方政府成立相应的土地经营权交易平台。文杰[4]提出，信托作为土地经营权抵押权实现方式的创新，在理论和实践中均可行，并且详细探讨了信托在土地经营权抵押权实现方式中的应用。

目前学界关于土地信托模式的争论焦点便在于"政府主导"的土地信托是否行之有效。其中，"市场主导"支持方认为我国土地信托经过了由"政府主导"向"市场主导"的转变。转变的原因在于采取金融化和商业化的方式引入专业信托公司对土地信托进行管理，有利于发挥信托公司强大的管理优势和融资能力，能更迅速地集中土地实现规模化经营，实现农地规模化经营，而地方政府以行政手段强推的做法容易浪费财政资源，

---

[1] 陈敦，张航. 农村土地信托流转的现状分析与未来展望[J]. 国家行政学院学报，2015（5）：94-98.

[2] 李停. 我国土地信托模式的选择与实践[J]. 华南农业大学学报（社会科学版），2017，16（4）：34-44.

[3] 杨明国. 中国农村土地流转信托研究：基于"宿州模式"和"益阳模式"的比较分析[J]. 财政研究，2015（2）：59-63.

[4] 文杰. 信托：土地经营权抵押权实现方式的创新[J]. 兰州学刊，2024（8）：80-87.

形成低效率经营[①②]。黎东升和刘小乐[③]通过土地流转过程博弈模型分析，发现基层组织对于土地流转的干预程度对农户的期望收益产生负影响，农地流转价格受到信息完全程度的影响，因此需要减少对于土地流转的行政干预，建立一个信息公开、竞争充分的农村土地流转市场。"政府主导"支持方主要持以下观点：（1）在当前农村土地"三权分置"背景下，政府主导的土地信托模式是推动农业现代化的重要制度创新，加快了农村产业结构调整速度，实现了农地集中规模经营的目标[④]；（2）政府背书下的土地信托增强了农民土地流转的信心，有利于扩大土地流转面积，并且一定程度上能缓解外来资本资金不足的问题，进而推动土地集中连片规模化经营[⑤]；（3）农业生产低收益的特征使得外来资本难以通过农业生产来获利，对于新型农业经营主体政府应予以政策扶持以推动农业经营体系的发展[⑥]。不管是何种形式的土地信托流转，政府在其中的作用都不容忽视：一方面地方政府的信用担保可以消除农民对于外来资本的不信任，增强农户参与土地信托的意愿；另一方面可以协助农业企业解决农地细碎化的问题，减少土地流入方与农民进行协商的谈判成本，提高农地经营者投资积极性。

---

① 叶朋. 农地承包经营权信托流转的发展历程与趋势 [J]. 西北农林科技大学学报（社会科学版），2016，16（1）：21-25.

② 翟黎明，夏显力，吴爱娣. 政府不同介入场景下农地流转对农户生计资本的影响：基于PSM-DID 的计量分析 [J]. 中国农村经济，2017（2）：2-15.

③ 黎东升，刘小乐. 我国农村土地流转创新机制研究：基于政府干预信息披露的博弈分析 [J]. 农村经济，2016（2）：34-38.

④ 刘卫柏，彭魏倬加. "三权分置"背景下的土地信托流转模式分析：以湖南益阳沅江的实践为例 [J]. 经济地理，2016，36（8）：134-141.

⑤ 吴本健，申正茂，马九杰. 政府背书下的土地信托、权能配置与农业产业结构调整：来自福建S县的证据 [J]. 华南师范大学学报（社会科学版），2015（1）：132-138.

⑥ 陈靖. 进入与退出："资本下乡"为何逃离种植环节：基于皖北黄村的考察 [J]. 华中农业大学学报（社会科学版），2013（2）：31-37.

1.3.3.3 土地信托实施效果研究

各地土地信托流转的开展，带来的效益也是显而易见的。杨明国[1]对两种试点地区的土地信托模式进行梳理。在运作流程方面，虽然"宿州模式"和"益阳模式"主导主体不同（"宿州模式"是市场主导，"益阳模式"是政府主导），但都有利于盘活土地资源、提高农地利用效率、促进农地规模经营，强化土地的社会保障功能。王克强等人[2]研究表明土地信托流转有利于吸引资本向土地要素集中，改善土壤质地、响应"藏粮于地，藏粮于技"战略，提高农业生产技术效率，进一步提高农户的生产种植效率。刘卫柏和彭魏倬加[3]对农户参与土地信托流转前后的有关指标进行比较，发现土地流转面积、粮食产量、农户收入等方面都有不同程度的增加，认为土地信托流转有利于推动农村体制改革，实现土地规模化经营。周建军等人[4]以湖南省益阳市为调查区域，发现农村土地信托流转有利于改善粮食生产方式，促进农业生产的机械化和规模化。辛瑞等人[5]通过对不同土地信托模式的利益分配安排和实际运行绩效比较，发现发展商业信托公司进行土地信托流转，有利于提高金融资本服务于农业发展的能力。

1.3.3.4 土地信托流转面临的问题及对策研究

土地信托在各方积极推动下蓬勃发展，参与各方已经享受到土地信托

---

[1] 杨明国. 中国农村土地流转信托研究：基于"宿州模式"和"益阳模式"的比较分析[J]. 财政研究，2015（2）：59-63.

[2] 王克强，许茹毅，刘红梅. 土地流转信托对农业生产效率的影响研究：基于黑龙江省桦川县水稻农户信托项目的实证分析[J]. 农业技术经济，2021（4）：122-132.

[3] 刘卫柏，彭魏倬加. "三权分置"背景下的土地信托流转模式分析：以湖南益阳沅江的实践为例[J]. 经济地理，2016，36（8）：134-141.

[4] 周建军，陈琦，吴莎. 农村土地信托流转对中国粮食生产的影响研究：基于湖南省益阳市案例的分析[J]. 财经理论与实践，2017，38（3）：135-139.

[5] 辛瑞，辛毅，郭静，等. 我国土地信托流转模式及绩效研究：兼析金融资本与农业产业融合发展关系[J]. 价格理论与实践，2019（12）：83-87.

流转带来的"红利"。但是，部分土地信托项目实施后所获得的实际收益与预期收益相差甚远。许多学者开始从多个层面来探究其中可能存在的问题。吕洪波和刘佳[1]认为，我国发展环境存在不利于土地信托流转发展的因素，涉及法律、经济、政策和社会环境4个方面。常冬勤和蒲玥成[2]在梳理我国有关土地信托的相关法律法规和制度时发现，由于缺乏有关土地信托流转的具体法律和政策规范，造成土地信托流转在实际运作过程中缺乏法律法规支撑。李停[3]认为土地信托的周期一般较长，不利于信托资金的集中，且农业生产会面临价格波动和市场风险，信托公司运作存在经济风险，不利于土地信托流转长期发展。曹泮天[4]提出，既有土地经营权信托要素配置存在失衡的困境，主要表现在信托主体资格错位、土地经营权转移标准不明确及信托目的定位模糊等方面。周乾[5]探讨了农地经营权信托的价值、羁束与中国式现代化路径，指出农地经营权信托面临的制约因素包括政策服务配套不够、关键性制度支撑不足、信托公司担任受托人积极性不高和农户参与意愿不强等。

为了更好地保障农民权益、促进农村经济发展，针对农村土地信托流转中出现的问题，陈志和梁伟亮[6]认为除了在法律上规范各方权力，还需要控制土地信托实施中的各项风险，可以从明晰产权、明确职责、加强监

---

[1] 吕洪波，刘佳. 我国农村土地信托发展困境对策[J]. 农业经济，2018（1）：112–113.

[2] 常冬勤，蒲玥成. 我国农村土地流转信托的现状、问题及对策[J]. 农业经济，2016（1）：92–93.

[3] 李停. 我国土地信托模式的选择与实践[J]. 华南农业大学学报（社会科学版），2017，16（4）：34–44.

[4] 曹泮天. 农村土地经营权信托要素的优化配置[J]. 现代法学，2024，46（5）：35–48.

[5] 周乾. 农地经营权信托的价值、羁束与中国式现代化路径[J]. 中国法律评论，2024（4）：206–216.

[6] 陈志，梁伟亮. 土地经营权信托流转风险控制规则研究[J]. 农村经济，2016（10）：25–33.

管、生态监控等方面建立规范的规则机制。李泉等人[①]基于"三权分置"的视角，对各地农村土地信托典型模式进行研究，同时借鉴美、日发达国家土地信托的已有成果，从制度保障、政府职能、金融支持和风险防范4个方面提出对应的政策建议。曹泮天[②]认为应从厘清信托主体资格、构建土地经营权信托登记制度及将信托目的重塑为社会性目的等方面着力，对土地经营权信托要素进行优化配置。周乾[③]提出政府应提供财政金融支持、完善信托登记税收制度、提升信托公司认知与义务、增强农户对信托的了解和参与度等政策建议。

1.3.4 简要评论

通过对国内外相关研究进行梳理，可以看出既有文献对农村土地信托的发展基于不同视角、不同理论、跨学科研究方法进行了全面而深入的考察。研究成果颇为丰富，不仅为推动农村土地信托流转在中国的发展起到了重要作用，也为本书提供了诸多有价值的参考与启示。然而，在肯定既有研究贡献的同时，本书也认为我国农村土地信托流转的研究仍存在进一步拓展与深化的空间。

第一，从国内外研究的对比来看，由于土地所有权制度的根本差异，土地信托在中外土地管理中所扮演的角色与发挥的作用存在显著差异。国外土地信托目的主要在于自然保护地的生态保护，没有土地承包经营权流转的类似概念。国际上涉及的农地流转也多指在土地私有制背景之下的农地所有权或使用权的流转，主要讨论农地产权制度、土地流转绩效与影响因素以及土地流转中介服务，对于土地流转中的农户以及政府行为研究较

---

① 李泉，李梦，鲁科技. "三权分置"视域中的农村土地信托模式比较研究［J］. 山东农业科学，2019，51（1）：161-167.

② 曹泮天. 农村土地经营权信托要素的优化配置［J］. 现代法学，2024，46（5）：35-48.

③ 周乾. 农地经营权信托的价值、羁束与中国式现代化路径［J］. 中国法律评论，2024（4）：206-216.

少。虽然有研究指出政府作为公共服务的提供者应该适当介入土地流转过程，为土地交易双方搭建公平、公开的交易平台，提高交易效率，减少交易成本[①]；但土地制度的差异导致我们在借鉴国外经验时，要充分考虑国外经验是否适合中国国情。从学术研究的角度来看，国外相关研究对于我国土地信托法律制度的构建、土地信托流转跨学科研究的开展以及相关研究方法的拓展都具有一定的参考价值。

第二，国内学者在土地信托制度的顶层设计与模式的探索方面取得了显著成果，但在农户层面的研究仍显不足。国内学者在土地信托制度的顶层设计和模式方面的研究已取得了一定的成果，研究日趋成熟。土地信托制度设计和法律规范方面的研究为开展土地信托流转提供了规范和依据；关于土地信托流转实施效果评价的研究反映了土地信托流转所带来的效益，表明了土地信托流转推行的可行性；土地信托流转问题的研究对当前出现的问题进行了分析与归纳，为后续其他地区推行土地信托流转提供参考。从既有研究来看，土地信托制度研究的主要对象是地方政府及其出台的土地信托流转相关政策；土地信托模式研究的主要对象则是不同类型信托公司在不同的土地信托流转项目中的做法异同，以及土地信托流转实施效果的差异。但是，从农户角度出发，探究农户土地信托流转决策机制、流转意愿、流转满意度的研究较为鲜见。作为土地信托流转的直接参与主体之一，农户的认同和支持对于农村土地信托流转能否顺利推行十分重要。

鉴于此，本书将致力于弥补既有研究的不足。本书基于计划行为理论、可持续生计资本理论、顾客满意理论等理论，在对比农村土地信托流转的"邓州模式"与"宿州模式"的基础上，结合对河南省邓州市实地调研所收集的资料，运用演化博弈模型、结构方程模型、模糊集定性比较分析模型等研究方法，研究农户参与土地信托流转的决策机制，流转意愿及流转满意度等问题，揭示农户行为背后的深层次逻辑，为相关政策制定提供科

---

① Bogaerts T, Williamson I P, Fendel E M. The role of land administration in the accession of Central European countries to the European Union [J]. Land use policy, 2002, 19 (1): 29-46.

学依据，同时也为学术研究贡献新的视角与思路。

1.4 研究内容及技术路线

1.4.1 农村土地信托流转的内涵

本书的研究对象——农村土地信托流转，是在农村土地产权"三权分置"改革深入推进的背景下，涌现出的一种具有创新性的土地流转方式。它是指在维持农村土地所有权归属集体、承包权稳固于农户的基础上，农户（作为委托人）将其拥有的农村土地经营权，在双方约定的期限内，转移给信托公司（作为受托人）进行管理和运作。受托人依据信托合约的条款，在约定的时间框架内对土地进行科学合理的经营管理，并确保向受益人支付相应的土地流转收益。这种流转方式的核心目的在于提升土地的经营管理效率和经营收益，因此信托公司往往会倾向于将流入的土地交由具备专业能力和经验的新型农业经营主体进行精细化运营。

在农村土地信托流转的实践中，信托的客体（即信托财产）明确为农户所承包土地的经营权。而信托的主体则涵盖了农村土地信托流转的所有参与者，具体包括：委托人、受托人以及受益人。其中，委托人是指拥有土地承包权的农户。而在实际操作中，一些村委会、由农户入股成立的合作社以及地方政府也会代表农户的身份，作为委托人参与信托合约的签订。受托人是具体经办农村土地信托流转业务的信托公司。我国经办农村土地信托流转业务的信托公司有两类：一类是由政府出资主导建立的，其主要经营目的是通过集中土地，提高农业生产效率，一般不以营利为目的，经营遵循保本微利的原则。本书的主要调研对象之一——邓州市农村土地开发有限公司即为此类信托公司。另一类是市场主导建立的专业经营各类信托业务的公司，其开展农村土地信托主要的目的是实现盈利。2013年，安徽省宿州市推出第一单农村土地信托流转商业项目的中信信托即为此类信托公司。受益人则是指农户本身或信托合约中明确指定的其他人。在我国当前的实践中，农村土地信托流转的受益人大多数情况下为委托人自己。这样既保留了土地的所有权和承包权，又能够享受到土地经营权流转带来的额外收益。

1.4.2 研究内容及技术路线

本书以农村土地信托流转中的农户、信托公司和新型农业经营主体等利益主体为研究对象，先探讨农户在农村土地信托流转中的福利变化情况，然后遵循从土地流转前的决策到土地流转后的评价的思路对农村土地信托流转中各利益主体的行为相应展开研究。本书的技术路线如图1-4所示。

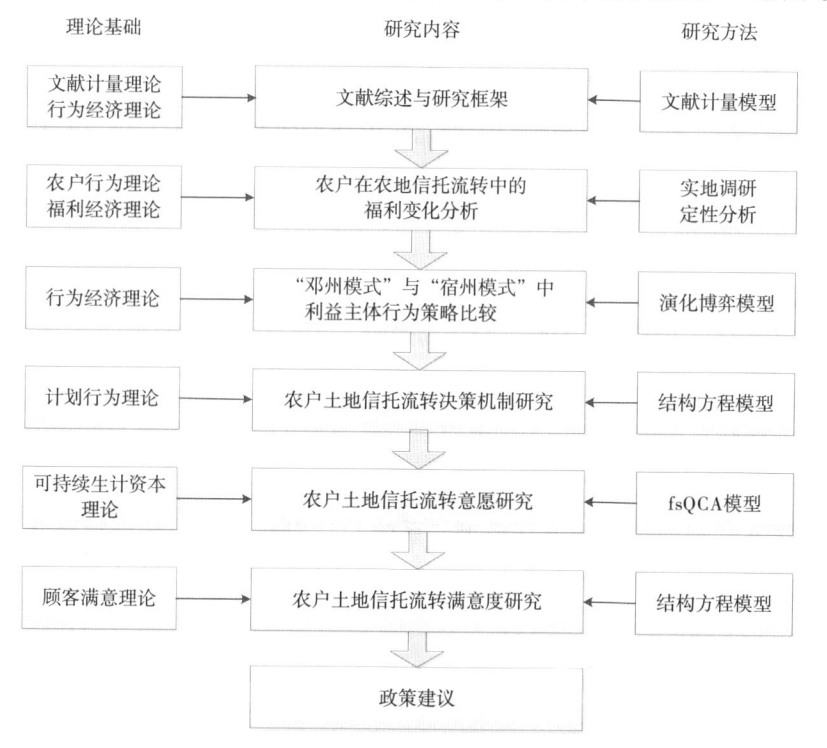

理论基础	研究内容	研究方法
文献计量理论 行为经济理论	文献综述与研究框架	文献计量模型
农户行为理论 福利经济理论	农户在农地信托流转中的福利变化分析	实地调研 定性分析
行为经济理论	"邓州模式"与"宿州模式"中利益主体行为策略比较	演化博弈模型
计划行为理论	农户土地信托流转决策机制研究	结构方程模型
可持续生计资本理论	农户土地信托流转意愿研究	fsQCA模型
顾客满意理论	农户土地信托流转满意度研究	结构方程模型
	政策建议	

图1-4 本书的技术路线图

本书的第1章为绪论部分，阐明本书的研究背景与研究意义，为后续章节的深入探讨奠定扎实的基础。该章节不仅对国内外土地信托的相关研究进行了系统而详细的回顾，还尝试对这些研究进行客观中肯的简评，指出既有研究的不足与未来进一步研究的可行方向。在此基础上，本章明确提出了本书的研究思路和技术路线，为读者勾勒全书的研究框架与脉络。

第2章则基于广泛的调查问卷统计数据和深入的实地调研资料，对土地信托流转对农户家庭福利的影响进行全面而深入的分析；通过翔实的数据与生动的案例，揭示土地信托流转在提升农户家庭福利方面的积极作用与潜在风险，以求为政策制定者提供有价值的参考。

第3章运用演化博弈理论，对我国农村土地信托流转的两种典型模式——政府主导的"邓州模式"与市场主导的"宿州模式"进行深入的对比研究。通过构建博弈模型，本章对信托公司与新型农业经营主体在不同模式下的行为策略与互动关系进行分析，揭示两种模式各自的优缺点及适用条件，为土地信托模式的选择与优化提供了理论依据。

第4章~6章则聚焦于河南省邓州市的实地调研数据，围绕农村土地流转前农户的决策与流转意愿，以及土地流转后农户的满意度等核心问题展开深入研究。

第4章基于计划行为理论，构建农户参与土地信托流转的决策机制模型，揭示农户决策背后的心理与行为逻辑。

第5章则运用模糊集定性比较分析法，探讨可持续生计资本对农户土地信托流转意愿的影响，为理解农户流转意愿的多元性与复杂性提供了新视角。

第6章则通过结构方程模型，系统分析农户土地信托流转满意度的影响因素，为提升农户满意度与促进土地信托流转的可持续发展提供实证支持。

第7章在综合前面6章研究的基础上提出进一步促进土地信托流转健康发展的政策建议。

第 2 章 邓州市农户在农村土地信托流转中的福利变化

要坚持把解决好农业、农村、农民问题作为全党工作重中之重。要以构建现代农业产业体系、生产体系、经营体系为抓手,加快推进农业现代化。要通过发展现代农业、提升农村经济、增强农民工务工技能、强化农业支持政策、拓展基本公共服务、提高农民进入市场的组织化程度,多途径增加农民收入。

——习近平 2017 年 6 月 21 日—23 日在山西考察时的讲话

2.1 实地调研概况

2.1.1 研究样本的选择

2017 年 11 月 22 日,中央电视台《焦点访谈》栏目播出的专题片《新时代怎么干"农"字做大补短板》,报道了在国家的"三权分置"制度下,河南省邓州市孟楼镇通过政府搭建的土地信托流转平台,对土地进行整理和改良,吸引众多新型农业经营主体前来洽谈耕种。观看央视的专题片后,研究团队对邓州市的土地信托流转资料进行了专题收集。收集到的资料显示：邓州市地处河南省南部，与湖北省北部相接，地理位置优越；是河南省直管市，耕地面积244万余亩，总人口为178.6万；是全国农业大县、产粮大县、国家商品粮基地县、河南省农业综合开发重点县。孟楼镇地处半丘陵地带，农业基础设施落后，在以前家庭联产承包责任制实施的过程中实行"远近肥瘦"搭配，导致大片耕地变成"绺绺田"，农业生产效率低下且严重阻碍了现代规模农业的发展。2016年，邓州市以孟楼镇为试点开展土地信托流转"三权分置"改革，取得了较好的成效，为农业现代化奠定了坚实的基础，受到了中央媒体的关注。中央电视台《焦点访谈》栏目制作了一期节目专题介绍了"邓州模式"的先进做法[①]。邓州市属于典型的"政府主导"模式的农村土地信托：市政府和省国土开发中心共同出资成立邓州市农村土地开发有限公司（现河南邓州国土开发有限公司，以下简称"土地开发公司"），将孟楼镇作为先行试点，以土地"流转—整理—再流转"的整体思路开始农村土地"三权分置"改革和土地信托流转。截至2016年10月中旬，土地开发公司与孟楼镇5 940户村民签订了土地流转合同，流转土地57 700亩，流转面积达耕地确权面积的98.63%[②]。邓州市在提高了农民经济收入的同时，盘活了农村土地资源，成为当地推进乡村振兴的重要助力。

综合分析收集到的资料，研究团队认为邓州市的土地信托流转实践具有较高研究价值。研究团队多次赴邓州市与市政府及相关部门进行沟通，邓州市相关政府部门在了解研究团队的调研计划和研究目的后，对研究团队的实地调研提供了大力支持。

2.1.2 问卷编制与调研实施

在确定将邓州市作为深入调研的区域后，研究团队全力以赴地展开资

---

① 2017年11月22日，中央电视台《焦点访谈》节目播出的《新时代怎么干"农"字做大补短板》，对农地信托流转的"邓州模式"进行了重点报道。

② 数据来源：原邓州市国土资源局内部统计资料。

料收集工作，广泛收集并集中研读与邓州市土地信托流转相关的各类资料。这些资料涵盖政策文件、学术论文、实践案例等多个方面，为研究团队提供了宝贵的参考依据。在此基础上，团队紧密结合邓州市的实际情况，认真开展问卷编制工作，力求问卷内容全面、准确、具有针对性。在问卷编制过程中，研究团队秉持开放合作的态度，邀请多位在农村土地流转研究领域具有深厚造诣的学者对问卷内容提出修改意见。经过多次讨论和反复修改，问卷内容逐渐完善，更加符合调研需求[①]。问卷编制完成后研究团队先后3次赴邓州进行实地调研，时间分别为2018年8月、2019年1月和2019年8月。调研团队在2018年8月和2019年1月对邓州市的孟楼镇和林扒镇开展问卷调查、集中座谈和深度访谈。2018年8月的初次调研设置了预调研的环节，调研团队赴孟楼镇的姜营村和小李营村进行了预调研。预调研完成后，调研团队对回收的问卷进行了细致的整理和分析，针对问卷中一些可能影响受访者理解的文字表述进行了修改，并对问卷的问题设置进行了必要的增删和调整，以确保问卷的准确性和有效性。2019年8月的补充调研则更加深入和全面。团队不仅走访了邓州市国土资源局、土地开发公司、邓州市孟楼镇政府和林扒镇政府等政府机构，还深入土地信托经营实体，收集了一批关于邓州市土地信托流转的珍贵政府文件和内部资料。同时，团队还与熟悉邓州市土地信托流转的政府干部、土地开发公司工作人员以及承租土地进行耕种的农业生产公司负责人进行了多轮深入的集体座谈和访谈，进一步加深了对当地土地信托流转情况的了解[②]。

在问卷调查中，调研团队随机抽取邓州市开展土地经营权信托流转的姜营村、小李营村、军九村、克岐营村、吴岗村、阎东村、辛家村、张仙营村、长乐村、耿营村、官庄营村11个村作为样本村，并以户为单位对已流转农户进行随机抽样问卷调查。本次调研共发放问卷400份，回收问卷383份，问卷回收率为95.7%。问卷回收后，通过现场废卷筛除

---

① 调查问卷详见本书附录1。
② 研究团队的部分实地调研、集体座谈、深度访谈的影像资料详见本书附录三。

和表列删除法筛选无效问卷，最终获得有效问卷 356 份，问卷有效率为 92.9%。具体调查内容包括以下 5 个方面。

（1）受访家庭基本情况，包括参加流转农户的性别、年龄、身体健康状况、受教育程度、外出工作和劳动力人数情况等。

（2）受访家庭的经济情况，包括流转前后家庭年农业收入、家庭年非农业收入以及流转前后的家庭主要收入来源。

（3）生活环境情况，包括受访者对治安条件、交通条件、住房条件、医疗卫生条件、教育条件和生活环境的满意度等。

（4）流转前的土地特征情况，包括流转前承包地数量和质量情况等。

（5）受访者参与土地信托流转的意愿及土地信托流转具体情况，包括具体流转承包地数量、对信托流转收益、政策和信托公司执行力满意度等。

为了检验调查问卷调查结果的内在一致性和外在稳定性以及问卷的有效性和准确程度，研究团队对问卷调查的信度和效度进行检验，具体如下。

本次调查问卷题目设计多采用李克特 5 级量表予以评价，因此在信度检验时采用最常用的方法是克龙巴赫 α 系数。计算克龙巴赫 α 系数公式为

$$\alpha = \frac{K}{K-1}\left(1-\frac{\sum \sigma_i^2}{\sigma^2}\right) \quad (2-1)$$

式中：K 表示问卷中的题目数量；σ_i^2 表示第 i 个条目的方差；σ^2 表示为全部的调查结果方差。当 $\alpha \geqslant 0.7$ 时，表明测验设计良好，信度可以接受[1]。本书通过 SPSS 23.0 软件，得到调查数据总体量表的克龙巴赫 α 系数为 0.852，说明问卷设计质量较好，可以继续后文的研究。

效度是对问卷的有效程度进行检验和评价的指标，本书运用 SPSS 23.0 软件对问卷的 KMO（Kaiser-Meyer-Olkin）检验和 Bartlett 球形检验进行

---

[1] 吴明隆. 问卷统计分析实务：SPSS 操作与应用［M］. 重庆：重庆大学出版社，2010：237.

计算，结果见表2-1。调研问卷数据的KMO值为0.888[①]，Bartlett的球形度表明变量之间的相关性显著，说明本书所选的变量的正确测量程度较高，问卷效度良好，结果有效。

表2-1 KMO和Bartlett检验结果

KMO值		0.888
Bartlett的球形度检验	近似卡方	2 413.906
	自由度	153
	显著性	0.000

2.1.3 受访农户基本情况

2.1.3.1 *受访农户户主的基本特征*

本次实地调研共收集了356份有效问卷，这些问卷均来自参与信托流转的农户家庭。在问卷填答者中，大部分为农户家庭的户主，若户主不在家，则由家庭中文化水平较高的其他成员代为填写。统计结果显示，问卷填答人中男性占多数，共计288人；女性则为68人。受访者的平均年龄为56.31岁；年龄跨度较大，从最小的21岁到最大的83岁不等。这一数据表明，受访农户主要以50岁以上的中老年男性为主，他们不仅是农业生产的主力军，更是家庭决策的核心人物。

在文化程度方面，参与调研的户主普遍偏低，这与其年龄偏大的特征相吻合。具体而言，初中及以下学历的人数高达258人，占比达到72.5%。这一现状反映了受访农户在文化知识方面的相对匮乏，这可能在一定程度上限制了他们在非农就业市场中的竞争力和就业机会。然而，尽管受访农户的文化程度不高，但他们的身体健康状况却整体较好。在

[①] Kaiser（1974）研究结论显示，KMO值大于0.9为最好，大于0.8为比较好，大于0.7为中等水平。参见：Kaiser H F. An index of factorial simplicity [J]. Psychometrika, 1974, 39（1）: 31-36.

受访农户中，有294人认为自己身体健康程度在一般及以上，占比高达82.6%。这一数据表明，土地信托流转后，这些农户凭借良好的身体素质有望在城乡低端就业市场中再次找到就业机会，从而改变过去单纯依赖农业生产的状况，实现收入来源的多元化。

受访农户具体个人特征见表2-2。

表2-2 受访农户个人特征

项目	个人特征	频数/人	有效百分比/%	累计百分比/%
年龄	<30岁	6	1.7	1.7
	30～39岁	28	7.9	9.6
	40～49岁	86	24.1	33.7
	50～59岁	101	28.4	62.1
	≥60岁	135	37.9	100
受教育程度	小学及以下	121	34	34
	初中	137	38.5	72.5
	高中或中专	82	23	95.5
	大专	11	3.1	98.6
	本科及以上	5	1.4	100
身体健康状况	非常好	51	14.3	14.3
	比较好	120	33.7	48
	一般	123	34.6	82.6
	比较差	51	14.3	96.9
	很差	11	3.1	100

2.1.3.2 受访农户家庭特征

对农户家庭的人口结构进行深入调查后，我们发现大多数家庭的人口规模集中在3～5人，见表2-3。这一现象在传统农业社会中颇为常见。具体而言，这些家庭的平均人口数为5.4人，显示出家庭规模的适度扩张。在调查样本中，家庭人口数的最大值为14人，而最小值则为1人，这表明家庭规模的多样性。总体来看，家庭人口数量的分布与我们对传统农户家庭特征的预期相吻合,即家庭成员数量相对较多,这可能与农业生产对劳动力的需求有关。在经济收入方面,参与调查的农户家庭中,年收入低于6万元的家庭占到了绝大多数,具体人数为283户,占总样本的79.5%。这一数据揭示了农户家庭收入水平普遍偏低的现状,大多数家庭的收入处于中等偏下的水平,这可能与农业生产的低效率和市场不稳定等因素有关。然而,随着土地信托流转制度的引入,农户家庭的经济状况有望得到显著改善。土地信托流转使得原本束缚在土地上的农业生产劳动力得以解放,这些劳动力可以转向非农业生产活动,如工业、服务业等,从而拓宽了家庭的收入来源。

表2-3 受访农户家庭禀赋特征

项目	家庭特征	频数/人	有效百分比/%	累计百分比/%
家庭人口数	1~3人	31	8.7	8.7
	4~5人	166	46.6	55.3
	6~7人	123	34.5	89.8
	8~9人	18	5.1	94.9
	≥10人	18	5.1	100
家庭年收入	<3万元	205	57.6	57.6
	3~6万元(不含6万元)	78	21.9	79.5
	6~9万元(不含9万元)	48	13.5	93
	9~12万元(不含12万元)	13	3.7	96.6
	≥12万元	12	3.4	100

2.1.3.3 受访农户承包土地特征

在对农户家庭的承包地面积进行分析时,我们注意到一个明显的集中趋势,见表2-4。具体来说,被调查的农户家庭中,有77.5%的家庭承包地面积集中在5~15亩。这一范围内的土地面积,对于维持家庭生计和农业生产来说,是一个相对合理的规模。从平均值来看,每户农户拥有的承包地面积为8亩,这进一步印证了上述集中趋势。然而,我们也观察到农户之间在承包地规模上存在显著差异。在调查样本中,承包地面积最少的家庭仅有 0.5 亩,而最多的家庭则高达 30 亩。这种差异可能源于多种因素,包括地理位置、土地资源的分配政策、家庭劳动力的多寡以及农户对土地经营的策略等。这种规模上的差异对于农户的生产效率和经济收入有着直接的影响,较小的承包地可能导致农户难以实现规模经济,而较大的承包地则可能带来更高的生产效率和收入。在土地质量方面,超过一半的受访农户(51.4%)认为自家承包地的质量一般或更差。这一比例表明大多数农户的承包地质量并不理想,这可能限制了农业生产的潜力和产出。

表 2-4 受访农户承包土地特征

项目	土地特征	频数 / 人	有效百分比 / %	累计百分比 / %
承包地面积	< 5 亩	59	16.5	16.5
	5 ~ 10 亩（不含 10 亩）	195	54.8	71.3
	10 ~ 15 亩（不含 15 亩）	81	22.7	94
	15 ~ 20 亩（不含 20 亩）	13	3.6	97.6
	≥ 20 亩	8	2.4	100
承包地质量	非常差	6	1.7	1.7
	比较差	21	5.9	7.6
	一般	156	43.8	51.4
	比较好	125	35.1	86.5
	非常好	48	13.5	100

2.2 农户在农村土地信托流转中的福利变化分析

2.2.1 农户家庭内部发生的福利变化——基于问卷数据的分析

本次邓州实地调研在问卷中设置了旨在了解农户在农村土地信托流转前后家庭福利情况变化的问题,力求通过对农户回答的统计分析,了解农村土地信托流转对农户家庭内部的福利产生了怎样的影响。

2.2.1.1 农户（户主）从事工作类型变化

根据问卷统计结果（表2-5），在土地流转之前，邓州市有超过45%的农户主要从事农业生产。此外，还有16.18%的农户以农业为主，同时兼职副业。综合来看，以农业作为主要职业的农户占比超过了60%。这表明，在土地信托流转政策实施之前，邓州市的大多数农户仍然依赖于土地，从事着收入相对较低的农业生产活动。然而，随着土地信托流转政策的实施，我们观察到显著的变化：从事农业生产的农户比例从45.10%急剧下降至10.78%，而以农业为主兼职副业的比例也从16.18%降至11.76%。这一变化表明，土地信托流转政策有效地解放了大量农户，使他们能够从传统的农地耕作中解脱出来，转而从事非农领域的工作，这些工作往往能带来更高的收入。因此，农户家庭的福利得到了显著提升。

表2-5 受访农户土地流转前后从事工作类型

工作类型	土地流转前 / %	土地流转后 / %
赋闲待业	7.84	24.51
从事农业生产	45.10	10.78
以农业为主兼职副业	16.18	11.76
以非农业为主兼职农业	18.14	25.50
只从事非农	12.74	27.45

专栏2-1详细介绍了孟楼镇的一个案例，说明农户在土地流转后如何从土地上解放出来，通过加入孟楼镇农机合作社实现再就业，从而提高家庭收入。

专栏2-1 农机合作社帮助失地农户实现再就业[①]

2017年初，为更好地服务农村土地"三权分置"工作，孟楼镇成立了

[①] 根据邓州市孟楼镇政府提供的内部资料以及调研组对军九村、耿营村干部和农户的访谈记录整理。

遥迪农机合作社和善行农机合作社。两家合作社吸收了一批土地流转后退出农耕领域转行从事农机服务的农民，为带动赋闲农民再就业起到了良好的示范作用。

以善行农机合作社为例，该社在2017年服务土地总面积3.4万亩，实现经营收入108万元，年盈余32万元，取得了良好的经济效益和社会效益。加入农机合作社的农户社员的年收入普遍高于本地其他农户40%以上。随着合作社的不断发展壮大，入股社员人数也在逐年增加。截至2018年11月底，两家合作社农机总量已发展到100多台，社员50多人。两家合作社在拓展业务的同时还积极为周边有劳动能力的贫困群众提供就业机会，吸纳贫困群众就近就业，帮助他们增收致富。据统计，该镇常年在遥迪、善行两家农机合作社务工的贫困群众有50多人，他们通过辛勤劳动获得收入，逐步实现了脱贫目标。在访谈中，耿营村贫困群众周某告诉调研员，他从2016年到遥迪合作社打工，一天工资60元，一年工作7个多月，一年下来能拿10 000多块钱，对于这份工作他十分满意。

在对邓州实地调研的数据进行深入分析时，表2-5中的一组数据特别引起了我们的关注。该数据显示，选择"赋闲待业"的农户比例在土地流转前为7.84%，而在土地流转后显著增加至24.51%，即超过四分之一的农户在家中待业。这一比例的大幅上升是否意味着农户家庭福利的减少，这是一个值得深入探讨的问题。通过对农户的实地走访和调研，我们了解到农户在家待业的原因主要可以归纳为以下4点。

（1）部分年长的农户在土地流转后，由于收到的土地租金以及子女提供的赡养费已经足以维持生活，因此选择不再从事劳动，而是在家中安享晚年。对于这部分农户而言，他们享受到了更多的闲暇时间，并且他们的子女也不再需要在农忙时期回家帮忙，从而避免了因回家帮忙而产生的误工损失和交通费用。因此，尽管这部分老年农户不再从事农业劳动，但他们的家庭福利实际上是有所增加的。

（2）一些农户在离开农业生产领域后，由于缺乏其他行业的专业技能，暂时退出了就业市场，转而参加政府组织的职业技术培训。从长远来看，这些农户在完成培训并重新就业后，预计其家庭福利将随着工资收入的增加而提升。

（3）部分农户在离开土地后，通过打短工或零工来补贴家庭收入，但他们并未将这种非正式工作视为就业，因此在问卷中选择了"赋闲待业"。实际上，这些农户通过打零工获得的收入，加上土地信托流转获得的土地租金，已经超过了土地流转前的家庭总收入，从而使得他们的家庭福利得到了提升。

（4）一些身体状况不佳、在家休养的农户，其生活来源主要依赖于政府低保、土地出租收入以及亲友的接济。土地流转后，这类农户可获得的土地租金（每年每亩600元）高于将土地交给亲友代种时所获得的租金（每年每亩200~300元），因此他们的家庭收入实际上有所增加。对于大部分勾选"赋闲待业"的农户而言，其家庭福利并没有减少反而增加了。

2.2.1.2 农户家庭主要收入来源变化

在本次邓州实地调研中，我们通过调查问卷详细询问了农户在土地信托流转前后家庭收入的最主要来源，旨在深入探究土地信托流转对农户收入结构的具体影响。问卷统计结果（表2-6）揭示了土地信托流转对农户收入来源的显著改变。具体来看，在土地流转之前，以种植业收入作为家庭主要收入来源的农户占比高达44.61%，而这一比例在土地流转后急剧下降至6.86%。这一下降趋势表明，越来越多的农户开始减少对传统种植业的依赖，转而寻求其他收入来源。与此同时，以务工收入作为家庭主要收入来源的农户占比从土地流转前的30.39%上升至流转后的47.06%。这一变化反映出土地信托流转有效地促进了农户从农业生产领域向其他行业转移就业。这不仅为农户提供了更多样化的就业机会，也有助于他们在其他行业获得更高的劳动报酬。此外，以出租土地收入作为家庭主要收入来源的农户占比也呈现出显著增长，从土地流转前的0.49%上升到了11.76%。这一增长背后的原因值得关注。在土地信托流转实施之前，邓州市有不少外出务工的农户选择将自家土地以低价出租或无偿交给亲友邻居耕种，甚至有些土地被遗弃荒芜。这些农户从承包土地中获得的租金收入微乎其微，甚至完全没有收益。然而，随着土地信托流转的开展，农户将土地统一流转给土地开发公司，每年可以获得每亩600元的稳定租金收入，这使得外出务工农户的土地租金收入得到了显著提升。农户家庭收入主要来源的变化不仅反映了土地信托流转对农户就业领域的推动作用，也从侧面揭示了土地信托流转如何提升农户家庭福利。这种转变不仅可以为农户提供更多的经济安全感，也为他们的生活质量和家庭经济的可持续发展带来积极影响。通过这种转变，农户能够更加灵活地调整自己的就业策略，以适应不断变化的经济环境和市场需求。

表2-6 受访农户土地流转前后家庭收入主要来源

收入来源	土地流转前/%	土地流转后/%
种植业收入	44.61	6.86
养殖业收入	2.94	1.96
务工收入	30.39	47.06
工资性收入	8.33	8.33
做生意或个体经营收入	9.32	8.84
补贴收入	0.49	5.39
出租土地收入	0.49	11.76
其他收入	3.43	9.8

2.2.1.3 农户家庭年收入变化

农户家庭年收入作为衡量农户家庭福利水平的关键指标，直接反映了家庭的经济状况。在邓州市，参与土地信托流转的农户每年每亩土地能够获得不少于600元的稳定收入，这一政策对于提高农户家庭福利具有显著影响。随着土地流转的实施，新型农业经营主体通过规模化生产提高了效率。一部分农户则通过为这些新型主体提供劳动力，转型成为新型职业农民；一部分农户进入农产品深加工企业，成为农业产业工人；更多的农民从土地上解放出来，选择外出务工或经商。这些变化为农户家庭带来了更多元化的收入来源。根据问卷调查的统计结果，土地流转后，农户家庭收入普遍有所增加。具体来看，表2-7和表2-8详细列出了受访农户在土地流转前后家庭年收入和家庭年非农业收入在各个收入区间的占比变化。在农户家庭年收入方面，仅有年收入2万元以下的最低收入区间农户比例在土地流转后有所下降，收入在2万~3万元（不含3万元）、3万~6万元（不含6万元）、6万~9万元（不含9万元）、9万~12万元（不含12万元）4个区间的农户比例均呈现出上升趋势。这一趋势表明，土地流转后，农户的收入结构得到了优化，收入水平整体上移。同样地，农户家庭年非农业收入的变化趋势与年收入的变化趋势相一致。土地流转后，年收入在3万元以下的最低收入区间农户比例有所下降，而年收入在3万~6万元（不含6万元）、6万~9万元（不含9万元）、9万~12万元（不含12万元）3个区间的农户比例均有所上升。这一现象进一步印证了土地流转后农户收入总体呈现明显上升趋势的结论。

表 2-7 受访农户土地流转前后家庭年收入

金额	<2万元	2万~3万元（不含3万元）	3万~6万元（不含6万元）	6万~9万元（不含9万元）	9万~12万元（不含12万元）	≥12万元
土地流转前/%	49.51	29.41	13.73	4.41	1.47	1.47
土地流转后/%	39.71	33.82	18.14	4.90	1.96	1.47

表 2-8 受访农户土地流转前后家庭年非农业收入

金额	<3万以下	3万~6万元（不含6万元）	6万~9万元（不含9万元）	9万~12万元（不含12万元）	≥12万元
土地流转前/%	72.06	22.06	3.43	0.98	1.47
土地流转后/%	63.73	27.45	4.90	2.45	1.47

在孟楼镇进行的深度访谈中，调研组收集了大量农户的反馈。大部分

受访农户均表示，在土地流转政策实施后，他们的家庭收入有了显著增加。专栏2-2所摘录的部分访谈记录，为我们提供农户收入增加的生动例证。这些记录不仅展示了土地流转对农户家庭福利的积极影响，也反映了政策实施的实际效果。

专栏2-2　农村土地信托流转增加了孟楼镇农户的家庭收入[①]

调研组在邓州市孟楼镇各村调研时，向受访农户询问了土地信托流转前后农户家庭收入的变化情况，以下是相关访谈的记录。

问：您家土地流转前和流转后的收入情况是什么样的？土地流转后收入是增加还是减少了？

长乐村村民王某："我们家有10亩地，原来种小麦，一般亩产800斤，除去种子、农肥等成本，加上投入的劳力赚不到多少钱。现在土地按每年每亩600元流转了，一年可以拿7000多元租金，我还可以在镇上的农机公司打工，一个月工资保底3000元，收入比以前高多了。"

耿营村村民周某："我今年68岁，家里有5口人，10亩地。流转前，我们一家人被绑在这10亩耕地上，种小麦、种玉米，一年两季，收入很低。现在，土地流转出去了，每年净落6000元的土地租金；孩子们出门打工了，我又被安排到村环卫队工作，每年比原来多赚两三万块钱。"

军九村村民马某："我家有3口人，是贫困户。我因摔伤长期瘫痪在床，光靠媳妇一个人种地的收入太少了，就没种地了。村里为了帮我们脱贫，让我媳妇参加了'巧媳妇培训'，现在已经在家对面的服装厂上班了，儿子也被安排到一家银行当保安。土地流转前，我们把家里的3亩耕地租赁给邻居耕种，每亩每年收300元租子，如果年成不好，还收不到租子。土地统一流转给政府后，每亩流转金加分红有700元，我家的3亩地每年又能多收1200元，而且有保障。我举双手赞成土地统一流转！"

[①] 根据研究团队对邓州市孟楼镇农户的访谈记录整理。

2.2.1.4 农户家庭年支出费用变化

随着土地流转带来的家庭收入增长，农户的家庭支出情况也发生了相应的变化。根据"受访农户土地流转前后家庭年支出费用"的统计结果（表2-9），我们观察到在土地流转前，年家庭支出处于1万元以下和1万~1.5万元（不含1.5万元）两个低支出区间的农户比例分别为13.23%和22.06%；而在土地流转后，这两个比例分别下降至9.8%和18.14%。这一下降趋势表明，较低收入农户在土地流转后可能通过增加收入，提升了自身的消费能力。相对应地，年家庭支出在1.5万~2万元（不含2万元）、2万~2.5万元（不含2.5万元）、2.5万以上3个较高支出区间的农户占比，在土地流转前分别为27.45%、14.22%、23.04%；而在土地流转后，这些比例分别上升到了29.41%、17.65%、25%。这一上升趋势反映了随着收入的增加，农户家庭的消费水平和生活质量也随之提高，农户愿意并且能够承担更高的家庭支出。土地信托流转后受访农户的家庭年支出费用的增长，不仅直接体现了农户家庭经济状况的改善，也间接反映了土地信托流转给农户家庭带来的福利提升。这种福利提升可能体现在多个方面，包括但不限于更好的教育资源、更优质的医疗服务、更舒适的居住条件以及更丰富的休闲娱乐活动。随着家庭支出的增加，农户能够投资于人力资本和社会资本的积累，这将进一步促进农户家庭福利的长期增长和社会经济地位的提升。

表2-9 受访农户土地流转前后家庭年支出费用

金额	<1万元	1万~1.5万元（不含1.5万元）	1.5万~2万元（不含2万元）	2万~2.5万元（不含2.5万元）	≥2.5万元
土地流转前/%	13.23	22.06	27.45	14.22	23.04
土地流转后/%	9.80	18.14	29.41	17.65	25

2.2.2　外部因素带来的福利变化——基于调研资料的分析

2.2.2.1　农田整治为提升农户的收益创造了条件

邓州市的土地信托流转方案是一个系统性的改革措施，旨在通过土地的集中流转和整治，提升土地价值和增加农民收入，并推动农业现代化。根据该方案，农户的土地先流转至市国土开发公司[①]，再进行土地再流转。若再流转价格超过600元/亩，农户将获得溢价部分的20%分成，这一机制为农户带来了额外的收益。

以孟楼镇为例，该镇通过大规模土地信托流转获得农户承包土地的经营权后，利用省级涉农整合资金和政府配套资金，实施了全域地力提升工程。该工程实现了"田成方、林成网，渠相通、水相连，旱能浇、涝能排"，显著提升了耕地质量，将孟楼镇的耕地等级从7、8等级全部提升为6等级；此外，通过对沟坎路渠荒地的整治，新增耕地1 600亩，将原承包地中因偏差、贫瘠而折扣面积的5 900亩耕地转变为高标准农田，为农业现代化耕作打下了坚实的基础。邓州市还与河南省农科院和北京市农林科学院合作，对孟楼镇农业产业进行了详尽的总体规划，将全镇耕地规划为粮食、水产、林果、蔬菜四大功能区域。在确保粮食生产安全、土地用途不变、避免非粮化非农化的基础上，以发展高效生态农业为目标，合理调整农业产业结构，努力实现农业增效。

实施农村土地"三权分置"改革和土地信托流转以来，土地开发公司已成功引进了数十家新型农业经营主体承租土地。例如，重庆某粮贸有限公司流转了2万亩土地，全部用于种植红高粱，定向供应给茅台酒厂和五粮液酒厂酿酒；襄阳市某农业有限公司流转了1.6万亩土地，种植红高粱；某农业有限公司流转了3 000亩地种植艾草[②]。这些合作不仅解决了土地规模化经营的问题，而且通过与有资质、有项目、有资金的新型农

[①]　市国土开发公司：负责进行农田整治和基础设施建设。

[②]　资料来源：邓州市孟楼镇人民政府内部资料。

业经营主体合作，实施市场化运作，破解了农业发展面临的资金、技术制约问题，为农户获得流转土地租金溢价分成创造了条件。专栏 2-2 中的军九村贫困村民马某的例子具体说明了土地流转带来的收益。他每亩地年流转收益为 700 元，其中土地流转基本租金为 600 元，多分得的 100 元来自土地租金溢价分成。这一实例展示了土地信托流转政策如何为农户带来实实在在的经济利益，提升了他们的生活水平和家庭福利。

通过这样的改革措施，邓州市不仅提高了土地的利用效率和农业的产出，也为农户开辟了新的收入渠道，增强了他们的经济安全感和满意度。

2.2.2.2　土地信托流转推动了"美丽乡村"建设

在探讨"美丽乡村"建设项目对农户福利的影响时，我们发现，尽管该项目并未直接提升农户的经济收入，却在很大程度上优化了农户的居住环境，从而间接增强了农户的福利感。

在邓州市孟楼镇的具体实践中，通过整合和整治农田中的沟渠、路坎以及荒地，共增加了 7 500 余亩的耕地面积。这一措施使得该镇下辖的 15 个行政村平均每村增加了 200～500 亩的耕地，同时额外获得了约 100 亩的建设用地。这些新增土地通过流转和溢价销售，为各村集体经济带来了可观的收益：每个村庄的集体收入增加了 30 万～60 万元。这些收益的增加为村庄基础设施的升级提供了资金支持。例如，在 2018 年左右，孟楼镇新建了两个符合高标准的村级服务中心，并扩大了 3 个现有村级服务中心的规模。全镇 15 个行政村的生活垃圾管理得到了集中和规范处理，使得村庄环境变得更加卫生和整洁。此外，之前存在的秸秆焚烧和违规建房等问题也得到了有效控制[①]。

专栏 2-3 详细介绍了孟楼镇耿营村在"美丽乡村"建设中的实践经验。通过这些措施，耿营村不仅提升了村庄的整体环境，还提高了村民的生活质量，为乡村振兴提供了有力的支撑。

---

① 资料来源：邓州市孟楼镇人民政府内部资料。

专栏 2-3　农村土地信托流转壮大孟楼镇耿营村集体经济[①]

孟楼镇耿营村作为"美丽乡村"建设试点村，在实行农村土地"三权分置"后，整体流转耕地 4 600 亩。经过土地平整和宅基地重新集中安置，新增耕地 600 多亩，全部由土地开发公司承包，每年承包方给村委分红 30 多万元。该村利用新增耕地分红实施"美丽乡村"项目建设，项目配套建设了道路、排水、污水处理等社区基础设施，完善了文化广场、游园、社区服务中心等服务设施，建设了五保户、贫困户安置房，引导村民入住新社区，同时保留和整合具有旧村风貌、地域特色的院落，有效改善了村民的生活环境。2019 年春节，该村新建的村部落成，大大提高了对村民的服务水平，村部的村民之家免费为该村村民提供了棋牌室、图书室等休闲娱乐场所。今后该村还计划利用土地流转收益建设绿地、拱桥、敬老院、幼儿园等，远期还规划建设 4 条水系、4 条大道，同时配建污水和垃圾处理站。

2.2.2.3　土地信托流转带动贫困户加快脱贫

邓州市针对经济困难农户的脱贫需求，采取了一系列创新措施，旨在通过"三权分置"政策，激发扶贫工作的活力。具体来说，邓州市通过土地信托流转机制，为经济困难农户提供了每年每亩土地 600 元的固定收益，为这些家庭提供了稳定的经济来源。此外，该市还将财政专项扶贫资金投入农业科技服务企业，以经济困难农户持股的方式参与企业分红，从而增加他们的收入。在就业方面，邓州市的保洁企业、农业科技公司、合作社以及新型农业经营主体在土地流转区域为有劳动能力的贫困农户提供了就业机会。这样的安排确保了这些农户能够在本地找到工作，实现就近就业，从而提升他们的经济状况。

专栏 2-4 展示了孟楼镇在推动脱贫攻坚方面的具体实践。

[①] 根据邓州市孟楼镇人民政府提供的资料和调研组实地访谈记录整理。

专栏 2-4　土地信托流转带动脱贫攻坚①

2017年9月，在征得大多数贫困户同意的情况下，孟楼镇委托邓州市某农业科技服务有限公司实施孟楼镇贫困户到户增收入股分红项目。该公司的主要业务是对全镇15个行政村的田间道路、树木和农业基础设施进行管理、维护。孟楼镇将财政扶贫资金26.4万元以贫困户入股形式，投入邓州市白楼农业科技服务有限公司参与企业运营。该公司每季度为每家贫困户分红150元，每年共计分红600元。有劳动能力且有意愿的农户可到公司工作，公司负责根据贫困户具体情况优先提供相应工作岗位。该项目实施期限为3年，到期后可根据农户意愿，一次性返还本金4 000元或者继续合作。项目的实施可保证实现户均年增收1 800元的目标。

孟楼镇在2018年脱贫攻坚"春季提升行动"中，为新识别以及产业未覆盖的五保贫困户（共17户）申报了2018年孟楼镇扶贫开发到户增收项目，仍然采取入股分红的形式实施。该项目获批后于2018年6月正式开始实施。该项目按照一般贫困户、低保贫困户每年分红600元，"五保"贫困户每年分红300元的标准，在保证分红金稳定的情况下逐年返还部分本金，合同期3年。在合同期内，一般贫困户、低保贫困户每年每户可增收1 600元，五保贫困户每年可增收900元，稳定提高贫困户收入水平。项目实施后孟楼镇已经实现贫困户到户增收项目全覆盖。截至2018年底，孟楼镇贫困人口劳动力，除在外务工的87人外，在新型农业经营主体"大方田"就业的37人与在政府提供的公益性岗位上就业的43人，每户年均增收6 000余元；49户155人实现脱贫摘帽，贫困发生率降至0.22%，脱贫攻坚工作取得明显成效。

2.2.2.4　土地信托流转推动了乡村治理改善

在探讨乡村治理的优化对于提升农村居民的幸福感和获得感的重要性时，我们可以看到，有效的治理机制能够显著减少农户间的矛盾和纠纷，

---

①　根据邓州市孟楼镇人民政府提供的资料整理。

建立起崇德向善的公序良俗,增加农村居民的幸福感和获得感。

邓州市在推行土地信托流转之前,农村土地纠纷不断。调处农户土地纠纷不仅消耗了乡镇政府大量的行政资源,也对政府其他职能的执行造成了干扰。调研过程中,我们发现在农村土地信托流转前邓州市农村土地纠纷高发的原因是,在农村第二轮土地承包前由于农村农业税费较高,部分种粮农户弃地外出务工,把自家的承包田交给村、组集体。自第二轮土地承包后,国家调整了针对种粮农户的政策,不仅不再收取农业税费,而且对种粮农户发放种粮补贴。受此政策影响,不少外出务工人员返乡讨要承包责任田,从而与现有承包责任田的农户产生了矛盾纠纷。由于此类纠纷牵涉农户较多,还夹杂了复杂的宗族关系,处理起来难度很大。例如,孟楼镇南孔村麻庄组群众土地承包信访问题、刘岗村下郭楼组群众土地承包信访问题长时间难以解决,在一定程度上影响了当地的社会稳定。

在国家实行农村土地"三权分置"改革之后,邓州市抢抓改革机遇,积极推动土地信托流转。土地开发公司在集中流入农户土地后实施了地力提升工程,把孟楼镇的土地全部提升为6等级以上。由于农田整治使参与流转的农村土地等级实现了均等化,邓州市在承包土地确权时采取了"确权不确地"的方式登记发证。农村土地流转后统一按照土地面积计算土地租金,租金金额只与土地面积挂钩,与土地位置无关。这些做法使得以往农村土地分配中农村土地位置、农村土地质量等引发矛盾的因素自然消失,农户与农户之间过去因分地、调地而引发的矛盾显著减少,邻里关系因此变得更加和谐,乡村风气也得到了改善。乡、村党员干部得以从调解土地纠纷以及秸秆禁烧、组织生产等繁杂的农村事务中解脱出来,他们现在可以将更多的时间和精力投入为基层群众和新型农业经营主体提供更精准的公共服务中。这种转变促进了服务型政府的建设,为农户带来了更多实质性的福利,提升了他们的生活质量和满意度。

2.3 研究结论

在对邓州市进行的土地信托流转研究中,我们发现该政策在总体上为参与的农户带来了家庭福利的增加。这些增加的福利主要源自家庭内部和外部两个维度的变化。

2.3.1 农户家庭内部的福利变化

(1)大量农户从土地上解放出来转而从事非农工作。问卷统计数据显示,农村土地信托流转后从事农业生产的农户比例大幅减少,大量农户从农耕中解放出来。农户在获得土地租金的同时,转行进入收入高于农业生产的非农领域工作,从而提升了农户家庭福利。值得注意的是土地信托流转后"赋闲待业"的农户比例大幅增加。但大部分"赋闲待业"的农户家庭福利并没有减少反而增加了。

(2)种植业收入不再是农户家庭的主要收入来源。土地流转后以种植业收入作为家庭主要收入来源的农户占比锐减,以务工收入作为家庭主要收入来源的农户占比有所上升。这说明土地信托流转有效推动了农户离开农业生产领域向其他领域转移就业,有利于农户转换工作领域获得更高的劳动报酬。另外,土地流转后农户每年可稳定获得至少每亩600元的土地租金收益,使得不少外出务工农户的土地租金收入大幅增加。

(3)大部分农户在土地流转后家庭收入有了增加。土地流转后位于低收入区间的农户比例相对减少,位于相对较高收入区间的农户比例相对增加。

(4)农户家庭年支出费用与家庭收入同步增加。这也反映出土地信托给农户家庭带来了福利的提升。

2.3.2 外部因素带来的福利变化

(1)农田整治可以帮助农户获得更多土地流转收益。邓州市通过土地经营权的集中流转和农田整治,变"绺绺田"为"大方田",吸引了有资质、有项目、有资金的新型农业经营主体前来经营，为广大农户获得流转土地租金溢价分成创造了条件。

（2）土地信托推动了"美丽乡村"建设。邓州市利用新增土地流转收益推进公共设施提档升级，改善了农户的生活环境，从家庭外部增加了农户福利。

（3）土地信托流转帮助贫困户加快脱贫。土地信托流转不仅确保了贫困农户获得每年每亩地600元的稳定收入，还将财政扶贫资金以贫困户名义入股农业科技服务公司，通过公司分红增加贫困户收入。土地信托流转后当地的保洁公司、农业科技服务有限公司、专业合作社、新型经营主体等为贫困户提供工作岗位，帮助贫困户在家门口转移就业，提高收入水平。

（4）土地信托流转推动了乡村治理改善。邓州市采用"确权不确地"的方式给承包土地确权颁证，有效化解了以往农村土地分配中因土地位置、质量引发的矛盾纠纷。乡、村党员干部得以从调解土地纠纷等繁杂的农村事务中解脱出来，有更多的时间和精力为基层群众和新型农业经营主体提供更具针对性的公共服务。

第 3 章　不同信托模式下信托公司与新型农业经营主体行为策略比较

改革开放胆子要大一些，敢于试验，不能像小脚女人一样。看准了的，就大胆地试，大胆地闯。

——邓小平 1992 年 1 月 18 日—2 月 21 日的南方谈话

3.1　农村土地信托流转发展历程

1984 年，中共中央发布了一项关键的政策文件，即《中共中央关于 1984 年农村工作的通知》（1984 年中央一号文件），该文件明确指出土地承包关系的稳定性对于农村发展具有重要意义。文件规定，农村土地承包期限延长至 15 年，且在此期间保持稳定，为农户提供了长期的土地经营权，这为农村土地制度的稳定发展奠定了基础。2003 年，《中华人民共和国农村土地承包法》正式实施，该法律不仅为土地承包权提供法律保障，还鼓励农民在自愿的基础上流转土地使用权，从而激活农村土地市场的活力。2013 年，《中共中央 国务院关于加快发展现代农业进一步增强农村发展活力的若干意见》（2013 年中央一号文件）再次关注农村土地问题，提出在自愿和有偿的原则下，支持农村土地经营权的有序流转，特别是向专业大户、家庭农场、农民合作社等新型农业经营主体流转。这一政策旨在通过优化土地资源配置，推动农业向规模化和集约化经营转型，提高农业生产效率。同时，文件首次提出发展"家庭农场"的概念，为农村土地流转提供了新的发展方向。2014年11月，《中共中央办公厅、国务院办公厅印发〈关于引导农村土地经营权有序流转发展农业适度规模经营的意见〉》，为农村土地"三权分置"的制度建设提供了指导。该文件强调，在坚持家庭承包经营的基础上，应推进家庭经营、集体经营、合作经营、企业经营等多种经营方式的共同发展，这一政策创新为农村土地流转提供了更广阔的发展空间。随着农村土地流转政策的逐步放宽，各地开始探索新型土地流转模式。然而，新型农业经营主体对农业金融服务的需求增长与我国农业金融支持的不足形成了对比，导致农业融资困难，土地流转的制度红利未能充分释放。在此背景下，农村土地信托流转作为一种创新的土地流转方式出现。信托公司利用其经济实力和投资经验，通过发行信托产品，助力土地资本化，发挥农村土地的财产功能，为农业发展提供金融支持。

以2013年，中信信托作为市场化的专业信托公司介入农村土地流转，在安徽省宿州市推出了国内第一个农村土地信托计划为界，农村土地信托流转在中国的发展可以划分为2013年以前的探索阶段和2013年以后的快速发展阶段[1][2]。早在2001年，浙江省绍兴市绍兴县（今柯桥区）就成立了"农村土地信托中心"，建立起"县、镇、村"三级农村土地信托服务体系，

---

[1] 仝志辉，陈淑龙. 我国土地承包经营权信托的比较分析[R]. 北京：国家发展与战略研究院，2015.

[2] 叶朋. 农地承包经营权信托流转的发展历程与趋势[J]. 西北农林科技大学学报（社会科学版），2016，16（1）：21-25.

开始了农村土地信托的探索①。农民基于自身意愿将土地委托给村合作社，由镇服务站负责发布土地招租信息，新型农业经营主体以投标的方式获取土地使用权。2010年，湖南省益阳市草尾镇启动了农村土地信托试点，由政府出资设立信托公司，农民将无法或不愿耕种的土地委托给信托公司，签订农村土地信托合同。信托公司从农民手中收来大量土地集中后成片租赁给新型农业经营主体从事农业活动。除以上典型案例外，还有宁夏平罗土地信托合作社、三明市沙县区源丰农村土地承包经营权信托有限公司等实践模式。这些地方政府主导推行的农村土地信托项目为后续农村土地信托流转的发展积累了宝贵的实践经验。不可否认的是这些农村土地信托项目存在明显的缺陷：政府主导下的农村土地信托不具备融资属性；农民流出土地换来的收益凭证不能在市场上进行交易；为农村土地流转提供金融服务的主要是农业合作社，其资金实力不够雄厚，难以为农业规模经营提供完善的配套金融服务。

2013年10月，中信信托与安徽省宿州市埇桥区政府合作，推出国内第一单商业化农村土地信托计划——"中信·农村土地承包经营权集合信托计划1301期"（以下简称"宿州农村土地信托项目"），拉开了商业化信托公司介入土地流转的大幕。据不完全统计，在2013和2014年两年间，中信信托在安徽省宿州市、山东省潍坊市、贵州省贵阳市、安徽省马鞍山市、河南省济源市、湖北省黄冈市、宁夏回族自治区银川市等地；北京信托在江苏省无锡市、江苏省句容市、安徽省铜陵市、北京市密云区；中建投信托在江苏省镇江市；兴业信托在河南省新乡市等地先后成立了十几项

---

① 研究团队认为早期的农村土地信托尚不能称作真正意义上的"信托"，其本质是与信托类似的委托代理。我国对于信托业务的开展有很多限定条件，比如说信托公司的设立需要获得国家金融监督管理总局的批准，开展金融服务需要具备金融牌照等。早期的信托公司多是政府出资设立的农业服务机构，提供土地登记、信息发布、中介协调和纠纷调处等服务，显然不具备开展真正信托业务的条件。但农业服务机构承担着与信托公司相似的职责，土地权利的交易过程与现今农村土地信托类似，因此本书依然将早期的农村土地委托代理行为称为"农村土地信托"。

农村土地信托项目，流转农地达数十万亩。以北京信托无锡市阳山镇桃园村农村土地信托项目为例，该项目信托期限不少于15年，信托结构采取"双合作社"模式。具体而言，先由农民自愿将土地承包经营权入股当地的桃园土地合作社，由该合作社作为委托人将土地承包经营权委托给北京信托，并签订信托合同。随后，桃园村成立由种植能手组成的水蜜桃专业合作社，北京信托将受托的土地租赁给该合作社，由该合作社的成员在租赁来的土地种植水蜜桃[1]。农户方面，在保证土地承包经营权不变的前提下每年获得固定收益（每亩1 700元），第7年开始还可以从浮动收益中获得20%的分成，从而提高土地效益；此外，农户还可以选择参与水蜜桃合作社的工作，获得稳定的收入。村委和土地合作社方面，从第7年开始可以分别得到浮动收益4%和1%的分红。水蜜桃专业合作社方面，经过对土地的整理开发，土地总面积达到约170亩（原土地面积158亩），集约化的管理使得平均生产经营成本下降。北京信托公司方面，可以获得每年1万元的固定收入和浮动收益5%的分成。

专栏3-1介绍了北京信托无锡市阳山镇桃园村农村土地信托项目的一些运作细节。

专栏3-1 北京信托无锡市阳山镇桃园村农村土地信托项目运作程序[2]

北京信托无锡市阳山镇桃园村农村土地信托项目的规范的运作程序如下。

首先，进行土地承包经营权确权工作。2013年9月下旬，由桃园村村委及村民代表召开了第一次村民代表大会，成立土地确权工作小组。同年10月中旬召开了第二次村民代表大会，就土地确权工作进行专题讨论，确定严格按照法律法规规定的登记内容和程序开展土地承包经营权确权登

---

[1] 陈敦，张航. 农村土地信托流转的现状分析与未来展望[J]. 国家行政学院学报，2015（5）：94-98.

[2] 王小霞. 全国第二单土地流转信托调查[N]. 中国经济时报，2015-10-26（A01）.

记,并以户为单位发放土地股份合作社股权证。

其次,坚持民主协商,成立土地股份合作社。在第二次村民代表大会上,解释土地承包经营权确权登记的办法和意义,讨论方案和实施办法,并获得全部村民代表的同意。2018年10月下旬召开了土地股份合作社筹备会议,与会代表同意并确定了拟入股土地股份合作社的成员人数和土地亩数。

再次,按照工商注册登记要求对土地股份专业合作社进行工商注册登记。2013年10月底,在村民自愿的基础上,完成了村土地股份合作社委托代理人证明、合作社成员出资清单、合作社章程等签字确认工作;随后,进行土地股份专业合作社工商注册登记,由中共无锡市惠山区委农村工作办公室发放土地股权登记证。

最后,北京信托公司以土地承包经营股权证书为依据,向每个合作社成员发放"土地收益凭证",实现农地使用权证券化。另外,为了监督专业合作社的经营,北京信托每年还要派专业的审计人员来对专业合作社账目进行审计,镇政府农村工作办公室也会负责对专业合作社进行指导和监督。

3.2 宿州市与邓州市农村土地信托流转模式

借鉴学术界已有研究成果,本书以政府是否出资成立信托公司作为核心分类依据,将农村土地信托流转细分为"市场主导"模式与"政府主导"模式两大类。为深入剖析这两种模式的特点与差异,本书选取了安徽省宿州市与河南省邓州市作为两类模式的典型代表,进行深入的对比分析。选择这两个土地信托案例主要基于以下3点原因。

第一,安徽省宿州市的农村土地信托流转案例具有开创性意义。它是我国首例由商业信托公司设计并发行的土地流转信托项目,因此在社会上产生了广泛的影响力。河南省邓州市的农村土地信托流转案例则是我国农村土地"三权分置"改革中的一颗璀璨明珠,其成功实践不仅受到了中央媒体的密切关注,还得到了专题报道的深入解读。

第二，宿州市与邓州市两地均为农业大市，且在地方政府的积极推动下均顺利完成了土地集中工作。然而，两地在土地信托流转的具体实施上却呈现出截然不同的路径。邓州市的农村土地信托流转由地方政府统一规划实施，展现了政府主导型土地信托工作的典范风貌。宿州市的农村土地信托流转则更多地遵循了市场规律，地方政府仅作为农民的委托代理人，出面协调土地流转过程中的相关事宜。这种角色定位的差异，使得两地的土地信托流转实践具有显著的对比意义。

第三，两地土地信托涉及的主体及农业发展模式也各具特色。邓州市的农村土地信托流转以扩大种植规模为主要目标，土地集中经营主体涵盖了农户、村集体、地方政府以及新型农业经营主体等多个方面。宿州市的农村土地信托流转则旨在打造现代农业循环经济园区，除了传统的种植、养殖板块外，还涵盖了生物质能源、设施农业、农业科研等多个领域的投资建设。这种多元化的农业发展模式，不仅丰富了土地信托流转的内涵，也预示着两地在农村土地信托流转中可能遇到的问题、农民权益的保障以及面临的经营风险等方面将存在显著差异。

3.2.1 安徽省宿州市"市场主导"型农村土地信托模式[①]

宿州市位于安徽省北部，是全国产粮大市，号称"皖北粮仓"。在国家政策不断放开的背景下，宿州市积极探索农村产权制度改革：宿州市埇桥区2010年被农业部批准为第一批国家现代农业示范区；2011年获批为第一批全国农村改革试验区，承担"创新现代农业经营组织体系"试验项目。宿州市埇桥区部分土地经营权在2011年就被流转给安徽当地的一家农业投资发展公司（以下简称"DY农业公司"），但在推进过程中也碰到了农业规模经营的共性问题，即农业生产经营融资困难，规模化生产水平仍比较低。与此同时，银监会对传统信托业务的监管逐渐加强，金融市场内

[①] 本部分内容系研究团队根据线上线下收集的项目公开信息整理而成，信息来源较多，未一一注明来源。

的信托公司面临的竞争越来越激烈，传统的信托业务开始走下坡路。时任中信信托董事长的蒲坚提出了农村土地信托这一新型信托业务，促进了信托与农村土地流转的有机融合[①]。为了破解传统的融资难题，2013年埇桥区政府将农村土地经营权委托给中信信托，成立宿州农村土地信托项目。该项目属于"市场主导"模式下的农村土地信托项目。

宿州农村土地信托项目由农村土地经营权持有者（简称"A类委托人"）委托的信托财产和B类、T类信托产品委托人交付的资金共同组成，其中B类、T类信托产品在成立之初暂不发售。该项目A类委托人委托的信托财产为5 400亩农村土地经营权。该项目自2013年9月设立至2025年9月终止，信托期限为12年。在该项目中，主要参与方包括：①委托人，该项目的A类委托人系有权对作为A类信托财产的土地承包经营权进行处分的宿州市埇桥区人民政府[②]；②受托人，受托人为中信信托；③受益人，自益信托中受益人即为委托人；④服务商，服务商为DY农业公司[③]；⑤资金保管人和信托项目监管人，资金保管人和信托项目监管人为中国农业发展银行。宿州市农村土地信托流转运作如图3-1所示，具体详述如下。

---

① 蒲坚. 信托是公有制的一种实现形式［J］. 红旗文稿，2013（11）：24-27.

② 宿州市埇桥区人民政府通过与村镇农户签订《农村土地承包经营权委托转包合同》而获得了土地承包经营权，成为A类委托人。

③ 中信信托出于土地经营的实际需求，聘请专业的农业经营公司作为服务商。

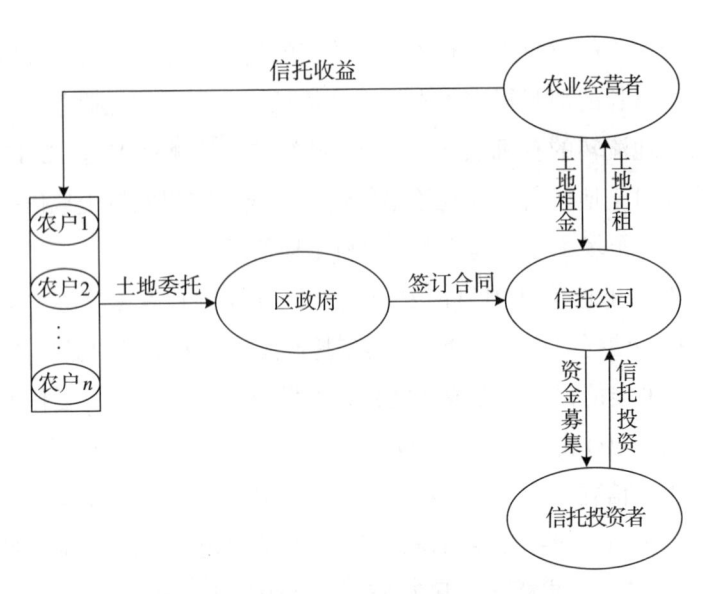

图 3-1 宿州市农村土地信托流转运作

首先，农户基于自身意愿，将土地委托给埇桥区政府。随后，区政府作为农户的委托代理人，与中信信托签订了一份为期12年的土地信托合同，从而成为信托的实际委托人。在此安排下，农户获得的收益不仅包括每年相当于1 000斤小麦价格（若实际价格不足1 000元，按1 000元计算）的固定租金，还将分享到土地增值收益的70%。中信信托作为受托人，接收了区政府集中的土地，并通过信托方式精心制定了金融计划以进行融资。其资金来源不仅限于市场信托投资者，还包括地方政府的部分支农财政投入，从而确保了资金的多元化和稳定性。为了更好地保障农民权益，中信信托设立了A类、B类以及T类3种信托产品。当A类信托产品未能达到预期的收益时，公司将根据信托需求灵活选择发行B类、T类信托产品。宿州农村土地信托项目在土地利用上展现出了长远考虑和多元化发展的特点：除了粮食种植外，还兼顾了其他经济作物的发展和农业产业园的建设。这种经营模式不仅规模化和专业化程度更高，也对信托公司的融资能力和农业经营能力提出了更为严苛的要求。

其次，中信信托对流入的大量土地进行了集中整合，并重新出租给了

DY 农业公司。双方签订详细的服务合同，明确了土地投入、回报等关键细节问题，为后续的合作奠定了坚实的基础。按照合约计划，DY 农业公司需在 5 年内建成一个现代农业循环经济产业示范园。该示范园将涵盖粮食丰产工程、规模化养殖、生物质能源、设施大棚农业、农产品加工和销售五大板块，形成一个完整且高效的农业循环产业链。据项目测算，完成整条产业链的建设需要大量的启动资金。为此，中信信托项目以其流入的大量土地的经营权作为信托金融产品，为 DY 农业公司进行融资。这样，DY 农业公司就能够获得流转土地的租金、产业建设成本以及运营开支所需的资金。而中信信托的收益则主要由两部分构成：一是 DY 农业公司支付的融入资金年息；二是农业生产的部分经营收益。

从"宿州模式"的运营设计中不难看出，中信信托公司在整个土地流转过程中发挥了举足轻重的作用。它不仅接受区政府的委托，获得大片土地的经营权并担任信托受托人；还通过深入分析市场需求，精心选择合适的新型农业经营主体，并为其募集资金以联合开发土地。在这个过程中，中信信托公司充当了金融中介的角色，有效推动了农村土地信托流转效益的最大化。

按照宿州农村土地信托项目的运营方案，DY 农业公司本应在安徽省宿州市埇桥区朱仙庄镇境内建设一个现代农业循环经济产业示范园。该示范园的建设期限为 5 年，计划总投资 10.5 亿元，并规划流转土地 1 万～2 万亩。其中，1.1 亿元的资金将由信托项目提供，以支持示范园的建设与发展。然而，项目成立半年后，进展却未达预期。原计划中五大板块中的种植业虽然得以顺利开展，但其余四大板块，特别是生物质能源和养殖业这两个核心项目，却遭遇了重重困难。这两个项目的节能评估、环境评估、专家论证以及可行性报告均已顺利通过，并成功获得了安徽省发改委下发的项目立项文件。然而，由于示范园的建设用地被划定为耕地，根据我国土地管理相关法律的严格规定，耕地只能用于种植农作物，因此项目后续的养殖业、生物质能源项目无法在耕地上实施。面对这一困境，朱仙庄镇政府曾试图通过复垦其他土地的方式，在保证总耕地面积不变的前提下，将示范园的耕地置换为一般农用地。然而，这一方案却需要经过自然资源部的严格审批。由于宿州市每年新增的土地置换指标优先用于工业项目，因此宿州农村土地信托项目在争取用地指标的过程中遭遇了极大的阻碍，项目用地迟迟无法落实。项目用地无法落实，也直接导致了中信信托的1.1亿元融资款项无法按时拨付到位。中信信托相关人士明确表示，信托资金的使用必须严格符合公司的放款条件。DY农业公司农业示范园的后续项目需要得到相关政府部门的批准才能开展，而中信信托也只能在项目审批通过后才能拨付资金。由于项目运营面临种种困难，2021年中信信托在其官网发布公告，宣布宿州农村土地信托项目提前终止。

3.2.2 河南省邓州市"政府主导"型农村土地信托模式[①]

河南省邓州市在农村土地"三权分置"改革中探索出"信托流转—整理—流转经营"的新型土地开发方式和流转路径，如图3-2所示，具体环节如下。

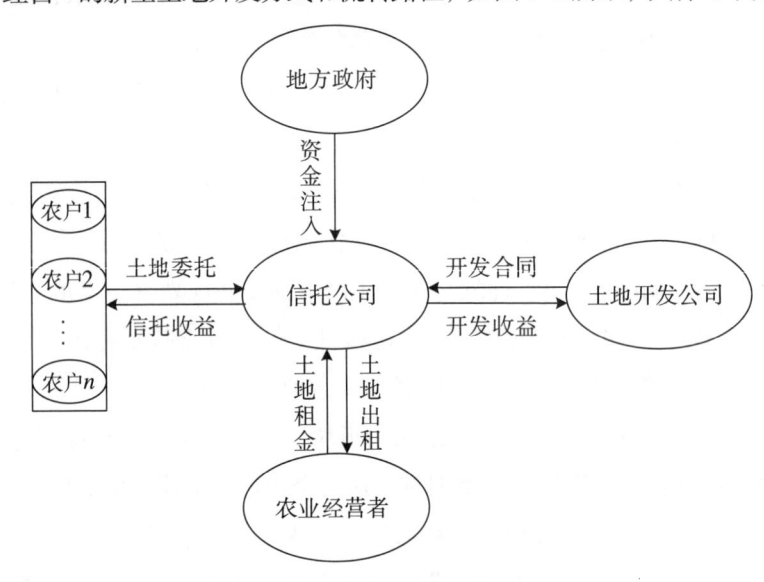

图3-2 邓州市农村土地信托流转运作

---

① 本部分内容系研究团队根据实地调研获取的一手资料和线上线下收集的项目公开信息整理而成，信息来源较多，未一一注明来源。

3.2.2.1 土地经营权集中流转

2016年，孟楼镇在准备实行土地信托流转之前，开展承包土地登记发证工作。孟楼镇将土地的所有权证发放给村组，确保村集体土地所有权不变；为农户办理了土地承包经营权证，保障农户基本权利，让村集体和农户吃上了"定心丸"。随后，孟楼镇积极开展土地信托流转政策宣传工作，秉持农户自愿、主动的原则，引导农户参与土地信托流转。土地开发公司作为土地信托流转的承接主体，主动承担风险，直接与孟楼镇农户签订流转合同，并支付流转费用，共流转土地面积5.7万亩。孟楼镇原预期流转全镇75%的农地，但是实际流转土地面积达到农地总面积的98%，远远超出预期。

过去孟楼镇的农地分散在农户手中，农户自行改造自家土地不仅成本高，而且效果不好。同时，农户之间互相转包土地，土地租金也很低，过去农户转包10亩地每年只能获得两三千元收入；现在农户参与土地信托流转，每10亩地每年能获得五六千元的收入，可获得的土地流转收益有了明显提高[1]。

3.2.2.2 整理土地

土地开发公司在与农户签订土地信托流转合同，取得农地经营权后，拿出1.5亿元农业专项资金，运用大型设备对集中流转的土地进行统一整理。通过规整地块数量，打破村组界限，实现土地集中连片，新增耕地7000多亩。这不仅提高了耕地利用效率，还通过交易耕地占补平衡指标获得额外收益。新增的耕地通过增减挂钩指标进行交易，溢价收益按一定比例在地方政府、土地开发公司和村集体进行分成。孟楼镇15个村各新增耕地200～500亩、建设用地约100亩，每个村集体可以获得直接经济收入达40万～60万元[2]。进行土地整理后，过去一家一户的小方块土地"消

---

[1] 数据来源：原邓州市国土资源局内部统计资料。

[2] 数据来源：原邓州市国土资源局内部统计资料。

失不见",取而代之的是规整有序、整理完备的"大农田"。同时,土地开发公司还邀请有关专家实地考察孟楼镇土地情况,根据当地土地条件"因地施策""因时施策",改善土壤肥力,优化种植环境,提高土地质量。土地整理后,孟楼镇耕地等级有了全面提升,特别是原先处于7等或8等的劣质耕地全面提升为6等耕地。

与此同时,土地开发公司完善了农业基础设施,修复泥泞道路,畅通排水沟渠,实现田块规整、水渠相通、旱涝保收,改变过去"看天吃饭"的局面。土地开发公司不仅完备了土地及相关配套设施,还完善了水资源的管理,解决了过去经常停水、水流慢的问题,既保证了农业生产活动能够正常进行,也保障了农户日常生活的用水需要。

3.2.2.3 土地经营权再流转

土地经营权再流转是孟楼镇开展土地信托模式的最后一个环节,也是最重要的一步,决定着土地信托流转的实施效果。土地开发公司聘请专业的设计团队,根据当地地理位置和气候条件,把流转集中的土地划分为粮食、水产、林果、蔬菜四大区域,发展优质高效的现代农业,主要种植红高粱、莲藕、花卉、杂交小麦、艾草、蔬菜、青贮、水稻、苗木及玉米。集中规整的高等级农田,虽已经报出了每年每亩800元的再流转价格,仍然吸引了众多新型农业经营主体前来商谈租种。在经过土地集中和整理后,新型农业经营主体可以直接和土地开发公司洽谈。土地开发公司是国有企业,信誉良好,相对于直接与分散农户商谈流转土地问题,更加省心、放心,能够有效降低获取土地经营权的交易成本。

为了进一步保证土地信托流转能够顺利开展,孟楼镇针对村集体经济组织、新型农业经营主体、土地开发公司、流转农户等参与主体,构建了多层次的保障机制,贯穿于土地信托流转的各个环节,如图3-3所示。土地集中流转机制确保了土地开发公司能从农户手中将分散的土地经营权集中起来;土地再流转机制有利于土地开发公司将集中整理的土地再流转给优选的新型农业经营主体;农业保险机制为新型农业经营主体提供了经营过程中可能面临的经济、自然方面的多重风险保障；资金融入机制为新型农业经营主体提供了发展适度规模经营所需资金的筹集渠道；风险保障机制确保了金融机构能够可持续运转。

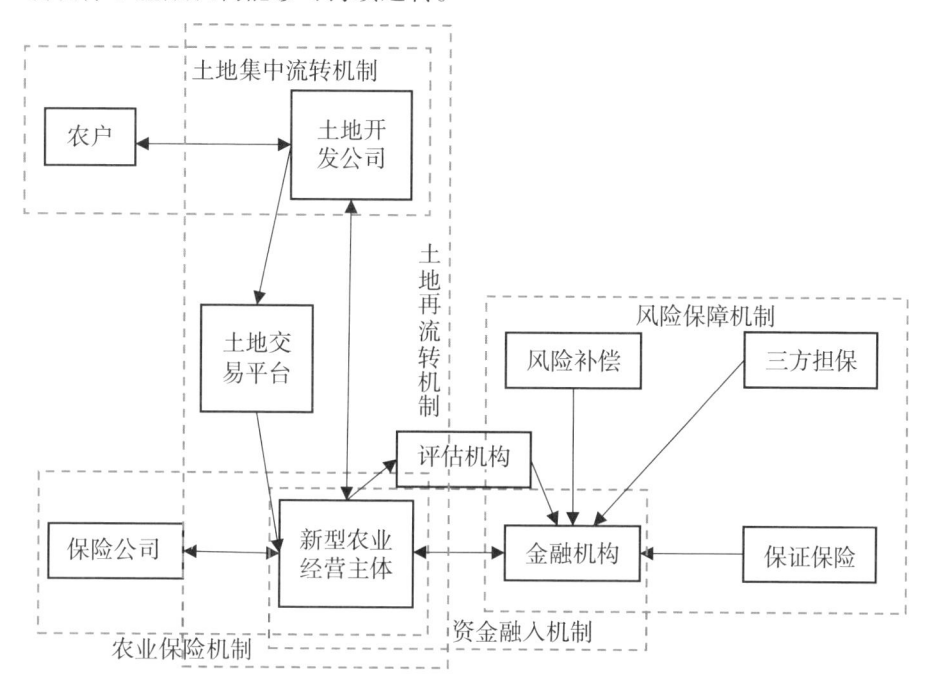

图 3-3 邓州市土地信托流转过程中的多重保障机制

邓州市土地信托模式在孟楼镇开展以来，土地流转面积达 5.6 万亩。土地信托流转在孟楼镇开展取得显著成效后，邓州市在全市推广孟楼镇经营权信托流转的做法。6 个乡镇第一批已完成了 4 万亩土地的集中流转与再流转，引进了杂交小麦、猕猴桃、葡萄、中药材种植等新型农业产业，高标准农田建设工程已经开工建设。

3.2.3 "宿州模式"与"邓州模式"的差异

在对比分析"宿州模式"与"邓州模式"这两种土地信托模式时，我们不难发现，两者均有效地借助了地方政府的信用背书，从而成功实现了大片农村土地经营权的流转。然而，深入剖析后，可以观察到两地在具体操作层面存在显著的差异性，这些差异尤其体现在地方政府在信托流转过程中所扮演的角色及其发挥的功能上。

第一，就地方政府在信托流转中的作用而言，"邓州模式"展现出了更为突出的主导性。在该模式下，政府不仅作为农村土地信托流转方案的策划者，更是整个流转过程的积极参与者。政府通过其直接管控的土地开发公司，全面负责农地经营权的交接工作、土地整治项目的具体实施、土地流转信息的及时发布，以及土地流转收益的公正分配。这一系列举措不仅体现了政府在信托流转中的核心地位，也确保了整个流转过程的规范化与高效性。相比之下，"宿州模式"中的地方政府则更多地扮演了协调与服务的角色。虽然基层政府同样深度参与信托流转过程，但其主要职责在于为商业化信托项目提供必要的协调与支持服务。具体而言，基层政府负责监督中信信托及新型农业经营主体严格履行与农户签订的土地信托流转合同，同时积极介入并调解土地流转各方在流转过程中可能出现的各类矛盾与纠纷。这种以"服务+监督"为核心的角色定位，既有效推动了信托项目的顺利进行，又切实维护了农户的合法权益。

第二，土地租金的支付主体存在差异。在"宿州模式"中，宿州市政府与中信信托所签订的合同中明确规定了土地租金的支付条款。该条款指出，无论项目运作的最终盈亏情况如何，都必须确保土地租金的按时支付。若项目在后期运营中所得的实际租金不足以满足基本收益的要求时，资金缺口部分将由信托服务商负责补足，以确保农户的权益不受损害。而在"邓州模式"中，农户则通过土地获得每年每亩600元的固定租金收益。这部分收益在土地集中阶段即由土地开发公司先行垫付给农户，以保障农户的即时收益。此外，土地整治过程中所产生的土地增值收益，则由地方政府、村集体以及土地开发公司三方共同分享。对于新型农业经营主体而言，他们从土地开发公司获得土地进行经营时，需要支付相应的土地使用费用，这也构成了土地租金支付体系的一部分。

第三，土地整治的资金来源各不相同。在"邓州模式"下，当土地集中流入土地开发公司后，实施农田土地整治所需的资金主要来源于国家土地整治资金，这部分资金属于财政拨款，具有稳定性和可靠性。同时，也有少部分资金来源于社会资金和土地开发公司通过土地整治所获得的新增耕地指标交易收入，这些资金共同支持着土地整治工作的顺利进行。相比之下，"宿州模式"中的农业基础设施建设资金则主要来源于信托公司和受托经营土地的新型农业经营主体。例如，DY农业公司在流入土地之初即投入了7 000万元，用于建设13个大棚和1个智能温室。然而，由于缺乏后续资金的持续投入以及项目用地无法得到有效落实，该项目最终陷于停滞状态。中信信托则因DY农业公司项目的停滞而未能按照约定拨付投资资金，这也进一步凸显了资金来源稳定性对于土地整治项目的重要性。

第四，两地开展土地信托流转的目的存在差异。"宿州模式"实施的土地信托项目的主要目的是为农地经营募集所需的资金。其信托的发展遵循着市场规律，在农业生产过程中追求的是经营利润的最大化。当面临问题时，"宿州模式"计划通过信托公司募集的信托资金来解决相关难题。而邓州市为了实现农业现代化的目标，地方政府主导并全程参与了土地信托的流转过程。通过土地流转集中了大片土地进行整理后再行转出，这一做法为购买农地经营权的新型农业经营主体大幅减少了交易成本。同时，风险更多地由地方财政支持下的土地开发公司承担。

3.3 农村土地信托流转参与方的利益博弈

3.3.1 农村土地信托流转利益博弈研究缘起

现实中的土地信托是多方利益主体相互博弈与妥协的结果，涉及多个利益主体。目前国内关于土地信托流转利益主体的研究较为丰富。基于自身利益最大化的假设前提，李霄[1]认为土地流转过程中主要涉及农户、农村基层政府以及土地非农使用者，土地经营权在三方参与主体之间进行转

---

[1] 李霄. 农村土地使用权流转的博弈分析[J]. 农业经济问题，2003（12）：4-7，79.

移时，表现性质各不相同。他对农户、基层政府以及土地非农使用者之间的土地交易过程进行博弈分析，研究各方决策行为，总结政府对于农村土地市场干预的要点，并基于此提出针对性建议。刘振勇[1]把土地经营权流转利益主体归为3类：直接利益主体（村集体、农民等）、相对利益主体（土地流入方）以及间接利益主体（主要是地方政府）。他认为土地经营权流转是各方利益主体基于自身利益最大化的博弈，在流转过程中保障农民利益最大化尤为重要。王颜齐和郭翔宇[2]从"反租倒包"的模式出发，对该模式下农户、村集体、农业企业、政府等参与主体的关联关系和博弈行为进行研究，指出需要保持农民利益和农业企业对工资波动性的需求之间的状态平衡。李勇和杨卫忠[3]指出农村土地流转参与主体包括地方政府、农村集体、普通农户以及新型农业经营主体，传统农村土地流转过程中，利益冲突主要存在于他们之间。聂英和聂鑫宇[4]的研究认为我国目前土地流转一直处于一种低效、缓慢和无序的状态，原因在于相关利益主体收益分配失衡所导致的流转动力不足，在利益均衡时农民才会做出流出土地的决策，而流入方和流出方信息不对称或将导致逆向选择，引发道德风险。卫春江和张少楠[5]采用进化博弈的方法，研究农村土地流转过程中中央政府、地方政府和农民三者的行为决策特征，得到其进化稳定策略，并用数值模拟进行了验证，结果显示中央政府和地方政府在农村土地流转方面的目标

---

[1] 刘振勇. 论农地流转博弈中农民权益的诉求与保障[J]. 经济问题，2011（12）：79-81.

[2] 王颜齐，郭翔宇. "反租倒包"农地流转中农户博弈行为特征分析[J]. 农业经济问题，2010，31（5）：34-44，110.

[3] 李勇，杨卫忠. 农村土地流转制度创新参与主体行为研究[J]. 农业经济问题，2014，35（2）：75-80，111-112.

[4] 聂英，聂鑫宇. 农村土地流转增值收益分配的博弈分析[J]. 农业技术经济，2018（3）：122-132.

[5] 卫春江，张少楠. 我国农村土地流转中利益主体的进化博弈分析[J]. 经济经纬，2017，34（2）：49-55.

一致，农民私下进行流转容易受到利益侵害。

国内学者在探讨土地信托的不同模式时，更多地采用静态比较的视角。尽管有部分学者对不同模式下的农业生产效益进行了实证分析，但对于流转主体间行为互动以及动态演化过程的研究仍显不足。众多研究从权力配置、土地管理、利益分配等多个视角出发，将农户、基层组织、地方政府等不同的利益主体纳入博弈范式之中，以深入剖析土地流转过程中相关主体的决策行为。然而，这些研究虽然考虑了多方土地信托的参与主体，却大多聚焦于某一地区或某一种模式的土地流转行为。事实上，每个博弈参与者都有其独特的利益目标和行动倾向，并且这些行为选择还会受到地区社会经济环境的深刻影响，因此呈现出显著的差异性。正是由于这种差异性，不同土地信托模式下的参与主体会做出不同的行为选择，并最终导致博弈结果的显著差异。为了更深入地理解这一现象，研究不同模式下农村土地信托流转参与主体的行为特征和影响因素显得尤为重要。这不仅有助于我们完善相应的信托制度政策，还能进一步提高农村土地信托流转的效率，推动农地的规模化经营。

基于此，本书在有限理性的假设下，紧密结合我国农村土地信托流转中"政府主导"与"市场主导"两种模式的实践情况，构建演化博弈模型。该模型旨在探究不同农村土地信托模式的形成机理和影响因素、系统归纳并对比不同模式下农村土地信托运行过程的区别，以及相关利益主体的特征差异。具体的研究安排如下：首先，我们将详细对比不同模式下农村土地信托相关利益主体的特征差异；其次，针对典型的农村土地信托模式，我们将创建相应的演化博弈模型；最后，我们将深入探究不同模式下农村土地信托的形成机理和影响因素，以期为农村土地信托的进一步发展提供有力的理论支撑和参考。

3.3.2 农村土地信托流转参与主体界定

农村土地流转制度创新已成为改造传统农业和发展现代农业的重要手

段①。在这一背景下,农村土地信托作为一种创新的制度设计,将信托机制引入农村土地流转领域,为农村土地流转制度的创新发展注入了新的活力。农村土地信托的推进过程,实质上是各参与主体在现有制度框架下,围绕自身利益最大化而展开的博弈与互动过程。在这一进程中,各主体的行为特征深受当前社会经济条件的制约与影响。在不同的农村土地信托模式下,由于参与主体的差异,他们的行为特征也会呈现出明显的区别,进而导致博弈结果的差异性。农村土地信托的流转过程涉及农户、信托组织、地方政府以及新型农业经营主体等多个利益主体。他们各自在农村土地信托中的角色定位、行为能力、利益机制以及参与程度均有所不同,因此所展现出来的行为特征也各具特色。具体而言,农户作为农村土地的直接持有者,在农村土地信托流转进程中拥有选择权,他们可以选择是否将土地委托给信托公司代为管理。这一选择过程,既体现了农户对自身利益的考量,也反映了农村土地信托制度在保护农民土地权益方面的重要性。信托组织在农村土地信托中扮演着至关重要的角色。它不仅包括专业的信托公司,还涵盖了地方政府成立的中介服务组织。这些组织的职能涵盖了服务、监督、沟通、协调等多个方面,它们在农村土地信托流转过程中起到了桥梁与纽带的作用,连接着农户与新型农业经营主体,确保农村土地信托流转的顺利进行。地方政府在农村土地信托流转制度创新中发挥着举足轻重的作用。它们既可以作为新制度的实施者,全程参与并主导信托过程;也可以作为政策的顶层设计者,对农村土地信托进行统筹规划与安排,引导农村土地信托流转市场向高效、可持续的方向发展。新型农业经营主体作为从事农业生产、加工与销售的新型主体,包括家庭农场、农业大户、农业企业等个人或组织。改革开放以来,这些新型农业经营主体的共同发展,不仅推动了我国土地的规模化、集约化进程,还极大地提高了农业生产效率。在农村土地信托流转中,它们作为重要的参与主体,通过信托机制获

---

① 李宵. 农村土地使用权流转的博弈分析[J]. 农业经济问题, 2003(12): 4-7, 79.

得了土地的使用权与经营权，进一步促进了农业生产的现代化与高效化。

3.3.3 农村土地信托流转参与主体博弈关系分析

农村土地流转制度创新已成为改造传统农业和发展现代农业的重要手段[①]。农村土地信托将信托制度引入农村土地流转，为农村土地流转制度的创新发展提供了一个新的方向。农村土地信托过程可以简化为一个动态博弈模型，如图 3-4 所示。主要参与者包括农户（F）、信托公司（T）、新型农业经营主体（C）。博弈开始阶段，农户首先需要决定是否将土地委托给信托公司进行经营。如果农户选择不委托经营权，则博弈结束；如果农户进行委托，则博弈进入下一阶段——信托公司决定是否参与土地信托。如果信托公司不参与土地信托，则博弈终止；如果信托公司参与土地信托，则进入下一阶段——由新型农业经营主体选择是否流入土地进行经营，整个博弈过程到新型农业经营主体做出选择结束。

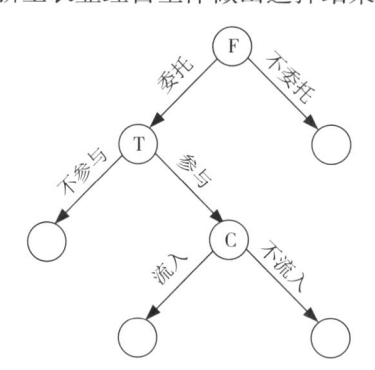

图 3-4 土地信托动态博弈模型

农村土地流转制度的创新，已成为改造传统农业、推动现代农业发展的重要途径。通过考察宿州市与邓州市两地的实践案例，我们可以深入理解这一制度创新的具体运作方式与成效。在宿州市，共计 5 400 亩的农地经营权被委托给了中信信托代为管理；在邓州市，用于土地信托的农地

---

① 李霄. 农村土地使用权流转的博弈分析［J］. 农业经济问题，2003（12）：4-7，79.

则交由土地开发公司进行管理。在这两个案例中，地方政府均扮演了关键角色。宿州市埇桥区政府作为农户的委托代理人；土地开发公司则既是地方政府的代言人，也是农地的实际受托人。这表明，在两地的实践中地方政府信用均成为成功流转大片农村土地经营权的重要因素。地方政府的介入，不仅有效减少了农户对于外来资本的不信任感，还为新型农业经营主体节省了大量的流转协商成本。进一步分析，我们可以发现不同模式下的土地信托在土地集中后的经营管理方式和地方政府的角色定位上存在显著差异。在宿州市所采用的"市场主导"农村土地信托模式（图3-1）中，地方政府更倾向于使用市场化的方式来解决农村土地信托问题。在信托过程中，地方政府仅作为农民的委托代理人，将经营权委托给信托公司，并不参与土地经营管理的具体过程。信托公司则通过发行资金计划为新型农业经营主体解决资金问题，并在经营结束后收取相应的投资利息。在邓州所采用的"政府主导"农村土地信托模式（图3-2）中，信托公司作为地方政府的代理人在整个农村土地信托运行过程中起到了决定性的作用。除了与当地农户进行谈判以集中土地外，信托公司还投入财政资金代替新型农业经营主体进行土地整治，从而解决了农业规模生产中投资不足的问题。

由此可见，信托公司与新型农业经营主体的合作经营模式成为不同模式农村土地信托流转的最大差异。而信托公司与新型农业经营主体之间的博弈，也是农村土地信托能否持续运行的关键。因此，本书将重点对土地集中后信托公司和新型农业经营主体两者间的博弈关系进行深入分析。通过针对不同的信托模式构建演化博弈模型，我们将研究不同模式下的演化稳定策略，并进一步分析影响信托公司和新型农业经营主体参与农村土地信托意愿的因素。

3.3.4 博弈基本假设

博弈论也称"对策论"，是关于人们（或主体、国家）之间怎样互相作用、相互影响决策制定的一门学问。在过去的50年间，博弈论逐渐成为经济学的一种标准语言并越来越多地应用于其他社会科学领域,博弈论的优势在于它的普适性和数理精确性,其基本理论可以用来分析所有博弈[1]。在现实中,博弈分析工具常用于预测、解释或描述人们的行为,利用博弈论指出策略性互动会发生什么样的结果,个人或主体能试着结合自身的优势和对方的策略选择改变博弈策略。传统的博弈理论以人的完全理性作为前提条件;而演化博弈理论以有限理性为出发点,更加符合实际情况,在分析人类行为和解释社会制度形成过程方面更具优势。演化博弈理论最早源于生物学对动植物的研究,他们认为在自然选择条件下,突变者或选择退出系统在进化中消亡,或改变策略适应稳定条件[2]。如今演化博弈理论被广泛应用于经济、管理等领域。本书后续将基于有限理性的前提,利用演化博弈理论对农村土地信托流转过程的各参与主体动态博弈行为展开理论分析。

假设博弈参与者具备有限理性,也就是说博弈参与者都对博弈结果的收益函数有一定的了解,但不能在一开始就制定最优决策达到收益的最大,参与者们需要通过反复的试错和对比,对较高收益的策略集合进行复制以调整自身的行动选择,最终达到进行化稳定对策[3]。在分析长久反复的博弈过程中的策略选择、趋势改变以及演化稳定性问题方面,有限理性的设定使得博弈分析更加贴近现实。在农村土地信托流转博弈中,将信托公司和新型农业经营主体看作有限理性人。基于演化博弈的思想,结合"政府主导""市场主导"两种农村土地信托模式运作流程,可以建立两种农村土地信托模式下的演化博弈模型,模拟双方的博弈过程。博弈参与者为信

---

[1] 凯莫勒. 行为博弈:对策略互动的实验研究[M]. 贺京同,那艺,冀嘉蓬,等,译. 北京:中国人民大学出版社,2006:3.

[2] 金迪斯. 演化博弈论:问题导向的策略互动模型[M]. 王新荣,译. 2版. 北京:中国人民大学出版社,2015:179-180.

[3] Smith J M, Price G R. The Logic of Animal Conflict [J]. Nature, 1973, 246 (5427): 15-18.

托公司和新型农业经营主体两大群体，每次博弈从两大群体中随机抽取两个主体进行。参与者的博弈选择空间如下：土地集中后，信托公司的策略集合为（参与，不参与），新型农业经营主体的策略集合为（流入，不流入）。博弈共有4种不同的策略组合：参与和流入、参与和不流入、不参与和流入、不参与和不流入。为了更直观地表现出信托公司和新型农业经营主体两者之间的博弈机制，在有限理性假设的前提下对有关博弈参数做如下设定（表3-1）。

表3-1 农村土地信托流转相关利益主体演化博弈的相关参数

相关参数	符号	含义
农业项目经营收入	R	新型农业经营主体经营农业项目获得的收入
地方政府补贴收入	G	地方政府给予农村土地信托项目的财政扶持
土地增值收益分成	P	对农村土地进行投资、整治改造后获得的土地增值收益分成
土地租金	L_1	信托公司支付给农民的土地租金
土地使用费	L_2	由新型农业经营主体支付给信托公司的土地使用费
农业项目经营收益分成	L_3	信托公司从农业项目盈利中分得的部分经营收益
信托公司项目运营成本	C_1	信托公司开展农村土地信托项目支出的各项成本（包括人工、管理、运营等费用）
信托资金融资成本	C_2	农村土地信托流转资金的募集成本及分配给投资者的收益
流入信托农村土地交易成本	C_3	新型农业经营主体从信托公司处流转获得土地经营权的交易成本
流入非信托农村土地交易成本	C_4	新型农业经营主体从农户处流转获得土地经营权的交易成本
农业基础设施建设成本	C_5	包含农村土地规划、报批、整治以及农业基础设施建设成本
农业项目经营成本	C_6	新型农业经营主体经营农业项目的各项成本支出
信托资金的使用成本	C_7	新型农业经营主体使用信托公司募集资金向信托公司支付的利息
非信托方式融资成本	C_8	新型农业经营主体通过银行贷款、私人借款等方式筹集生产经营所需资金支出的利息

信托公司项目运营成本 C_1 为开展农村土地信托项目支出的各项成本（包括人工、管理、运营等费用）。在"市场主导"的农村土地信托模式中，信托资金融资成本 C_2 为土地信托流转资金的募集成本及分配给投资者的

收益。农业项目经营收益分成 L_3 表示信托公司从农业项目盈利中分得的部分经营收益。在"政府主导"的农村土地信托模式中,土地增值收益分成 P 表示对农地进行投资、整治改造后获得的土地增值收益分成。地方政府补贴收入 G 代表地方政府给予农村土地信托项目的财政扶持。土地租金 L_1 为信托公司支付给农民的土地租金。农业基础设施建设成本 C_5 包含农地规划、报批、整治以及农业基础设施建设成本。新型农业经营主体经营农业项目获得的收入用 R 表示,农业项目经营成本 C_6 为新型农业经营主体经营农业项目的各项成本支出,土地使用费 L_2 表示由新型农业经营主体支付给信托公司的土地使用费。流入信托农村土地交易成本 C_3 和流入非信托农村土地交易成本 C_4 表示信托公司参与和不参与情况下新型农业经营主体流入农村土地的交易成本(信托公司不参与,新型农业经营主体需要与多家农户协商、签约,很大程度上将导致成本增加、纠纷不断,表示为 $C_3 < C_4$)。信托资金的使用成本 C_7 和非信托方式融资成本 C_8 表示新型农业经营主体通过信托公司募集资金需要支付的利息和通过银行贷款、私人借贷等非信托渠道筹集资金所支付的利息(同样新型农业经营主体使用信托资金的使用成本小于非信托方式的融资成本,表示为 $C_7 < C_8$)。

3.3.5 "市场主导"模式下农村土地信托演化博弈模型

根据上述变量设置,得到"市场主导"农村土地信托模式下信托公司与新型农业经营主体对于农村土地信托策略选择的博弈收益矩阵(表3-2)。

表 3-2 "市场主导"模式博弈收益矩阵

信托公司	新型农业经营主体	
	流入土地	不流入土地
参与信托	$L_3 + C_7 + P - C_1 - C_2$, $R + G - L_1 - C_3 - C_5 - C_6 - C_7$	$-C_1$,0
不参与信托	0,$R - C_4 - C_5 - C_6 - C_8 - L_1$	0,0

为便于分析,将双方博弈收益矩阵简化为表3-3,并假设在初始情况

下信托公司参与信托的比例为 x，不参与信托的比例为 $1-x$，新型农业经营主体选择流入土地的比例为 y，不流入土地的比例为 $1-y$，不同策略下各自的收益为（X_i，Y_i）。

表 3-3 "市场主导"模式博弈简化收益矩阵

信托公司	新型农业经营主体	
	流入土地（y）	不流入土地（$1-y$）
参与信托（x）	X_1，Y_1	X_2，Y_2
不参与信托（$1-x$）	X_3，Y_3	X_4，Y_4

信托公司选择参与土地信托期望收益 π_{x1}、选择不参与土地信托期望收益 π_{x2} 以及平均的期望收益 π_x 分别为

$$\pi_{x1} = yX_1 + (1-y)X_2 \tag{3-1}$$

$$\pi_{x2} = yX_3 + (1-y)X_4 \tag{3-2}$$

$$\pi_x = y\pi_{x1} + (1-y)\pi_{x2} \tag{3-3}$$

新型农业经营主体选择流入土地期望收益 π_{y1}、选择不流入土地期望收益 π_{y2} 以及平均期望收益 π_y 分别为

$$\pi_{y1} = xY_1 + (1-x)Y_3 \tag{3-4}$$

$$\pi_{y2} = xY_2 + (1-x)Y_4 \tag{3-5}$$

$$\pi_y = x\pi_{y1} + (1-x)\pi_{y2} \tag{3-6}$$

群体中某一策略选择的变化率等于当前该策略选择比例与该策略期望收益与群体平均期望收益之差的乘积，以此可以得到信托公司和新型农业经营主体双方博弈的复制动态方程组：

$$\begin{cases} F(x) = \dfrac{dx}{dt} = x(\pi_{x1} - \pi_x) = x(1-x)\left[X_2 - X_4 + y(X_1 - X_2 - X_3 + X_4)\right] \\ F(y) = \dfrac{dy}{dt} = y(\pi_{y1} - \pi_y) = y(1-y)\left[Y_3 - Y_4 + x(Y_1 - Y_2 - Y_3 + Y_4)\right] \end{cases} \tag{3-7}$$

在多种群演化博弈中，纳什均衡若存在则为演化稳定均衡。在此次博弈中，由于不存在明显的纳什均衡，局部均衡点的稳定性将借由系统的雅可比矩阵的局部稳定性分析得到。将具体收益参数代入式（3-7）求解，得到"市场主导"模式下信托公司与新型农业经营主体二维动力学系统复制动态方程：

$$\begin{cases} F_1(x) = \dfrac{\mathrm{d}x}{\mathrm{d}t} = x(\pi_{x1} - \pi_x) = x(x-1)\left[C_1 + y(C_2 - C_7 - L_3 - P)\right] \\ F_1(y) = \dfrac{\mathrm{d}y}{\mathrm{d}t} \\ \qquad = y(\pi_{y1} - \pi_y) \\ \qquad = y(y-1)\left[C_4 + C_5 + C_6 + C_8 + L_1 - R + x(C_3 + C_7 - C_4 - C_8 - G)\right] \end{cases}$$

（3-8）

令 $F(x) = 0$，$F(y) = 0$ 可以得到系统的 5 个局部平衡点：$E^1(0,0)$、$E^2(0,1)$、$E^3(1,0)$、$E^4(1,1)$、$E^*(x^*, y^*)$。其中，$x^* = \dfrac{C_4 + C_5 + C_6 + C_8 + L_1 - R}{C_4 + C_8 + G - C_3 - C_7}$，$y^* = \dfrac{C_1}{C_7 + L_3 + P - C_2}$。演化博弈的策略是否稳定可以根据这 5 个局部平衡点的稳定性来判断。根据 Friedman[①] 的推导，当复制动态方程所对应的雅可比矩阵 **J**，其特征根小于 0，即同时满足 $\partial F(x)/\partial x < 0$，$\partial F(y)/\partial y < 0$ 的情况下，可判断均衡点为演化稳定策略。求得系统雅可比矩阵：

$$\boldsymbol{J} = \begin{bmatrix} A_{11} & A_{12} \\ A_{21} & A_{22} \end{bmatrix} \tag{3-9}$$

$A_{11} = (2x-1)\left[C_1 + y(C_2 - C_7 - L_3 - P)\right]$
$A_{12} = x(1-x)(C_7 + L_3 + P - C_2)$
$A_{21} = y(1-y)(C_4 + C_8 + G - C_3 - C_7)$

---

① Friedman D. Evolutionary Game in Economics [J]. Econometrica. 1991, 59（3）: 637-666.

$$A_{22} = (2y-1)\left[C_4 + C_5 + C_6 + C_8 + L_1 - R + x(C_3 + C_7 - C_4 - C_8 - G)\right]$$

"市场主导"模式演化博弈系统中5个平衡点的稳定性以及判决条件见表3-4。

表3-4 "市场主导"模式演化博弈平衡点稳定性判断

均衡点	$\partial F(x)/\partial x$	$\partial F(y)/\partial y$	稳定性判断及稳定条件
$E^1(0,0)$	$-C_1$	$R - C_4 - C_5 - C_6 - C_8 - L_1$	$R < C_4 + C_5 + C_6 + C_8 + L_1$
$E^2(0,1)$	$C_7 + L_3 + P - C_1 - C_2$	$C_4 + C_5 + C_6 + C_8 + L_1 - R$	$C_7 + L_3 + P < C_1 + C_2$ 且 $C_4 + C_5 + C_6 + C_8 + L_1 < R$
$E^3(1,0)$	C_1	$R + G - C_5 - C_6 - L_1 - C_3 - C_7$	不稳定
$E^4(1,1)$	$C_1 + C_2 - C_7 - L_3 - P$	$C_3 + C_5 + C_6 + C_7 + L_1 - R - G$	$C_1 + C_2 < C_7 + L_3 + P$ 且 $C_3 + C_5 + C_6 + C_7 + L_1 < R + G$
$E^*(x^*, y^*)$	0	0	鞍点

对于"市场主导"模式中博弈双方策略稳定性求解可以转化为对几种情况下参数的大小比较,根据表3-4给出的信息 E^1、E^2、E^4 在一定条件下都可能具有稳定性。下面按不同条件进行讨论。

当 $R < C_3 + C_5 + C_6 + C_7 + L_1 - G$ 时,只有 $E^1(0,0)$ 具有稳定性,信托公司和新型农业经营主体选择参与农村土地信托的比例会逐渐减少至零,演化轨迹表现为 x 和 y 最终的值均会收敛至0(图3-5)。只有一个均衡点具有稳定性也需要分两种情形进行讨论:当 $C_1 + C_2 < C_7 + L_3 + P$ 时,整个系统演化轨迹如图3-5(a)所示;当 $C_1 + C_2 > C_7 + L_3 + P$ 时,整个系统演化轨迹如图3-5(b)所示。两种情形下 x 和 y 的值均会演化至 $E(0,0)$ 趋于稳定,但演化轨迹存在一定差异。图3-5(a)中 x 和 y 的值呈现一直减小的趋势,原因在于新型农业经营主体即使通过信托的方式以较低的价格获得了土地的经营权，但是在经营过程中仍然难以获利，从而逐步退出农村土地信托市场；信托公司也意识到信托的成本要大于所获得的收益。在此条件下，通过信托的方式进行农业经营并不是双方的理性选择。图3-5（b）中 x 和 y 的值最终也收敛于 0，不同的是当 y 的值比较高的时候，x 的值呈现出先增大后减小的变化趋势［如图 3-5（b）中加粗虚线所示］。此情形下，新型农业经营主体依旧难以通过农业经营获得收益，于是逐渐退出农村土地信托市场，系统中表现为 y 值的减小。信托公司的信托收益要大于其开展信托业务的成本，因此在前期 y 值比较大的情况下开展信托业务是可行的，系统中表现为前期 x 值增大。但是，不管信托公司是否能从农村土地信托中盈利，当新型农业经营主体参与农村土地信托的比例降到一定水平，信托公司也会陷入无业务可做的困境，进而退出农村土地信托业务，在博弈系统中表现为 x 的值最终收敛于 0。

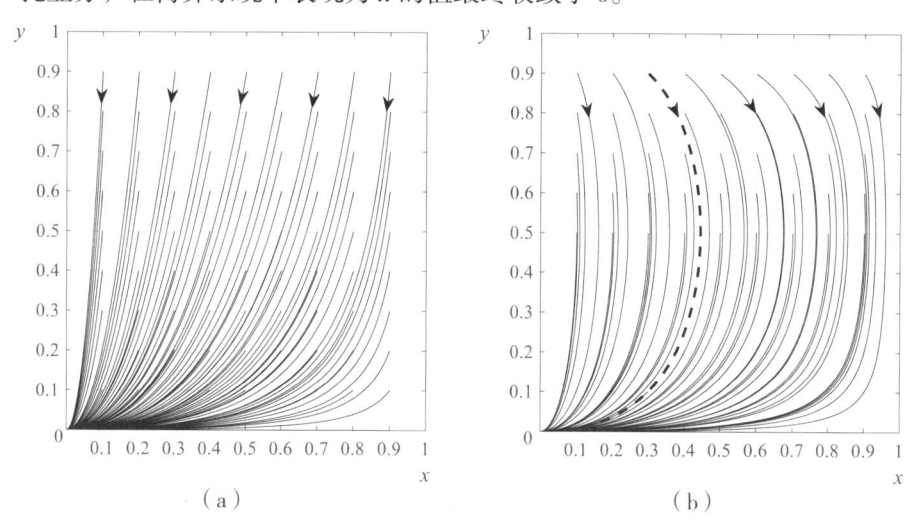

图 3-5　"市场主导"模式演化博弈动态相位图（情况一）

当 $R > C_4 + C_5 + C_6 + C_8 + L_1$ 时，$E^2(0,1)$ 或 $E^4(1,1)$ 为稳定均衡点，两点处 y 的稳定值始终为 1。换言之，无论信托公司是否选择参与农村土地信托，流入土地始终是新型农业经营主体的最优策略，即使与众多农户逐一协商、签约获取土地成本较高，但农业经营收入 R 较高依旧有利可图。此时稳定点位于 $E^2(0,1)$ 还是 $E^4(1,1)$ 取决于 C_1+C_2 与 C_7+L_3+P 的相对大小。当 $C_1+C_2<C_7+L_3+P$ 只有 $E^4(1,1)$ 具有稳定性，即博弈双方均参与土地信托是最终的演化稳定状态，具体演化轨迹如图 3-6（a）所示。对于新型农业经营主体而言，通过信托的方式可以以更低的价格获得大片土地的经营权，而且可以以信托方式募集资金缓解自身融资压力；对于信托公司而言，出于成本利益的考量，会选择积极参与农村土地信托。反之意味着信托公司无法盈利，新型农业经营主体只能通过非信托的方式获取土地进行经营，系统最终演化至 E^2 达到均衡，具体演化轨迹如图 3-6（b）所示。

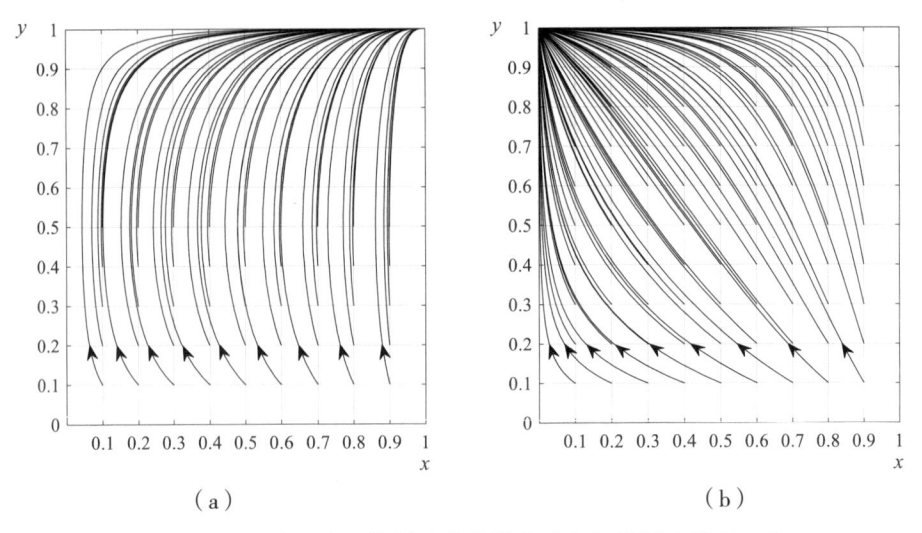

图 3-6 "市场主导"模式演化博弈动态相位图（情况二）

当 $C_3+C_5+C_6+C_7+L_1-G<R<C_4+C_5+C_6+C_8+L_1$ 时，新型农业经营主体通过农村土地信托以外的渠道获取土地的成本较高，通过农村土地信托可以有效降低获取土地的交易成本，其策略选择受到信托公司的影响。此时均衡点是否具备稳定性同样取决于 C_1+C_2 与 C_7+L_3+P 的相对大小。当 $C_1+C_2>C_7+L_3+P$ 时，如前文分析信托公司不会参与农村土地信托，而新型农业经营主体无法借信托的方式降低流入土地的成本，同样选择退出市场，系统仅会演化至 $E(0，0)$ 达到均衡，具体演化轨迹如图 3-7（a）所示。当 $C_1+C_2<C_7+L_3+P$ 时，$E^1(0，0)$、$E^4(1，1)$ 同时为系统的稳定平衡点，与此同时，系统还存在一个鞍点，具体演化轨迹如图 3-7（b）所示。可以发现，不同初始值最终会分别演化至 $E^1(0，0)$ 或 $E^4(1，1)$ 停止。由图 3-7（b）所示，根据鞍点 E^* 的位置可以将整个博弈系统划分为上下（或左右）两个演化趋势完全不同的区域。以虚线 $y=y^*$ 为界，系统被分为上下两部分，在上半区域 x 的值总是呈现上升趋势，即信托公司更倾向于采取合作的策略；在下半区域 x 的值总是呈现下降趋势，即信托公司与新型农业经营主体合作意愿逐渐下降。以虚线 $x=x^*$ 为界，系统又可被分为左右两部分，在左半区域 y 的值总是呈现下降趋势，即新型农业经营主体与信托公司合作的意愿逐渐降低；在右半区域 y 的值总是呈现上升趋势，即新型农业经营主体更倾向于与信托公司合作。在农村土地信托中，信托公司具有较为充足的资金和市场融资能力，农业公司则掌握着农业生产经验和产品加工能力，双方通过合作经营土地可以提高农业生产效率，达到双方博弈收益的最大化，最终双方经过多次复制博弈收敛于 $E^4(1,1)$ 这一理想且稳定的状态。通过演化路径还可以看出，博弈参与者若有一方策略选择与另一方不同，则会导致现有的博弈均衡不够稳定。以图 3-7（b）中虚线为例，初始状态的 x 值比较大，这表示信托公司合作意愿强烈；但 y 值比较小，这表示新型农业经营主体不愿合作。短期博弈结果显示信托公司承受了利益损失选择退出合作及时止损，这表现为 x 值逐渐降低；而新型农业经营主体达到利益最大化选择逐渐加大合作力度，这表现为 y 的值缓慢增大。在经过 $x=x^*$ 以后，博弈最终收敛于 $E^1(0,0)$。在长期的博弈过程中，一旦一方发现另一方有"搭便车"的行为，选择合作的一方将会退出博弈以避免更大的利益损失。博弈结果是双方都会选择不合作的策略，因此虽然 $E^1(0,0)$ 不是双方合作博弈利益最大化的均衡点，但的确是双方博弈的一个稳定状态。

(a)　　　　　　　　　　　　　　　(b)

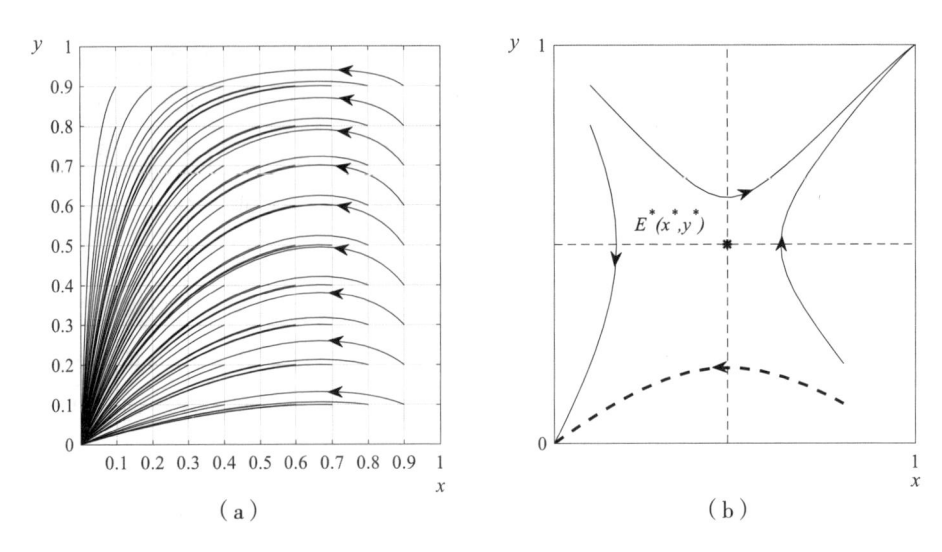

图 3-7　"市场主导"模式演化博弈动态相位图（情况三）

上述分析表明，如果农村土地信托完全按照市场规律运行，新型农业经营主体是否流入土地主要取决于自身经营水平，即农业经营收入的高低；信托公司在新型农业经营主体不选择流入土地的情况下不会主动介入土地信托过程。在当前农村社会组织化以及农村土地细碎化的情况下，新型农业经营主体流入土地需要付出大量的交易成本以及整理费用，难以通过市场化的方式实现规模经营。

3.3.6　"政府主导"模式下农村土地信托演化博弈模型

"政府主导"模式下的农村土地信托与"市场主导"模式下的在促进新型农业经营主体流入土地、实现农业规模经营方面的目的一致；不同的是，政府是通过行政干预间接推动，还是通过财政扶持的手段直接参与农村土地信托。与"市场主导"的农村土地信托模式相比，信托公司项目运营成本 C_1、农业经营收入 R 等参数并未发生变化。前文提到在"政府主导"的农村土地信托模式下，信托公司将获得财政扶持 G，同时支出 C_5 承担农业基础设施建设的任务，获得的不再是农业收益分成 L_3 而是土地使用费 L_2，获取土地增值收益分成 P，并且支付农民的土地租金 L_1。由此得到"政府主导"模式下信托公司与新型农业经营主体博弈收益矩阵（表3-5）。

表3-5 "政府主导"模式下博弈双方收益矩阵

信托公司	新型农业经营主体	
	流入土地（y）	不流入土地（1-y）
参与信托（x）	$G+L_2+C_7+P-C_1-C_5-L_1$， $R-L_2-C_3-C_6-C_7$	$P-C_1-C_5-L_1$，0
不参与信托（1-x）	0，$R-L_1-C_4-C_5-C_6-C_8$	0，0

根据前文推导，同样将具体收益参数代入式（3-7）求解，得到"政府主导"模式下信托公司与新型农业经营主体二维动力学系统复制动态方程：

$$\begin{cases} F_2(x) = \dfrac{\mathrm{d}x}{\mathrm{d}t} = x(x-1)\left[C_1+C_5+L_1-P-y(G+C_7+L_2)\right] \\ F_2(y) = \dfrac{\mathrm{d}y}{\mathrm{d}t} = y(y-1)[C_4+C_5+C_6+C_8+L_1-R \\ \qquad\qquad +x(C_3+C_7+L_2-C_4-C_5-C_8-L_1)] \end{cases} \quad (3-10)$$

令 $F(x)=0$，$F(y)=0$ 可以得到系统的5个局部平衡点：$E^1(0,0)$、$E^2(0,1)$、$E^3(1,0)$、$E^4(1,1)$、$E^*(x^*,y^*)$。其中，$x^* = \dfrac{C_4+C_5+C_6+C_8+L_1-R}{C_4+C_5+C_8+L_1-C_3-C_7-L_2}$，

$y^* = \dfrac{C_1+C_5+L_1-P}{G+C_7+L_2}$。求得系统雅可比矩阵：

$$\boldsymbol{J} = \begin{bmatrix} B_{11} & B_{12} \\ B_{21} & B_{22} \end{bmatrix} \quad (3-11)$$

$B_{11} = (2x-1)\left[C_1+C_5+L_1-P-y(G+C_7+L_2)\right]$
$B_{12} = x(1-x)(G+C_7+L_2)$
$B_{21} = y(y-1)(C_3+C_7+L_2-C_4-C_5-C_8-L_1)$
$B_{22} = (2y-1)\left[C_4+C_5+C_6+C_8+L_1-R+x(C_3+C_7+L_2-C_4-C_5-C_8-L_1)\right]$

"政府主导"模式演化博弈系统中 5 个平衡点的稳定性及判决条件见表 3-6。

表 3-6　"政府主导"模式演化博弈平衡点稳定性判断

均衡点	$\partial F(x)/\partial x$	$\partial F(y)/\partial y$	稳定性判断及稳定条件
$E^1(0,0)$	$P-C_1-C_5-L_1$	$R-C_4-C_5-C_6-C_8-L_1$	$P<C_1+C_5+L_1$ 且 $R<C_4+C_5+C_6+C_8+L_1$
$E^2(0,1)$	$P+G+C_7+L_2-C_1-C_5-L_1$	$C_4+C_5+C_6+C_8+L_1-R$	$P+G+C_7+L_2<C_1+C_5+L_1$ 且 $C_4+C_5+C_6+C_8+L_1<R$
$E^3(1,0)$	$C_1+C_5+L_1-P$	$R-C_3-C_6-C_7-L_2$	$C_1+C_5+L_1<P$ 且 $R<C_3+C_6+C_7+L_2$
$E^4(1,1)$	$C_1+C_5+L_1-C_7-P-G-L_2$	$C_3+C_6+C_7+L_2-R$	$C_1+C_5+L_1<C_7+P+G+L_2$ 且 $C_3+C_6+C_7+L_2<R$
$E^*(x^*,y^*)$	0	0	鞍点

按照表 3-6 各均衡点稳定性的判定条件，4 个平衡点均有可能具有稳定性。当 $P<C_1+C_5+L_1$ 且 $R<C_4+C_5+C_6+C_8+L_1$ 时，仅有 $E^1(0,0)$ 一个均衡点具有稳定性，因为在此条件下信托双方收益都小于参与成本，具体演化轨迹如图 3-5（a）所示。x 和 y 的值最终都将收敛于 0，表示新型农业经营主体和信托公司在信托无利可图的情况下都会逐渐退出农村土地信托流转业务。因此，信托公司不参与信托，新型农业经营主体不流入土地是唯一的稳定状态。当 $C_4+C_5+C_6+C_8+L_1<R$ 时，新型农业经营主体流入土地的期望收益大于流入土地的各项成本，流入土地进行经营是新型农业经营主体的理性选择，但信托公司面临两种策略选择：第一，当 $C_1+C_5+L_1<C_7+P+G+L_2$ 时，均衡点 $E^4(1,1)$ 具有稳定性，信托公司参与信托业务的收益同样大于开展信托业务的成本，因此 x 和 y 的值最终均收敛于 1，具体演化轨迹如图 3-6（a）所示；第二，当 $P+G+C_7+L_2<C_1+C_5+L_1$ 时，均衡点 $E^2(0,1)$ 具有稳定性，此时信托公司开展信托业务的收益小于各项成本之和，具体演化轨迹如图 3-6（b）所示。

当 $C_3+C_6+C_7+L_2<R<C_4+C_5+C_6+C_8+L_1$ 时，新型农业经营主体通过土地信托以外的方式流入土地成本过高，只有与信托公司合作降低土地交易经营成本才能盈利。当信托公司开展信托业务的收益小于成本，即 $P+G+C_7+L_2<C_1+C_5+L_1$ 时，信托公司依旧无利可图，博弈系统仅有 $E^1（0,0）$ 一个稳定均衡点，具体演化轨迹如图 3-5（a）所示。当信托公司开展信托业务的收益大于成本，即 $P+G+C_7+L_2>C_1+C_5+L_1$ 时，信托公司也会倾向于开展信托业务，此时系统有 $E^1（0,0）$、$E^4（1,1）$ 两个稳定均衡点，信托双方的合作具备了前提条件。但是如前文分析，博弈的策略选择受到对方的影响，博弈最终结果并不总会向双方合作的方向演化，具体演化轨迹如图 3-7（b）所示。

可见 $E^1（0,0）$、$E^2（0,1）$、$E^4（1,1）$ 具备稳定性的条件与前文类似，不同的是 $E^3（1,0）$ 也可能为本系统的稳定点。当 $C_1+C_5+L_1<P$ 且 $R<C_3+C_6+C_7+L_2$ 时，会出现"信托公司参与土地信托、新型农业经营主体不流入土地"的情况，因此最终 x 的值会收敛于 1 而 y 的值会收敛于 0，具体演化轨迹如图 3-8 所示。与前文博弈系统出现差别的原因在于，在政府行政干预下土地进行集中整治的过程中产生的新增耕地指标以及土地增值收益会按照一定比例进行分配，也就是说只要进行了土地集中整治，信托公司能获得一定比例收益分成。此时信托公司的收益不完全依赖新型农业经营主体的收益分成，在博弈决策上也相对独立。但在此情境下，由于农业经营无利可图，新型农业经营主体流入农地经营权进行经营的比例会逐渐减小为零。虽然对土地进行集中整治实现了土地集中，但没有产生良好的农业生产效益，该策略实际上与土地信托实现农业规模化经营的初衷相违背。

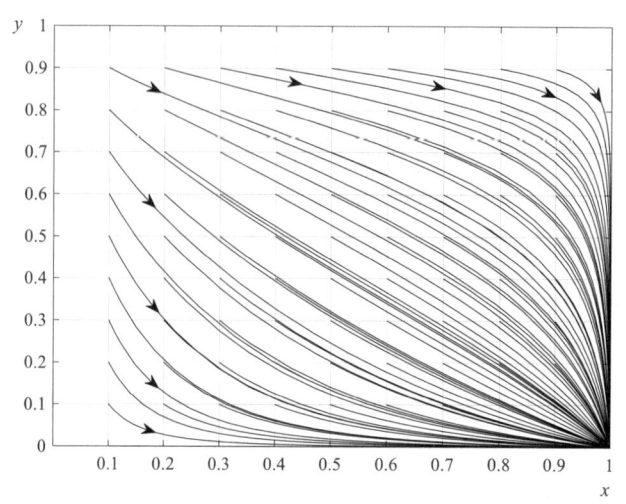

图 3-8 "政府主导"模式演化博弈动态相位图

3.4 "宿州模式"与"邓州模式"对比分析

3.4.1 "宿州模式"与"邓州模式"利益主体行为策略对比

前文分析了"宿州模式"和"邓州模式"信托博弈系统均衡点的稳定性，各均衡点是否稳定取决于参数间的相互关系。即使农村土地信托开展形式不同，但我们仍希望博弈系统最终向双方协调的方向演进。只有在最后 x 和 y 的值都收敛于 1 的情况下，农村土地信托才能成为盘活农村土地资源的有效方式。演化路径方向和速度归根结底是由复制动态方程组 x、y 关于时间 t 的函数 $F(x)$、$F(y)$ 决定的。参数的取值不同不仅会影响演化平衡点的稳定性，而且会决定不同初始状态下演化路径的轮廓和演化速度。为此，后文将分析在不同模式下主要参数对博弈系统收敛到均衡点的灵敏度，博弈双方参与土地信托的概率的复制动态方程对主要参数求导见表 3-7。

表 3-7 各参数对演化稳定策略的影响

参数名称	参数符号	复制动态方程变化 宿州市 $F_1(x)$	宿州市 $F_1(y)$	邓州市 $F_2(x)$	邓州市 $F_2(y)$
土地租金	L_1		$y(y-1)$	$x(x-1)$	
土地使用费	L_2				$xy(y-1)$
农业项目经营收益分成	L_3	$xy(1-x)$			
信托资金融资成本	C_2	$xy(x-1)$			
农业基础设施建设成本	C_5		$y(y-1)$	$x(x-1)$	$y(y-1)$
地方政府补贴收入	G		$xy(1-y)$	$xy(1-x)$	
土地增值收益分成	P	$xy(1-x)$		$x(1-x)$	

从以上计算以及土地信托不同条件下的演化稳定状态可以看出，不同模式下土地租金、土地使用费、农业项目经营收益分成、信托资金融资成本、农业基础设施建设成本、地方政府补贴收入、土地增值收益分成对博弈系统演化的影响存在差异。以土地租金 L_1 为例，复制动态方程对其求导结果都小于零，表现为 $\dfrac{dF_1(y)}{dL_1}<0$，$\dfrac{dF_2(x)}{dL_1}<0$，可以理解为随着 L_1 的不断增大 $F_1(y)$ 与 $F_2(x)$ 不断减小。"市场主导"模式下土地租金由新型农业经营主体承担，因此土地租金的增加会使得 x 的值收敛于 0，新型农业经营主体选择流入土地受到抑制；"政府主导"模式下土地租金由信托公司事前垫付，土地租金的增加会抑制 y 的值向 1 演化，因此信托公司参与土地信托的意愿也会逐渐减弱。换言之，土地租金越高越会抑制系统向双方合作的方向演化。同理，在"政府主导"模式下土地使用费的增加会降低新型农业经营主体参与土地信托的概率；在"市场主导"模式下农业项目经营收益分成的增加会提高信托公司的参与积极性，信托资金融资成本增加则会降低信托公司参与的积极性。

虽然在两种模式中对 C_5 求导的结果都为负，但是该参数在不同模式下的表现仍存在差别。在"市场主导"模式下，由于农业产业设施建设需要将部分耕地变为建设用地，涉及用地性质的变化，由此造成土地整理成本过高，农业建设无法持续进行，长此以往必然造成新型农业经营主体流入土地意愿降低。在"政府主导"模式下，信托公司负责土地整理，由于是地方政府主导的农村土地信托全过程，土地整理行政审批成本远低于其他地区，土地整理过程可能更为顺畅。

地方政府补贴收入 G 和土地增值收益分成 P 均对农村土地信托的开展起到促进作用。G 和 P 在"政府主导"模式中只对信托公司参与的概率造成影响。由地方政府出资建立信托公司，可以看作地方政府对于信托的财政扶持，而在土地整理的过程中，信托公司会拥有新增的耕地质量指标和耕地占补平衡指标收益的一定比例分成。在"市场主导"模式下信托公司的土地增值收益来源于现代化经营带来的农业规模效益，该收益同样伴随着农业高风险、见效慢的特点，难以刺激市场上信托公司的投资欲望。地方政府为鼓励土地规模化经营设立了水利建设、投资奖励等多项农业政策补贴。但与"政府主导"模式下的土地信托模式相比，"市场主导"模式中地方政府对于信托的支持力度仍不及"政府主导"模式。

3.4.2 数值仿真分析

农村土地信托涉及多方利益主体，为更直观地反映信托公司对于新型农业经营主体的行为决策过程以及关键参数对于博弈演化进程的影响，以下利用 Matlab 软件对信托参与主体的策略选择过程进行数值仿真分析。从研究团队在邓州市调研收集的资料以及媒体公开报道来看，邓州市孟楼镇有耕地 6.29 万亩，土地开发公司与农户共签订 5 966 份土地流转合同，流转面积达 6.2 万亩，经过土地整治新增耕地面积 1 600 亩，新增耕地占补平衡指标 1 000 亩。以下仿真均以邓州市农村土地信托演化博弈模型为基础，同时考虑到各参数的实际意义与数值仿真的计算方便，本书研究设定变量初始值如下：$R=100$，$C_1=5$，$C_3=5$，$C_4+C_8=15$，$C_5=30$，$C_6=10$，$C_7=5$，$L_1=L_2=50$，$P=20$，$G=40$。

第3章 不同信托模式下信托公司与新型农业经营主体行为策略比较

如前文所分析,两种农村土地信托的运行模式明显不同,其中土地收益方式、地方政府的支持力度存在显著差异。此处从土地租金 L_1 和农业基础设施建设成本 C_5 两个变量考察这两方面的差异,通过改变两个变量的取值,观察变量取值的不同对信托双方策略选择的影响。

首先考虑土地租金 L_1 对博弈系统演化轨迹的影响,初始设定的 L_1 取值为50。由于 x、y 的取值范围是 0~1,选择 $x=0.5$,$y=0.5$ 作为博弈系统的初始条件,具体演化轨迹如图3-9所示。图3-9中可以观察到土地租金的变化会引起信托双方策略选择产生显著差异。在初始状态下,x 值先下降后上升;y 值一直上升,最终收敛于1。随着 L_1 取值减少可以看到,x 和 y 的演化方向没有改变,但是演化速度明显加快,也就是说土地租金的减少促进了信托双方的合作。当 L_1 取值增加 10% 时,x 的值快速下降,而 y 的值小幅上升,后持续下降,信托双方不合作成为此条件下的稳定状态。

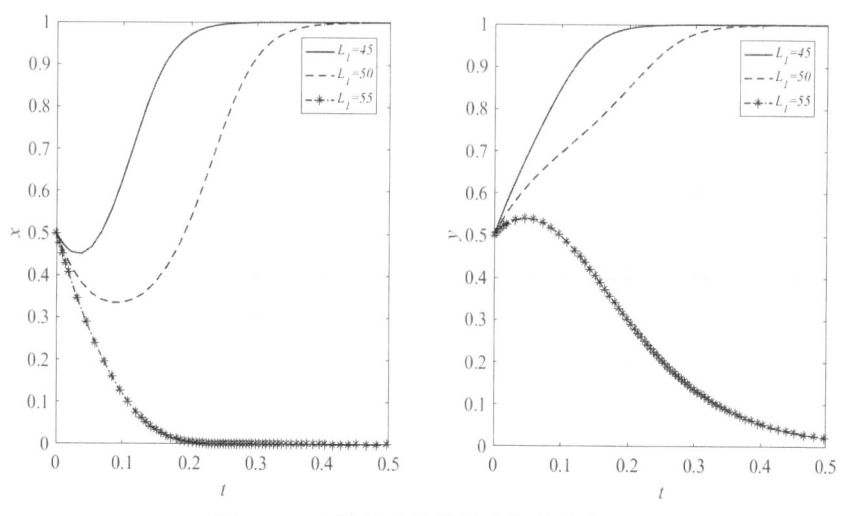

图 3-9 土地租金演化博弈数值仿真图

考虑到邓州土地整治完全由政府主导,通过多部门协调、财政支持把农业基础设施成本降到最低点。如果由新型农业经营主体进行类似工作,除开业务支出还需要与多部门进行协调沟通,建设成本势必增加。因此,对于农业基础设施成本 C_5 的数值仿真,此处仅考虑成本增加的情况。当

C_5 增加 10% 至 33，或增加 20% 至 36 时，博弈系统都改变了原始的演化方向（图 3-10）。在 C_5 取原始取值的情况下，x 虽然在前期小有下降，但之后快速上升，伴随 y 值一起演化至 1。当 C_5 取值增加后，x 的演化呈现持续下降趋势，并且演化速度随 C_5 的取值增加而加快；y 的值在前期小幅上升之后快速下降，随着 C_5 取值的增大，y 值上升幅度越小，下降速度越快。也就是说，C_5 的值的变大抑制了 x 和 y 的上升（表 3-7 显示求导为负），降低了双方合作的概率。

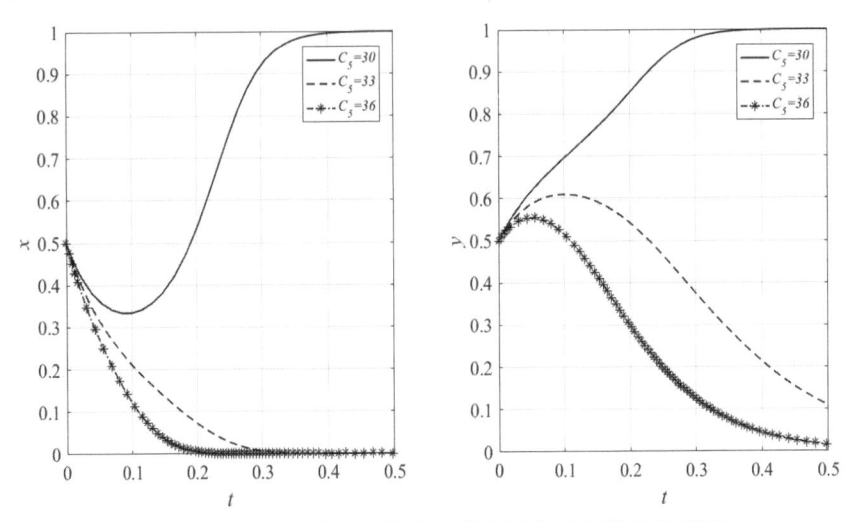

图 3-10　农业基础设施建设成本演化博弈数值仿真图

本书通过对邓州和宿州两个典型农村土地信托模式的深入比较分析，基于博弈论的理论框架，详细探讨了信托过程中信托公司与新型农业经营主体这两大博弈参与者的行为策略。为此，我们建立了演化博弈模型，以讨论不同模式下农村土地信托参与主体策略的演化过程。研究结论可归纳如下。

首先，在博弈过程中，交易成本的存在以及农业经营的固有风险，使得信托公司的净收益、农业经营收益、农业项目的前期投入，以及政府对土地信托的支持力度等因素，对系统的演化方向产生了至关重要的影响。只有当信托双方都能感受到明显的利益时，博弈系统才有可能向"信托公司积极参与、新型农业经营主体愿意流入土地"的方向演化。然而，在信托进程中，由于其他机会成本的存在，信托公司与新型农业经营主体均有可能出现"搭便车"的投机行为，这在一定程度上阻碍了双方信托契约的顺利签订与有效履行。

其次，在不同的信托模式中，博弈系统均呈现出双方合作或双方退出的两个均衡点。在当前农业经济技术条件下，双方合作可能会出现市场失灵的情况。这就需要地方政府的及时介入，进行利益的有效调配，并通过加大农业补贴等激励措施，推动合作经营联盟的达成与稳固，从而引导博弈系统向双方合作的方向发展。地方政府的介入，一方面可以缓解农民对外来经营者的不信任感，进而增强农民流出土地的意愿；另一方面，也可以协助新型农业经营主体解决农业生产过程中遇到的土地细碎化、投资不足等实际问题。

最后，两种农村土地信托模式的差异主要体现在土地租金、土地使用费、农业项目经营收益的分成、信托资金的融资成本、农业基础设施建设成本、地方政府的补贴收入，以及土地增值收益的分成等多个方面。邓州市通过政府信用背书成立土地开发公司，得以在短期内高效完成土地集中整理的工作，并成功引入多项资金，有效缓解农业生产中投资不足的问题。在"邓州模式"中，地方政府通过降低农业基础设施建设成本、注入信用、采取自上而下的行政主导方式，以及实施"收益分享"的经济刺激手段，最大程度地调动了各方主体的参与积极性，显著加大了对农村土地信托的支持力度，从而更容易促成信托公司和新型农业经营主体之间合作的稳定状态。

3.5 "宿州模式"与"邓州模式"对比的反思与启示

3.5.1 "宿州模式"与"邓州模式"对比的反思

从公开报道中我们可以观察到，在市场主导的"宿州模式"中，农民除了获得固定的租金收入外，并未能享受到土地增值所带来的额外收益分红①。这一现象引发了对于农民权益保障及土地信托模式可持续性的深入思考。宿州农地项目的操盘者，时任中信信托的负责人蒲坚，曾对土地信托的发展前景持乐观态度。他认为，当土地规模达到200万亩时，将形成巨大的规模优势，通过资本联结将碎片化的土地整合成一张巨型网络，从而实现土地收益的最大化②。然而，现实情况却与这一愿景存在一定的差距。市场化信托公司在运营过程中，盈利始终是其首要考虑的因素。从宿州农村土地信托项目的规划来看，信托项目的预期收益主要依赖于农业示范园的建设与运营，而真正将流入的农地用于粮食种植所产生的收益在总收益中占比并不高。这一状况导致了土地信托的运行中蕴含着农地非农化的风险，相关土地用途变更申请难以得到官方的批复也就不足为奇了。由于用地审批得不到官方支持，农业示范园的建设无法如期进行，这给项目运营方DY农业公司带来了巨大的资金压力。公司不仅需要承担项目前期投入资金所产生的利息成本，每年还要向农民支付土地租金。同时，中信信托以土地用途变更通过审批作为放款条件，这使得DY农业公司无法通过融入信托资金来改善其财务状况。因此，宿州农村土地信托项目自成立之初就面临着潜在的隐患。从经济学的角度来看，农业生产具有高风险、低收益、前期投入大、生产周期长的特点。一旦遭遇极端气候条件或市场波动，就可能出现经营方资金链断裂的情况。在宿州农村土地信托项目中，信托公司在新型农业经营主体盈利前景不明朗的情况下，不愿投入资金；而得不到资金支持的新型农业经营主体则无法对农业进行持续的投入，这进一步加剧了农村土地信托项目的困境。

正如前文所分析的，只有当农业项目收入 R 达到足够大的水平时，博弈系统才有可能向双方合作的方向演化。然而，在宿州农村土地信托项目中，农业生产的低收益以及信托资金的高风险等问题共同导致了宿州农村土地信托项目停滞不前的尴尬局面。这一状况不仅影响了农民的利益，也

---

① 杨丹丹. 安徽宿州土地流转信托为何"慢吞吞"[N]. 农民日报, 2015-05-05（5）.

② 蒲坚. 信托是公有制的一种实现形式[J]. 红旗文稿, 2013（11）: 24-27.

对土地信托模式的推广与可持续发展构成了挑战。

专栏 3-2 介绍了宿州市埇桥区参与农村土地信托流转的当地农民对于"宿州模式"所面临的问题的看法,这为我们提供了从基层视角审视农村土地信托模式的重要参考。

专栏 3-2　土地流转信托"点石难成金"[①]

2015 年 5 月 18 日下午,站在自家将要成熟的麦田边,安徽省宿州市埇桥区朱仙庄镇农民王某说:"我家共承包土地 5.4 亩,其中有 4.1 亩流转给 DY 农业公司,余下 1.3 亩种小麦。你看这块大田,有我家 1.1 亩在里面,流转后被平整了,现在 50 亩一块,都找不到我家原来的田了。他们种麦子长势还比不上我的呢,我种得少,管理好,产量肯定比他们高。"

王某是塔桥村人,2010 年 8 月,他家所在的安徽宿州埇桥区被列入全国首批 52 个国家现代农业示范区。在当地政府撮合下,2011 年 12 月,DY 农业公司流转了该区朱庙、塔桥两个村 5 411 亩耕地,期限 20 年。2013 年 10 月,DY 农业公司将 5 400 亩农地经营权,委托给中信信托公司,让其设计相关理财产品。在流转土地时,宿州市政府提出了一个 DY 农业公司不得拒绝的条件:每年每亩地租金不得少于 1 000 斤小麦市价,折合 1 000~1 100 元/亩,除此之外,农民还享受信托收益分红。

"2014 年和 2015 年这两年的土地租金,我们都收到了。但他们说的盈利分红没收到。只要是种粮食,一亩地,我们农民自己种,一年一麦一豆,我们自己天天照看,不算人工费,一年净收成只有 1 000 块钱左右,他们(指 DY 农业公司)不会比我们收成高,分红能从哪里来?"王某称自己是个种田"老把式",实诚不贪心,收不到分红他认为很正常,"除非你搞工业,种粮食,收益不可能再高了,企业不会倒贴。"

作为中国土地流转信托第一单,宿州是一个缩影。截至目前,安徽土地流转信托共有宿州市埇桥区、马鞍山市含山县、铜陵市顺安镇、霍邱县

[①] 王永群. 土地流转信托"点石难成金"[N]. 中国经济时报,2015-05-28(A01).

叶集4个，涉及土地流转面积近10万亩。但因种种原因，4个土地流转信托均未按签订的协议实施。

在地力低下的土地上实现农业的高效发展，土地整理工程显得尤为关键。"政府主导"的农村土地信托模式的主要优势在于能够借助土地开发公司的资金和技术力量，有效开展农地整治工作。经过整治后，不仅新增了大量耕地，而且原有耕地的等级也得到了显著提升。在此过程中，农地的地租溢价由村集体和公司按照一定比例进行分成，最终形成了多方共赢的良好局面。"邓州模式"采取的"流转—整理—再流转"的做法，具有显著的优势。这一模式有效降低了新型农业经营主体的农业基础设施建设成本，减轻了经营者前期投入和融资负担，间接增加了农业生产收入 R，促进了博弈的协调发展。邓州市和宿州市两地的实践为前文演化博弈的分析提供了有力的现实依据，表明地方政府在主导构建农村土地信托流转市场方面发挥着重要作用，增强了信托双方的合作意愿。然而，政府主导的农村土地信托模式也并非毫无风险。在某些情况下，地方政府为了政绩考核目标，可能会违背农户的意愿，强制推动土地流入以实现土地集中，这往往会造成农民权益受到侵害。因此，地方政府在推进农村土地信托流转时，应强化法治意识，切实尊重农户的土地流转意愿，避免在农地流转过程中采取"一刀切"的做法。专栏3-3介绍了邓州市孟楼镇土地信托流转取得的一些成效。

专栏3-3 集中流转盘活土地资源[①]

邓州市孟楼镇处于半丘陵地带，农业基础设施差，在家庭联产承包责任制实施过程中，实行"肥""瘦""远""近"搭配，导致耕地成为"绺绺田"，农机进不去，道路修不通，限制了现代农业的发展。

"政府牵头集中流转，增加农民财产性收入的同时，也为新型农业经

---

① 新华社. 河南邓州："三权分置"盘活农村资源助力乡村振兴［EB/OL］．（2018-12-01）［2024-08-30］． http：//www.gov.cn/xinwen/2018-12/01/content_5345106.htm.

营主体节约了行政成本，更激活了土地要素效能。"邓州市国土局副局长祝光红说。2016年以前，邓州市农民自发流转土地已经达到80余万亩，但土地流转过程中，农民面临经营主体违约风险等问题。

政府出面进行土地集中的过程很顺畅。"农民一算账，比自己种地还要赚得多，很快就签约了。"孟楼镇军九村村委会主任说。在推进土地流转过程中，政策宣导的主力是村镇一级干部。在自愿的前提下，孟楼镇共签订流转合同5 966份，达到总户数的98.6%，土地流转面积达6.2万亩。

土地集中流转后，土地开发公司投资1.35亿元，实施了土地综合治理和地力提升工程，打破村组界线，统筹配套沟、路、渠等农业基础设施，实现了"田成方、林成网、渠相通、水相连、旱能浇、涝能排"的大方田，土地地力也由7、8等级提升到6等级。

"地力提升了，就算是比自己去包地价格高，大公司、大户们也愿意来。"国土开发公司陈经理说，经过整理后，土地再流转溢价最高可以达到每亩800元，产生的溢价由承包人、村、公司按比例分配。目前孟楼镇6.3万亩集中土地已经有30多家经营主体，除了本地的种植养殖合作社，还有通威集团等大型企业签订了合作协议。

3.5.2 政策启示

土地信托流转为农村土地流转探索出了一条具有创新性的新路径。然而，农业生产投资周期长、比较收益低的特点与信托追求高收益的本性之间存在着固有的矛盾，这决定了土地信托流转在实践中需要得到更多政策上的有力支持。通过以上研究，我们获得了以下几点重要启示。

（1）地方政府在推动农村土地信托发展中应发挥积极作用，加强制度引导，努力营造良好的政策环境。同时，要不断完善农村土地信托交易服务平台的功能，提升服务效率和质量。在条件具备的地区，政府可以考虑投资成立土地开发整理公司，统一集中具有投资价值的农村土地承包经营权，并整合各项涉农资金，对集中的土地进行综合性的整理。通过这一举措，可以有效解决土地细碎化和农业基础设施薄弱的问题。此外，政府还应将整理好的土地信息及时面向市场发布，对引入的新型农业经营主体进行严格的资格审查，确保其具备相应的经营能力和信誉。同时，出台一系列优惠政策，引导新型农业经营主休积极吸纳当地农村劳动力，促进当地就业，并加强信托双方的沟通与合作，降低土地信托过程中产生的交易成本，从而提高双方合作的积极性和主动性。

（2）为了打通信托融资渠道，创新资金投入机制，需要采取一系列措施。土地流转和土地综合整治的初期阶段往往需要大量的资金投入，而信托的介入恰好为其提供了重要的融资支持。为此，我们可以建立由政府主导、多部门联合的资金整合机制，积极向财政、国土等部门争取土地整理专项资金的支持。同时，通过土地整理实现的耕地指标交易也可以作为弥补土地开发成本的重要途径。此外，我们还可以探索创新土地集中整理的投资渠道，如尝试引入 PPP（public-private partnership，政府与社会资本合作）模式，由政企合作共同承担土地整理所需的初始资金投入。政府可以与企业达成协议，给予企业耕地占补平衡的收益或建设用地的部分指标作为回报。除此之外，还需要加快完善农业保险制度，提高经营者抵御农业经营风险的能力，并落实农地经营权抵押贷款政策，引导金融机构为经营者提供贷款支持，从而缓解其资金压力。

（3）在推进土地信托的过程中，强化信托风险管理并建立严格的监管机制至关重要。风险管控是土地信托各项工作的重中之重。土地信托在我国还处于不断探索和完善的阶段，因此需要在实践中不断摸索并对各个环节进行规范管理。为此，我们需要构建以政府为主导的监管体系，在加强行政监管的同时充分发挥社会监督的作用。对新型农业经营主体的后期经营行为要进行定期的检查和监督，防止其为追求利润最大化而采取农地非农化行为，从而对国家粮食安全造成潜在威胁。同时，我们应适时引入独立的评估机构，综合运用大数据和互联网技术，建立信托监管预警机制，实现监管的网络化、透明化和信息化。此外，还要严格防止地方政府出于对自身政绩的考量而强制进行土地流转，确保农民的土地权益得到充分保障，防止出现农民土地被非法流转的现象。

第 4 章　计划行为理论视角下的农户土地信托决策机制

要深化农村改革，加快推进农村重点领域和关键环节改革，激发农村资源要素活力，完善农业支持保护制度，尊重基层和群众创造，推动改革不断取得新突破。

——习近平 2020 年 12 月 28 日在中央农村工作会议上的讲话

4.1　计划行为理论发展及对农户行为的解释

4.1.1　计划行为理论发展及内涵

计划行为理论是在理性行为理论的基础上发展而来的。理性行为理论源自社会心理学，是利用社会心理学领域的相关方法对人类行为进行解释和预测的理论。该理论由美国学者 Fishbein 和 Ajzen[1] 于 1975 年提出。该理论主要被用于解释和分析人类行为决策的过程。Fishbein 和 Ajzen 认为个人

---

[1] Fishbein M Ajzen I. Belief, attitude, intention and behavior: an introduction to theory and research [M]. Massachusetts: Addison-Wesley publishing company, 1975.

的实际行为由行为意向决定，行为意向由行为态度决定，而行为态度由其他的变量决定，理性行为理论将这些影响我们对某一行为态度和想法的变量称为信念。在理性行为理论中，态度和主观规范由相应的信念决定，信念是对行为价值或效用的主观意识，行为态度取决于行为信念和对行为结果的评价，如果个体认为某种行为会产生正向价值和好的结果，那么他会对此持积极态度[1]。但理性行为理论也存在一定的局限，具体表现为：第一，规范能影响态度，但这两个概念容易混淆，在实际应用中需对态度和规范这两个概念进行重新界定；第二，理性行为理论认为任何影响行为的因素只能通过态度和主观规范对用户行为产生间接作用，个人行为选择完全由自己控制。在现实中，这一假设具有明显的局限性，当出现组织环境中个体意志无法控制的行为动因时，理性行为理论的解释能力会大打折扣[2]。

为了弥补理性行为理论存在的缺陷，Ajzen 在理性行为理论的基础上于 1991 年提出了计划行为理论。计划行为理论有效拓宽了理性行为理论的适用范围，该理论认为个体做出某种行为的决策是在经过深思熟虑之后的结果，因此该理论在预测和解释人们的行为时有更强的解释力。总体而言，计划行为理论的发展总共包含 3 个阶段：第 1 个阶段为萌芽阶段，始于 Fishbein 的多属性态度理论。该理论是计划行为理论最初的理论模型，认为行为意向和行为态度之间的影响是相互的，一方面，态度会决定意向；另一方面，行为产生的结果或影响，会通过多种方式作用于行为态度[3]。第 2 阶段为发展阶段。Ajzen 和 Fishbein 发现个体行为意向会受到多种因素

---

[1] Ajzen I, Fishbein M. Understanding attitudes and predicting social behavior [M]. Englewood Cliffs: Prentice-Hall, 1980: 5-6.

[2] 明均仁. 基于用户感知的移动图书馆服务接受与使用行为研究 [M]. 武汉：武汉大学出版社，2017: 12.

[3] Fishbein M. An investigation of the relationships between beliefs about an object and the attitude toward that object [J]. Human relations, 1963, 16: 233-240.

的作用，不仅受到行为态度的影响，还会受到主观规范的影响，最终导致个体实际行为的产生。在此基础上，Ajzen 和 Fishbein 提出了理性行为理论。第 3 个阶段为成熟阶段。Ajzen[1]在理性行为理论的基础上，进一步探究个体行为决策因素，增加了知觉行为控制，提出了计划行为理论。计划行为理论假设个人决策过程中所遵循的理性规则以期望价值作为研究的基础点，起初是在认知方面将"态度"概念化，然后又延伸到认知与情感方面，对于个体需要综合思考从而做出决定的行为进行解释。个人的理性决策不仅受心理因素（如态度）和他人意见（主观规范）等因素影响，还受其他外部因素的影响。计划行为理论模型如图 4-1 所示。

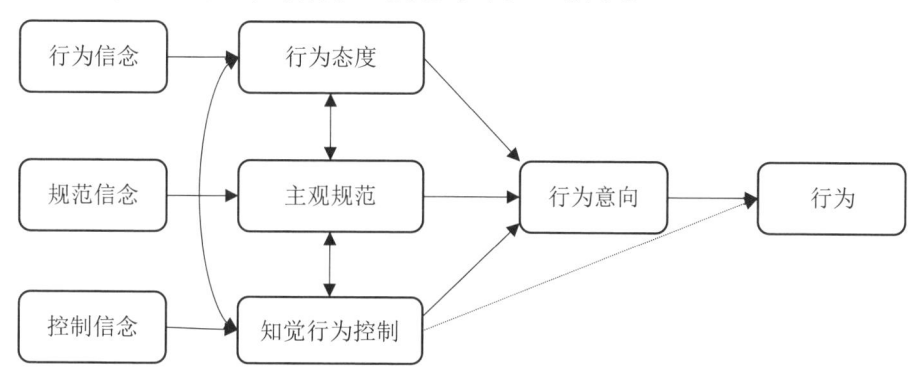

图 4-1　计划行为理论模型

计划行为理论的核心要素是行为意向。个体在进行决策时，行为意向起到决定性作用。行为意向既遵循个体的理性规则，又注重情感和认知方面的影响作用[2]。行为态度反映了个体对一种行为的积极或消极的情感表达。主观规范主要反映了个体在进行决策时，感受到周围大多数人或社会大多数人的看法所给予的压力。知觉行为控制主要由管理信念组成，管理

---

[1] Ajzen I. The theory of planned behavior [J]. Organizational behavior and human decision processes，1991，50：179-211.

[2] Bamberg S，Ajzen I，Schmidt P. Choice of travel mode in TPB：the roles of past behavior，habit，and reasoned action [J]. Basic and Applied Social Psychology. 2003，25：175-188.

信念是指一个人对某一特定行为的复杂性的理解，反映个体行为、机会、工具等多种因素对行为决定的影响，这些因素对行为决定起到促进或抑制作用。三者之间符合一种两两相关，但彼此又相互独立的特殊关系[①]（图4-1）。

4.1.2 计划行为理论对农户行为的解释

我国学者将计划行为理论应用到农户行为意愿的研究取得了较为丰硕的研究成果。胡梦雅等人[②]以计划行为理论为基础，发现在经济方面加强"激励"和"诱导"能够提高农户参与耕地面源污染治理的意愿。谢金华等人[③]以长江经济带部分农民的相关数据为例，发现需要有效利用感知行为控制和主观规范等来引导农民对清洁能源使用的态度，同时应针对不同地区、不同类型的企业进行整合，实施不同的策略和标准，引导农民高效使用清洁能源。何悦和漆雁斌[④]在计划行为理论框架下分析农户绿色生产行为机理。杨文杰和巩前文[⑤]基于改进的计划行为理论，发现农户的行为意愿、文化认同在行为产生中起到"中介"作用，认为农户的有效参与是推动农业绿色发展、乡村生态环境保护的内生动力。吴九兴和杨钢桥[⑥]发现计划行为理论适用于农户行为，会影响农户参与土地整理项目的意愿。

---

① 段文婷，江光荣.计划行为理论述评[J].心理科学进展，2008（2）：315-320.

② 胡梦雅，孙彦，曹天庆，等.耕地面源污染治理农户参与意愿研究[J].水土保持研究，2021，28（4）：397-403.

③ 谢金华，杨钢桥，张进，等.长江经济带农户生态认知对其清洁能源利用行为的影响机制：基于5区市农户的实证分析[J].华中农业大学学报，2021，40（3）：52-63.

④ 何悦，漆雁斌.农户绿色生产行为形成机理的实证研究——基于川渝地区860户柑橘种植户施肥行为的调查[J].长江流域资源与环境，2021，30（2）：493-506.

⑤ 杨文杰，巩前文.农村绿色发展中农户认知对行为响应的影响研究[J].华中农业大学学报（社会科学版），2021（2）：40-48.

⑥ 吴九兴，杨钢桥.农地整理项目农民参与行为的机理研究[J].中国人口·资源与环境，2014，24（2）：102-110.

魏凤和于丽卫[①]以计划行为理论为基础，发现改善子女教育条件、亲朋好友的支持态度等知觉行为控制变量都会引起农户心理变化，进而提高农户对于宅基地换房的行为意愿。从以上文献可以看出计划行为理论作为认识和分析个体行为决策形成的重要理论之一，在农户行为意愿方面具有较强的理论解释能力。就本书而言，农户参与土地信托流转符合个体对于某种行为的决策过程，他们参与土地信托流转的意愿受到追求综合收益最大化目标的影响。农户在思考是否参与土地信托流转时，会从自身的成本收益、所处外部环境、国家的政策方针以及现实可行性选择等因素出发进行综合考虑。这种从多个角度决定个体行为的做法既遵循个体的理性规则，又注重情感和认知方面的影响作用，适合在计划行为理论框架下进行深入剖析。

4.2 农户流转决策行为的计划行为理论分析框架

4.2.1 计划行为理论的适用性

在农户进行土地信托流转的决策过程中，农户的参与意愿不仅受到利益驱动[②]，还受到农户的个人特征、家庭的农业经营情况、农户对土地流转政策的认知[③]，以及流转后的就业环境的影响[④]。土地信托流转作为一种新型的流转模式，农户土地流转决策需要从多个方面进行考虑。换言之，农户参与土地信托流转的行为既遵循个体的现实基础，又注重情感和认知

---

① 魏凤, 于丽卫. 天津市农户宅基地换房意愿影响因素的实证分析: 基于3个区县521户的调查数据［J］. 中国土地科学, 2013, 27（7）: 34-40.

② 刘灵辉, 田茂林, 李明玉. 土地流转对家庭农场经济效益的影响研究: 基于四川、湖北、江苏、山东336户家庭农场的调研［J］. 河北经贸大学学报, 2020, 41（5）: 87-97.

③ 张占录, 张雅婷, 康明明. 家庭结构对农地流转意愿的影响: 基于结构方程模型的实证分析［J］. 中国土地科学, 2019, 33（10）: 74-83.

④ 刘涛, 卓云霞, 王洁晶. 村庄环境、非农就业与农地流转: 基于全国百村农户调查数据的分析［J］. 地域研究与开发, 2021, 40（4）: 141-146.

方面的影响作用。特别是农户主观意向的形成是一个复杂的过程,涉及个体对制度政策、家庭基本状况、利益与风险的整体判断。从前文有关计划行为理论的阐释来看,计划行为理论能够对农户个体行为决策过程做出有力的解释。

根据计划行为理论,农户土地信托流转决策受到个人的态度、周围对其有影响作用的人对土地信托流转政策的看法,以及自己感受到的其他可控因素的综合影响,从而产生从土地信托流转意愿到土地信托流转行为两个过程。在农村土地"三权分置"改革的背景下,农户会根据土地信托流转所带来的现有效益而做出决策;同时,农户具有预见性,会考虑土地信托流转的发展趋势,未来能不能获得长久收益等因素而进行综合决策。当农户认识到土地信托流转能够解除人地依附性、保障产权安全、盘活闲置土地时,就会积极参与土地信托流转,为推动土地信托流转的顺利实施提供强有力的支撑。同时,良好的就业环境也会打消农户进行土地信托流转后的生计顾虑,从而影响农户的土地信托流转行为(图4-2)。

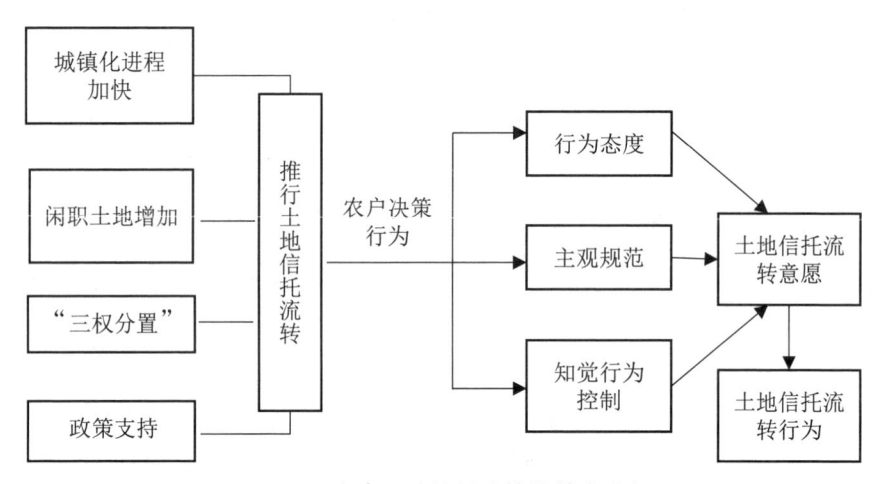

图4-2 农户土地信托流转的基本路径

4.2.2 农户土地信托流转决策分析框架

本书根据计划行为理论,从行为态度、知觉行为控制和主观规范3个方面构建农户土地流转决策的分析框架。

4.2.2.1 行为态度

行为态度是指个体在面对某项业务时所持有的积极或消极的态度，或者是个人对特定对象的好恶的预设立场，换言之就是个体认同或反对此项行为所产生的情绪[①]。当农户对土地信托流转的评价是积极的、赞同的，认为该种流转模式能够给他们带来更大的收益和便利，能够解决他们当前的问题时，农户就会产生正面的行为态度；相反，当农户对土地信托流转的评价是消极的、反对的，认为该种流转模式不能给他们带来更多的收益和便利，不能解决他们面临的问题时，农户就会产生负面的行为态度。

影响农户行为态度的因素主要有两个方面：一是农户对参与土地信托流转所产生收益的价值判断；二是参与土地信托流转所产生的附带影响。行为态度体现出农户参与土地信托流转的动机和目的，经济因素是促进个体参与的主要驱动力[②]。另外，农户还会进行"风险评估"，结合当前政策环境，在自我认知的基础上，分析该项目成功的可能性。如果个体认为该项目很有发展前景，能够为个体带来收益，那么就会正面评价该项目，更加积极地参与其中，提高参与动机。这里的收益不仅仅体现在个体可以直接获得的经济收入，还体现在开展项目所产生的"外部性效应"。例如，项目的开展能否有利于改善就业环境与生活环境、改变村容村貌、促进乡村产业的发展，这些都是影响个体行为态度的因素。由此可以看出，农户的需求和期望是影响其参与土地信托流转的关键。从经济学的研究视角切入也可以对农户是否参与土地信托流转的行为进行解释。假设农户为"理性经济人"，如果农户参与某个项目会带来更多的预期收益，满足农户

---

① Bagozzi R P, Ue H M, VanLoo M E. Decisions to donate bone marrow: the role of attitudes and subjective norms across cultures [J]. Psychology and health, 2001, 16: 29-56.

② 姜立利. 期望价值理论的研究进展 [J]. 上海教育科研, 2003 (2): 33-35.

期望,那么农户就更倾向于参与这个项目[①]。所以,如果农户参与土地信托流转能够获得更多的好处,满足其期望与需求,那么农户在行为选择时就会更加倾向于参与土地信托流转,否则偏向选择不参与土地信托流转。因此,农户参与土地信托流转所获得的预期收益是决定农户能否以积极的态度参与土地信托流转的重要因素。农户的预期收益涉及农户生活、生产和就业的各个方面,例如土地的使用效率,家庭的收入水平,生活的幸福感等。一般来说,当农户感知到土地信托流转能够盘活家庭闲置土地,解决家庭劳动力进城务工的后顾之忧,所带来的流转收入和打工收入之和大于个体只进行农业种植经营的收入时,农户的参与意愿就会提高,就会使农户产生积极的行为态度。

4.2.2.2 知觉行为控制

知觉行为控制是指个体会根据行为过程中感知到的难易程度而做出决策,主要用于解释个体本身客观条件或外部环境对个体行为决策的影响,体现的是一些非主观意志控制因素的影响[②]。个体在决定某项行为时,对于自身条件的评价越客观全面,对于外部环境感知能力越强,越能够对这些因素进行整体把握,那么参与该行为的概率就越高[③]。例如,农户在日常生活中不断感知资源条件以及外部社会环境,当农户感知到外部环境有利于土地信托流转的产生时,农户就会积极行动[④]。农户还会根据自身条件及可能承担的风险来判断其是否参与土地信托流转。对于农户而言,其

---

① 赵微,周惠,杨钢桥,等.农民参与农地整理项目建后管护的意愿与行为转化研究:以河南邓州的调查为例[J].中国土地科学,2016,30(3):55-62.

② Ajzen I, Fishbein M. The influence of attitudes on behavior [J]. Organizational behavior and human decision processes, 2005: 173-221.

③ Kraft P, Rise J, Sutton S, et al. Perceived difficulty in the theory of planned behaviour: perceived behavioural control or affective attitude? [J]. British journal of social psychology, 2005, 44(3): 479-496.

④ 吕洪波.我国农村土地信托发展环境及分析[J].农业经济,2018(3):97-98.

参与土地信托流转会受到个体能力、家庭条件，自然资源等因素的局限，并且这些限制具有普遍性。不同农户的家庭人口数，务农与外出打工的劳动力人数以及户主的年龄、性别、受教育程度和健康程度的差异都会使个体行为动机有所侧重，会使农户行为受到不同程度的影响[①]。农户会根据家庭条件感知参与土地信托流转的适宜性，比较参与过程后所获得的收益与现有收益之间的差距，对未来可能发生的风险进行评估。如果农户家庭本身就具有优质的农业资源，农业经营情况较好，每块土地都能得到充分地利用且能带来较高的农业收益，对所处环境非常满意，愿意维持现状，这样其参与土地信托流转的可能性就会非常小；相反，如果农户拥有的土地较少，且质量较差，进行农业种植所带来的收益较少，且当前环境下外出打工的方便度较高，参与土地信托流转后政府提供更多就业岗位，这种状况下农户参与土地信托流转的意愿会更强烈。当农户感知其自身条件与所处社会环境更适合参与土地信托流转，且预期收益满足自身需求，并且可以接受可能产生的风险时，农户参与土地信托流转的意愿就可能会更加强烈。

4.2.2.3 主观规范

主观规范是指个体在决定某种行为时所感受的周围压力，主要指其他个体主观行为所产生的压力。根据其他个体主观行为对个体行为的影响强度不同可以分为指令性规范和示范性规范[②]。不同类型的规范对于农户个体决策的作用方式和效果不同。在土地信托流转过程中，指令性规范一般指政府及其工作人员推行的政策要求。政府及其工作人员是土地信托流转的推动者，其较高的综合素质、较强的组织能力，以及广泛且有效的宣传

---

① 李停. 我国土地信托模式的选择与实践 [J]. 华南农业大学学报（社会科学版），2017，16（4）：34-44.

② Cialdini R B, Kallgren C A, Reno R R. A focus theory of normative conduct: atheoretical refinement and reevaluation of the role of norms in human behavior [J]. Advances in experimental social psychology, 1991, 21: 201-234.

是顺利开展土地信托流转的前提。政府通过政策引导，介绍开展土地信托流转的优势，有可能触动农户的参与心理，让农户全面认识到土地信托流转所带来的收益，自愿且积极主动地参与其中，从而推进土地信托流转的开展。如果政府只是为了履行职责，不重视农户对土地信托流转的态度，采取强制措施要求农户必须参与，这种行为会大大削弱农户的参与意愿，甚至在推进过程中政府与农户之间会产生不必要的冲突。此外，在农村的环境下，农户与周围的亲戚朋友和邻居交往频繁。熟人环境是农户的主要的社会关系网络，这部分群体的看法与选择对于农户具有示范性作用。在交流过程中，每个人都会发表其看法，这样会使农户全面了解土地信托流转的内涵与特点，真实了解参与后所带来的收益。在权衡利弊后，大部分农户依然表示愿意参与时，就会对其他农户的心理产生激励，促使他们自愿参与土地信托流转。总的来说，当地政府、信托公司和农户三大主体职责清晰，由当地政府落实和宣传国家政策，信托公司具体执行，农户之间进行交流和参与，共同构成了农户参与土地信托流转的主观规范。

4.2.3 农户土地信托流转决策指标体系构建

4.2.3.1 知觉行为控制变量构建

对于农户个体而言，农业经营情况是影响知觉行为控制的关键因素。本书结合已有研究[①]和调研地区实际情况，将农业经营情况划分为3个方面，即家庭年农业收入、承包地质量和务农热情。如果家庭年农业收入不高，承包地质量也不好，自然缺乏从事农业种植的热情，这种情况下农户更愿意参与土地信托流转；相反，家庭年农业收入越高，承包地质量越好，农户的务农热情越高，表明农户家庭农业经营状态良好，更偏向于独立进行农业经营活动。

---

① 刘莎，刘明. 家庭借贷、经营规模与农户土地经营意愿：基于小农户、中农户和大农户分化视角[J]. 长江流域资源与环境，2021，30（8）：1969-1981.

外部的政策环境和农户家庭特征也会对农业经营情况产生影响。外部政策环境越有利于土地信托流转的发展，家庭特征越倾向于非农就业，农户更愿意参与土地信托流转；相反，如果农村政策环境不能够提供流转后的相关保障，家庭特征在农业种植方面越有优势，农户就越愿意自己经营土地。

外部环境主要涉及法律、经济、政策和社会环境等方面。参考已有文献发现就业稳定性有利于促进农户参与土地信托流转。因此，这里外部环境变量主要指的是农户参与土地信托流转后的就业环境[①]，主要表现在农户外出打工的方便度、流转后的就业帮扶种类以及当地政府是否宣传过土地信托流转政策。农户流出土地后面临的就业环境越好，农户越愿意从事非农工作，因为非农工作所获得的收益是高于普通农户农业种植所带来的收益的。在此情况下，农户更愿意参与土地信托流转，将土地信托给信托公司，获得土地租金和其他土地增值收益分成。总的来说，农户参与土地信托流转的难易程度是通过农业经营情况、家庭特征、外部环境综合作用感知到的。

参考已有文献[②③]，结合调研区域农户家庭情况，本书用家庭的人力资本和经济资本表征家庭特征，分别对应务农劳动力人数、非劳动力人数和从亲友借钱的难度。务农劳动力人数越多，说明家庭人员的职业选择大多倾向于务农，从事农业种植方面具有人力和技能优势。非劳动力人数越多，说明家里的老人小孩越多，这部分人群属于需要照顾的群体。这种情况下家庭劳动力有所牵绊和顾虑，为了照顾家庭，大多数不会选择外出务工，

[①] 蔡书凯，蔡荣. 土地信托流转与农户参与意愿：基于Probit-ISM分析方法[J]. 中国农业大学学报，2017，22（7）：173-185.

[②] 刘涛，卓云霞，王洁晶. 村庄环境、非农就业与农地流转：基于全国百村农户调查数据的分析[J]. 地域研究与开发，2021，40（4）：141-146.

[③] 许连君. 行为经济学视角的农户土地流转意愿分析：以浙江农户为例[J]. 浙江农业学报，2020，32（2）：367-372.

而是选择在家从事工作。但是当前农村适合他们就业的工作岗位较少，且工资待遇不高，故而其更倾向于自身较为熟悉的农业种植领域。进行非农项目的经营或扩大农业经营规模需要有大量资金的投入，一般农户家庭仅靠家庭积蓄很难拿出足够的资金改善本身的经营状况，需要向别人进行借钱。如果借钱的难度较低，农户借到大量资金的可能性就越高，越容易从事非农经营或自己扩大农业经营规模，就不会将土地流转给信托公司，相反，如果借钱难度较高，农户得不到进行非农经营或扩大规模的启动资金，自身农业种植条件较差，就会倾向于参与土地信托流转。

本书将农业经营情况、家庭特征、外部环境作为农户土地信托流转计划行为中的知觉行为控制变量。

4.2.3.2 主观规范变量构建

对于农户个体而言，农户认知水平是影响主观规范最直接的因素。本书在已有文献对农户认知的研究与变量选择的基础上[1][2]，构建农户认知方面的变量。对于土地信托流转问题，农户的主观认知是推动土地信托流转过程中必不可少的因素。农户对土地信托流转认知程度越高，越有利于推动土地信托流转。

农户对土地信托流转的认知体现在对政策、收益以及信托公司的认知，主要涉及对负责土地信托流转运营的信托公司的了解以及土地信托流转内容的理解。首先，农户对土地信托流转政策的认识程度是农户形成土地信托流转价值判断的基础与前提；其次，土地信托流转所能带来的收益，是农户最为关心的部分，决定其是否参与土地信托流转；最后，土地信托运营机构多为政府出资设立的国有公司或者经政府审批成立的商业信托公

---

[1] 甘臣林，谭永海，陈璐，等. 基于 TPB 框架的农户认知对农地转出意愿的影响[J]. 中国人口·资源与环境，2018，28（5）：152-159.

[2] 张占录，张雅婷，张远索，等. 基于计划行为理论的农户主观认知对土地流转行为影响机制研究[J]. 中国土地科学，2021，35（4）：53-62.

司,其运作受到政府机构监管,农户对于信托公司的认可程度越高,就越可能参与土地信托流转。

本书将农户对政策的认识程度、对收益的满意程度以及对信托公司的了解程度作为计划行为理论中的主观规范部分。

4.2.3.3 行为态度变量构建

对于农户个体而言,其参与土地信托流转的行为态度主要包含行为意愿倾向和流转行为的产生。罗颖等认为在土地信托流转中,农户的参与意愿虽然会影响农户参与行为的产生,但是二者的选择并不完全是一致的,具有选择偏差[①]。农户的行为态度根据家庭实际需求、主观参与意愿以及参与土地信托流转的收益价值综合判断:一方面,农户需要综合衡量参与土地信托流转所带来的效益,包括经济收益和非经济收益。若农户对土地信托流转认知程度较高,理解土地信托流转的优势特点,意识到土地信托流转所能带来的效益,就能够提高农户的参与动机,使其更愿意参与土地信托流转,即农户土地信托流转的认知程度对农户土地信托流转具有"促进性"作用。另一方面,农户的行为决策以现实情况为依据,土地信托流转能够满足其家庭需求,其就会积极参与,否则就不会参与。农业经营情况是影响需求的关键因素,如果农业经营情况本身就很好,年农业收入能够满足家庭需求,农户由于路径依赖,并不会追求新的获利方式,更习惯于原有劳动方式来获得收益,对参与土地信托流转的意愿就会大大降低,即农户家庭的农业经营情况对农户参与土地信托流转存在"抑制性"作用。农户土地信托流转决策会受到双重影响,因此,本书将农户的土地信托流转意愿与行为的产生作为计划行为理论中的行为态度部分。

综上所述,本书在深入理解和应用计划行为理论的基础上,广泛参考相关学者的研究成果,并紧密结合调研区域的实际情况,构建了本书的指标体系。在这一体系中,我们将农户家庭特征、外部环境以及农业经营情

---

① 罗颖,郑逸芳,许佳贤. 农户参与土地信托流转意愿与行为选择偏差研究:基于福建省沙县农户的调查数据[J]. 中共福建省委党校学报,2019(5):115-123.

况归纳为知觉行为控制部分，这些因素共同影响着农户对土地信托流转的感知和控制能力；同时，我们将农户对土地信托流转的认知视为主观规范部分，这一认知包括农户对土地信托流转政策的理解、对流转收益的期望以及对信托公司的信任程度等。这些因素构成了农户参与土地信托流转的主观规范和价值判断。此外，我们还将农户参与土地信托流转的意愿与行为的产生归结为行为态度部分。农户的参与意愿和行为选择是其在知觉行为控制和主观规范共同作用下的结果，反映了农户对土地信托流转的实际态度和决策倾向。基于以上分析，我们构建了农户土地信托流转决策的分析框架。由于知觉行为控制、主观规范和行为态度均属于潜变量，无法直接进行测量，因此我们需要通过设计具体的观察变量来对其进行间接测量。本书共设计了14个观察变量，涵盖务农劳动力人数、非劳动力人数、向亲友借钱的难度、外出打工方便度、流转后的就业帮扶、政府是否进行过土地信托流转的宣传、家庭年农业收入、承包地质量、务农热情、对土地信托流转政策的认识程度、对土地信托流转收益的满意程度、对信托公司的了解程度，以及土地信托流转意愿与土地信托流转行为。具体研究框架如图4-3所示。

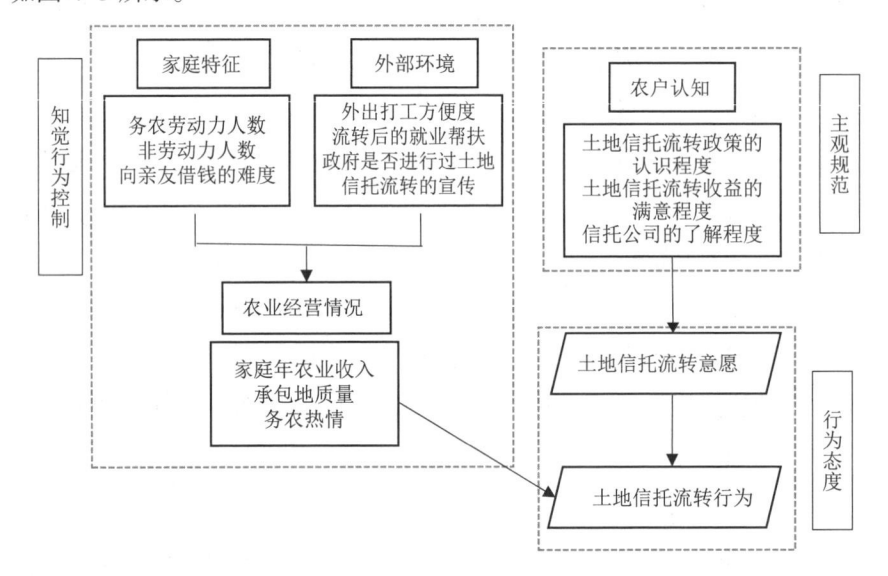

图 4-3 基于计划行为理论的农户土地信托流转决策分析框架

4.3 农户土地信托流转决策模型构建

4.3.1 研究假设

根据前文构建的农户土地信托流转决策的理论框架，本书做出以下研究假设（表4-1）。

表4-1 农户土地信托流转决策模型研究假设

序号	研究假设
H1	倾向于务农的家庭特征对农业经营情况影响显著为正
H2	友好的非农就业环境对农业经营情况影响显著为负
H3	农户全面深入的认知对土地信托流转意愿影响显著为正
H4	良好的农业经营情况对土地信托流转行为影响显著为负

假设一（H1）：家庭特征对农业经营情况存在显著的正向影响。这一假设基于农户家庭人口结构、劳动力分配以及户主个人特征等多个方面的考量。具体而言，家庭特征变量中的家庭务农人数是一个重要指标。当家庭务农人数较多时，这通常意味着家庭成员在职业选择上更倾向于农业领域。他们可能拥有更为丰富的农业种植经验和人力资本优势，从而能够更高效地经营土地，提高农业生产效率。这种人力资本的积累不仅有助于提升农业产量，还可能促进农业技术的传承和创新。另一方面，家庭非劳动力人数也是影响农业经营情况的关键因素之一。非劳动力人数较多往往意味着家庭中需要照顾的老人和孩童较多，这使得家庭劳动力在职业选择上存在一定的牵绊和顾虑。为了照顾家庭成员，他们可能更倾向于选择在家附近就业，而非外出务工。然而，当前农村地区适合这些劳动力就业的工作岗位相对有限，且工资待遇普遍不高。因此，他们可能更倾向于继续从事农业种植领域的工作，以维持家庭生计。此外，农户向亲友借钱的难度也反映了其获取非农经营启动资金的难度。当农户面临资金困难时，如果向亲友借钱的难度较大，那么他们获得大量资

金的可能性就会降低。这可能导致他们缺乏进入其他非农领域的资本，从而继续从事农业生产。

假设二（H2）：外部环境对农业经营情况存在显著的负向影响。这一假设主要聚焦于农户参与土地信托流转后的就业环境，具体体现在农户外出打工的方便度、流转后的就业帮扶种类以及政府是否进行过土地信托流转的宣传上。首先，农户外出打工的方便度是影响其是否选择非农工作的关键因素。随着交通条件的改善和城市化进程的加速，农户外出打工的时间成本和距离成本逐渐降低。当这些成本在农户可承受的范围内时，农户为了追求更高的收益，往往会选择外出打工。这一选择可能导致家庭承包地的闲置和浪费，因为非农工作所带来的收益通常高于普通农户农业种植所带来的收益。这种资源的不合理利用不仅影响了农业经营的效率，还可能对农村经济结构产生深远影响。其次，政府提供的流转后的就业帮扶种类也对农户的农业经营情况产生显著影响。当政府提供多样化的就业帮扶时，农户可选择的就业类型和机会就会增多。如果打工所获得的收益加上土地流转收益大于从事农业种植所获得的收益，农户为了追求利益最大化，会更倾向于参与土地信托流转。这一选择虽然有助于农户提高经济收益，但也可能导致农户务农热情的下降和农业经营效率的降低。因为农户在参与土地流转后，可能会将更多的精力和资源投入非农工作中，而忽视了对农业生产的投入和管理。最后，政府是否进行过土地信托流转的宣传也是影响农业经营情况的重要因素。当政府广泛宣传土地信托流转的优势时，更多的农户会了解到这一政策的好处。对于家庭承包地质量不高、条件较差的农户而言，其参与土地信托流转可能是一个改善家庭经济状况的有效途径。因此，他们可能会积极响应政府的号召，参与土地信托流转。然而，这一选择也可能导致农业经营情况的恶化，因为农户在流转土地后可能缺乏足够的动力和资源来继续从事农业生产。

假设三（H3）：农户认知对土地信托流转意愿存在显著的正向影响。这一观点基于农户对土地信托流转问题的全面认知是提高其参与意愿的主要驱动力。具体而言，农户对土地信托流转政策的认知程度、对土地信托流转收益的满意度、对信托公司的了解程度这3个因素共同作用于其参与意愿的形成过程。首先，农户对土地信托流转政策的认识程度是其形成土地信托流转价值判断的基础与前提。当农户对土地信托流转政策有较为深入的了解时，他们更能够意识到这一流转方式的特点和优势，从而有利于形成正确的价值判断。这种价值判断的形成不仅有助于提升农户对土地信托流转的接受度，还可能促进其在实践中的积极参与。其次，土地信托流转所能带来的收益是农户最为关心的核心问题。农户在决定是否参与土地信托流转时，往往会权衡流转前后收益的对比情况。当农户对土地信托流转收益状况的满意程度较高时，他们更有可能被激发参与流转的动力，从而表现出更强的自愿性与主动性。这种动力的提升有助于推动土地信托流转进程的顺利进行。最后，农户对信托公司的了解程度也是影响其参与意愿的重要因素之一。当前的信托公司大多是在政府支持下成立的，具有规范性和保障性。当农户对信托公司有较为深入的了解时，他们更有可能消除后顾之忧，提高对信托公司的认可度。这种认可度的提升有助于增强农户对土地信托流转的信任感，进而促进其参与意愿的形成。

假设四（H4）：农业经营情况对土地信托流转行为存在显著的负向影响。这一观点揭示了农户在决定是否参与土地信托流转时，除了考虑自身参与意愿外，还会深受其家庭实际农业经营情况的影响。具体而言，农业经营情况的优劣直接关系到农户参与土地信托流转的意愿和决策。农户家庭的农业经营情况主要体现在家庭年农业收入、承包地质量以及务农热情这3个核心方面。当家庭年农业收入较高、承包地质量优良，且农户对农业充满热情时，这通常意味着农户家庭的农业经营状态处于良好水平。在这种情况下，农户更倾向于独立进行农业经营活动，以维持和扩大其农业生产规模，享受农业带来的稳定收益和成就感。然而，当家庭年农业收入不高、承包地质量欠佳，且农户对农业种植缺乏热情时，农户的农业生产活动可能面临诸多困难和挑战。这种情况下，农户对于继续独立进行农业经营的意愿和动力可能会大大降低。为了寻求更好的经济收益和减轻农业生产的负担，农户更愿意选择参与土地信托流转。通过流转土地，农户可以将土地的使用权转让给专业的信托公司或新型农业经营主体，从而获取稳定的流转收益，并有机会参与到其他更有收益潜力的经济活动中去。

4.3.2 农户参与土地信托流转决策模型构建

根据计划行为理论及前文的研究，运用 AMOS 24 软件绘制农户参与土地信托流转的结构方程模型路径。

模型中包括家庭特征、外部环境、农业经营、农户认知情况 4 个潜变量，以及务农劳动力人数、非劳动力人数、向亲友借钱的难度、政府提供的就业帮扶种类数量、外出打工方便度、政府是否进行过土地信托流转的宣传、家庭年农业收入、承包地质量、务农热情、对土地信托流转政策的认识程度、对土地信托流转收益的满意程度、对信托公司的了解程度、农户是否愿意参与土地信托流转、农户是否与信托公司签订合同 14 个观察变量。模型变量及说明见表 4-2。

表 4-2 农户土地信托流转决策模型变量及其说明

潜变量	观察变量	代码	变量定义
家庭特征	务农劳动力人数	fam_1	单位：人数
	非劳动力人数	fam_2	单位：人数
	向亲友借钱的难度	fam_3	1= 非常容易；2= 比较容易；3= 一般；4= 比较难；5= 非常难
外部环境	政府提供的就业帮扶种类数量	env_1	单位：种类数量
	外出打工方便度	env_2	1= 非常不方便；2= 比较不方便；3= 一般；4= 比较方便；5= 非常方便
	政府是否进行过土地信托流转的宣传	env_3	无 =0；有 =1

续表

潜变量	观察变量	代码	变量定义
农业经营情况	家庭年农业收入	agr$_1$	1=2万元以下；2=2万~3万元；3=3万~4万元；4=4万~5万元；5=5万元以上
	承包地质量	agr$_2$	1=非常差；2=比较差；3=一般；4=比较好；5=非常好
	务农热情	agr$_3$	1=非常低；2=比较低；3=一般；4=比较高；5=非常高
农户认知	对土地信托流转政策的认识程度	cog$_1$	1=非常不了解/不满意；2=比较不了解/不满意；3=一般；4=比较了解/满意；5=非常了解/满意
	对土地信托流转收益的满意程度	cog$_2$	
	对信托公司的了解程度	cog$_3$	
农户意愿	是否愿意参与土地信托流转	will	不愿意=0；愿意=1
农户行为	是否与信托公司签订合同	act	未签订=0；已签订=1

模型要素符合结构方程模型的一般结构与使用条件。鉴于此，本书采用结构方程模型对农户土地信托流转行为决策的影响因素展开实证分析，验证农户认知"促进性"影响和农业经营情况"抑制性"影响对农户土地信托流转行为决策的作用机制，具体形式如下。

测量模型：

$$X = \Lambda_x \xi + \delta , \quad Y = \Lambda_y \eta + \varepsilon \tag{4-1}$$

式中：X为外源变量组成的向量；ξ与η分别表示外源指标和内源指标，ξ与δ不相关；Λ_x为观察变量在潜变量的因素负荷量；Y为内生变量组成的向量；η、ε分别为外源指标和内源指标的测量误差，η与ε也不相关；Λ_y为观察变量在潜变量的因素负荷量；且ξ、δ、η、ε四者互不相关。

结构模型：

$$\eta = \Gamma\xi + \zeta \text{ 或 } \eta = B\eta + \Gamma\xi + \zeta \tag{4-2}$$

式中：Γ为外源潜变量，表示ξ变量对η变量的回归系数；B为内生潜变量间关系；ζ 为残差项，ξ 与 ζ 不相关[①]。

4.3.3 模型整体适配情况评估

为确保本书结果的正确性、有效性和一致性，本书运用 SPSS 24.0 对模型信度和效度进行了检验。

4.3.3.1 信度检验

本书采用克龙巴赫 α 系数对样本数据进行信度检验。4 个潜变量的克龙巴赫 α 值均大于 0.6，分别是 0.649、0.852、0.933、0.827（表 4-3），说明量表的内部性和稳定性符合要求。

表 4-3　农户土地信托流转决策模型潜变量信度检验结果

潜变量	样本数量/份	题目数量/份	克龙巴赫 α
家庭特征	356	3	0.649
外部环境	356	3	0.852
农业经营情况	356	3	0.933
农户认知	356	3	0.827

4.3.3.2 效度检验

由于本书已经根据计划行为理论确定了理论分析框架，以及潜变量和观察变量的隶属关系，故本书采取验证性因子分析进行效度检验。具体量表包含 4 个潜变量（家庭特征、外部环境、农业经营情况、农户认知），共包含 12 个观察变量。通过 AMOS 24 软件建立结构模型（图 4-4），评估结构模型的结构效度和聚合效度。

---

① 吴明隆. 结构方程模型：AMOS 的操作与应用 [M]. 重庆：重庆大学出版社，2010：16-17.

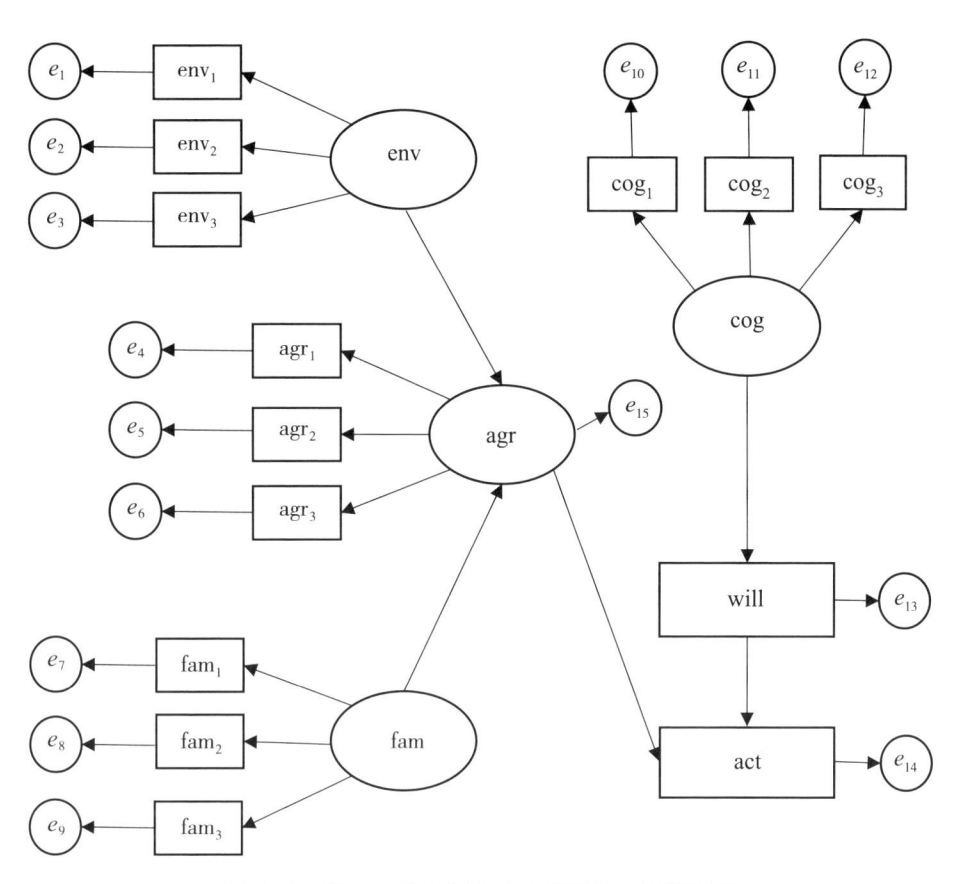

图 4-4 农户土地信托流转决策机制初始路径图

从表 4-4 可知，组合信度（CR）均大于 0.7，平均变异萃取量（AVE）均大于 0.5，说明各变量具有良好的聚合效度。从表 4-5 可知，卡方自由度比（CMIN/DF）=2.85（小于 3.00），近似误差均方根（RMSEA）=0.074（小于 0.08），比较拟合指数（CFI）0.959（大于 0.9），规范拟合指数（NFI）=0.939（大于 0.9），增量拟合指数（IFI）=0.959（大于 0.9），非规范拟合指数（TLI）=0.949（大于 0.9），各拟合指标达到规定的研究标准，适配良好。

表4-4 农户土地信托流转决策模型验证性因素分析结果

潜变量	观察变量	标准因子载荷系数	CR	AVE
家庭特征	fam_1	0.344	0.703 2	0.504 3
	fam_2	0.623		
	fam_3	0.927		
外部环境	env_1	0.829	0.914 2	0.781 0
	env_2	0.858		
	env_3	0.959		
农业经营状况	agr_1	0.951	0.936 4	0.830 9
	agr_2	0.921		
	agr_3	0.896		
农户认知	cog_1	0.743	0.827 1	0.615 0
	cog_2	0.800		
	cog_3	0.808		

表4-5 农户土地信托流转决策模型拟合指数测量结果

模型适配指标类型	适配指标	适配标准	指标值	结果
绝对适配统计量	CMIN/DF	< 3	2.895	良好
	RMSEA	0.05～0.08	0.074	良好
增值适配度统计量	CFI	> 0.9	0.959	良好
	NFI	> 0.9	0.939	良好
	IFI	> 0.9	0.959	良好
	TLI	> 0.9	0.949	良好
简约适配统计量	简约适配度指数（PGFI）	> 0.5	0.651	良好
	简约调整后的非规范拟合指数（PNFI）	> 0.5	0.763	良好

评估模型整体的拟合情况，则需要观测 AMOS24 软件给出的各项拟合指标。只有当整体模型拟合指标显示为可接受时，才能进一步对模型结果进行显著性检验与相应的解释。参考吴明隆[1]提出的评估标准，表 4–5 列出模型的 3 类（共 9 项）常见拟合指标及适配标准，并报告本模型的拟合结果。从表 4–5 中结果评价来看，模型的拟合指数评价和参数显著性检验均通过，显示模型拟合程度较好，其结果是可信的。

4.3.4 模型回归结果解读

利用 AMOS 24 软件绘制出农户土地信托流转决策机制结构方程模型路径，并对 356 份有效样本进行估计，得出各项标准化估计系数值，如图 4–5 所示。从结构方程模型的标准化路径系数图可以看出，模型中的观察变量可以较好地解释其对应的潜变量。模型中对应的观察变量及其潜变量的参数估计值和显著性水平用表格形式说明。结构模型中结果潜变量对原因潜变量的参数估计结果见表 4–6，测量模型中潜变量对观察变量的参数估计结果见表 4–7。

---

[1] 吴明隆. 结构方程模型：AMOS 的操作与应用 [M]. 重庆：重庆大学出版社，2010：37–61.

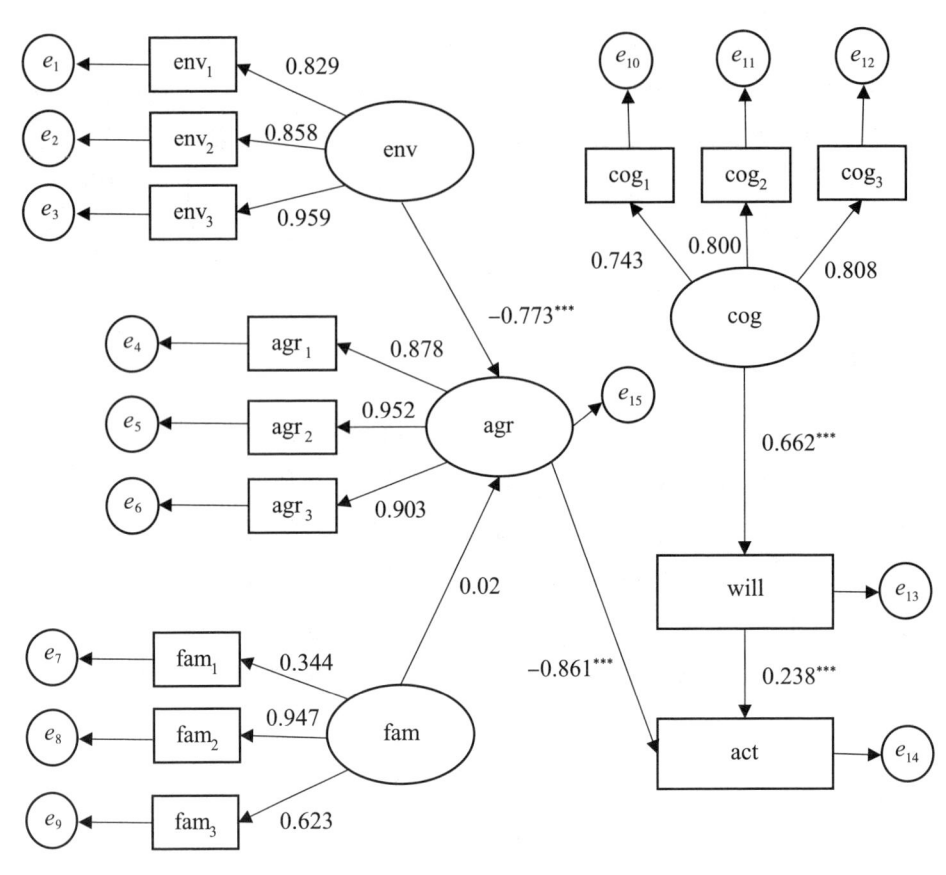

图 4-5 农户土地信托流转决策影响因素标准化系数输出图

表 4-6 结构模型：潜变量之间的标准化路径系数估计

结果变量	原因变量	标准化路径系数值	显著性水平
农业经营情况	家庭特征	0.020	不显著
农业经营情况	外部环境	−0.773	***
农户意愿	农户认知	0.662	***
农户行为	农业经营情况	−0.861	***
农户行为	农户意愿	0.238	***

注：表中，*、**、*** 表示显著性水平分别为 0.05、0.01、0.001。

表 4-7 测量模型：标准化路径系数估计

潜变量	观察变量	名称	标准化路径系数值	显著性水平
家庭特征	务农劳动力人数	fam_1	0.344	***
	非劳动人数	fam_2	0.947	***
	向亲友借钱的难度	fam_3	0.623	***
外部环境	政府提供的就业帮扶种类数量	env_1	0.829	***
	外出打工方便度	env_2	0.858	***
	政府是否进行过土地信托流转的宣传	env_3	0.959	***
农业经营情况	家庭年农业收入	agr_1	0.878	***
	承包地质量	agr_2	0.952	***
	务农热情	agr_3	0.903	***
农户认知	对土地信托流转的认识程度	cog_1	0.743	***
	对土地信托流转政策的满意程度	cog_2	0.800	***
	对土地信托流转收益的了解程度	cog_3	0.808	***

注：结构方程模型中，*、**、*** 表示显著性水平分别为 0.05、0.01、0.001。

从表 4-6 中可以看出，除了家庭特征这一潜变量对农户经营情况影响不显著外，外部环境、农户经营情况、农户认知三个潜变量的影响均在 0.1% 水平上显著，且农户意愿这一观察变量对农户行为同样在 0.1% 的水平上显著，说明该模型的研究结果是可信的。

4.4 农户土地信托流转行为决策影响因素分析

从上述模型运行回归结果来看，农户土地信托流转行为决策受到多种因素的影响。其中，外部环境和农业经营情况的标准化系数为负，这一结果揭示了外部环境对农业经营情况以及农业经营情况对农户土地信托流转行为均存在显著的抑制作用。这一发现与本书的研究假设 H2、H4 相吻合，验证了假设的有效性。与此同时，农户认知对于农户土地信托流转的参与意愿的标准化系数为正，表明农户认知对农户土地信托流转的参与意愿具有积极的正向影响。这一结果不仅支持了本书的研究假设 H3，也进一步强调了农户认知在推动土地信托流转中的重要作用。然而，对于研究假设 H1，本书的显著性水平未达到预期要求，因此假设 H1 未得到验证。这一结果可能由多方面原因造成。首先，当前务农劳动力人数与农业经营情况之间的相关性并不如预期般强烈。务农劳动力人数的增多并不一定意味着农业经营状况的改善，因为农业种植水平的提升和农作物的季节性变化可能导致过多的务农劳动力成为农业种植效率的"冗余"。其次，即使农户家庭需要照顾的老人和小孩较多，家庭劳动力选择在就近地区就业，也并非必然从事农业种植。随着乡村振兴战略的深入实施，农村地区第二、第三产业不断发展，为家庭劳动力提供了更多的就业选择。如果距离和工资条件合适，家庭劳动力很可能选择就近打工而非继续从事农业生产。最后，即使农户的借钱难度较低，家庭在资金方面有一定的积累，也并不意味着他们会全部投入非农经营中。对于自然资源禀赋优越、务农热情高涨的家庭而言，他们可能会将资金用于扩大种植规模、提高土地质量等方面，继续坚守并发展农业经营。

从影响程度来看，农业经营情况无疑是影响农户土地信托流转行为最为显著的潜变量，且其影响方向为负。具体而言，农业经营情况每提升一个单位，农户参与土地信托流转的行为就会相应降低 0.861 个单位。这一发现揭示了部分农户虽然对土地信托流转抱有兴趣，但最终却未能将其转化为实际行动的原因。在农户参与土地流转的决策过程中，农业经营情况的客观事实相较于农户对土地信托流转的主观认知，显得更为重要。然而，外部环境对农业经营状况的影响也不容忽视，其同样对土地信托流转存在显著的负向影响。这里的外部环境主要指的是那些有利于农户外出从事非农业工作的就业环境。研究结果显示，农户在面对良好的非农就业机会时，往往会选择放弃农业种植，转而投身于非农业劳动。这一发现与当前社会中，大多数农户从事非农工作的收入普遍高于从事农业收入的实际情况相吻合。此外，农户认知作为提高农户参与意愿的重要因素，对于推动土地信托流转具有举足轻重的影响。农户的认知水平每提升一个单位，其参与土地信托流转的意愿就会随之提升0.662个单位。这充分说明，只有让农户充分了解土地信托流转的相关政策内容，并切实感受到土地信托流转所带来的收益，才能更有效地激发他们的参与热情，进而推动土地信托流转的顺利进行。流转意愿对流转行为的影响同样显著且为正。具体而言，农户的土地信托流转意愿每提高1个单位，其流转行为就会相应提高0.238个单位。这一发现表明，大多数农户的意愿与行动是保持一致的。然而，也有少数农户因受到自家农业经营情况以及其他诸多因素的制约，即便有参与土地信托流转的强烈意愿，但在综合权衡利弊后，最终并未能将其转化为实际的流转行为。

从表4-7中可以看出，12个观察变量的标准化参数均在0.1%的水平上显著，说明这些观察变量对潜变量均具有较好的解释力。家庭特征中，务农劳动力人数（fam_1）、非劳动力人数（fam_2）、亲友的借钱难度（fam_3）每提升一个单位，家庭特征分别提升0.344、0.947、0.623个单位，对于家庭特征都有显著的正向影响，但是家庭特征对于农业经营情况的路径系数并不显著。

在外部环境中，政府提供的就业帮扶种类数量（env_1）、农户外出打工的方便度（env_2）、政府是否进行过土地信托流转的宣传（env_3）每提升1个单位，外部环境将分别提升0.829、0.858、0.959个单位。说明农户进行土地信托流转后的就业机会与保障是影响其是否继续从事农业经营的重要因素，从而影响其土地信托流转的行为。政府在农户参与土地信托流转后，能够提供的就业帮扶种类数量越多，给农户带来的就业选择机会就会越多，农户才会放弃耕种自家土地，从事非农工作，将土地信托给专业机构。同时，当地的公路平整、交通较为发达，附近的企业工厂较多，农户外出务工变得便捷，农户也会选择外出打工，放弃农业种植，将闲置的土地进行信托流转。政策的大力宣传有利于政府顺利推行土地信托流转。当前在农村的常住人口受教育程度较低、年龄较大，对于新政策主动了解的热情不够，理解能力较弱。当地村委会相关人员应该加大宣传的力度和广度，促使这部分农户充分了解土地信托流转的特点及优势，提高其参与意愿。

在农业经营情况中，家庭年农业收入（agr_1）、承包地质量（agr_2）、务农热情（agr_3）每提升一个单位，农业经营情况将分别提升 0.878、0.952、0.903 个单位。家庭年农业收入、承包地质量、务农热情，代表了资本、土地和劳动力这 3 类必不可少的生产要素。家庭年农业收入越高，承包地质量越高，说明农业经营情况越好，自家的农业经营已成规模或有成熟的种植技术，能够满足家庭的收入需求。这种情况下参与土地信托流转后所带来的收入与目前获得的农业收入相比较低，农户就更不愿意参与土地信托流转。同时，对于一些农业种植热情高涨，具有"乡土情怀"的务农家庭，还是乐于自己经营土地，而不愿意交给信托公司。

在农户认知中，农户对政策的认识程度（cog_1）、收益的满意程度（cog_2）和公司的了解程度（cog_3）每提升 1 个单位，农户认知分别提高 0.743、0.800、0.808 个单位。农户认知是提高农户参与意愿的主要驱动力。农户对土地信托流转认知越全面、对流转收益越满意、对政策越支持、对信托公司越认可，参与意愿就越强烈。由于政府具有公信力，农户对于政府主导的政策大多都会积极响应；且相对于流转给其他农户，农户更愿意将土地交予政府流转，更具规范性与保障性。土地信托流转的收益是农户最为关心的部分，土地信托流转所带来的收益越高，农户就越会积极参与土地信托流转。一方面，农户进行土地信托流转后，除了每年每亩 600 元的土地租金外，还可以获得土地整理后地力等级提升的溢价分成收入；另一方面，土地进行信托流转后，人地依附性减弱，农户可以到农业种植公司或非农企业工作，促进收入的增加。当前信托公司多为政府或者经政府授权成立，具备规范性。农户对于信托公司的运作流程、实施规范、落实细节越了解，对信托公司的认可程度越高，就越可能参与土地信托流转。

通过上述分析，可以发现农户土地信托流转决策行为过程与本书基于计划行为理论所构建的分析框架基本契合。农户土地信托流转的意愿与行动，受到农业经营情况和农户认知的双重影响，这种影响既包含正向的促进作用，也包含负向的抑制作用，呈现出一种复杂而微妙的双重效应。在知觉行为控制层面，"外部环境—农业经营情况—土地信托流转行为"这一路径呈现出显著的"抑制性"特征。对于那些农业经营情况良好的家庭而言，土地信托流转所带来的优势并不明显，甚至可能不如他们现有的农业经营模式。因此，这部分农户对土地信托流转的兴趣不大，甚至可能持观望或拒绝的态度。同时，对于那些长期只从事农业生产、缺乏其他非农技能的农户来说，随着年龄的增长，他们在劳动力市场上的竞争力逐渐下降。缺乏非农就业机会使得这部分农户不得不继续坚守农业种植，形成了一种"被动的就业选择"，这也在一定程度上抑制了土地信托流转的推进。在农户主观规范层面，"农户认知—流转意愿"这一路径则展现出积极的"促进性"作用。随着政府对土地信托流转的日益重视，相关流转程序与规范也在不断完善之中。这一过程中，农户对土地信托流转的认知水平也在不断提升。对于部分年龄较大、体力和精力有限的农户而言，政府主导的、具有规范性和保障性的土地信托流转为他们提供了一种新的选择。通过参与土地信托流转，这部分农户可以在社会保障之外获得一份稳定的收入，这无疑增加了他们参与土地信托流转的意愿和动力。

4.5 研究结论

本书依托计划行为理论，构建了农户土地信托流转行为的决策分析框架。通过收集与分析河南省邓州市356份有效调查问卷的数据，本书运用结构方程模型对农户土地信托流转行为的决策机制及其影响因素进行了深入剖析，并得出了以下结论。

（1）农户土地信托流转行为的决策机制与计划行为理论的分析框架基本吻合，呈现出"促进性"与"抑制性"并存的双重逻辑。一方面，农户认知对农户参与土地信托流转的意愿产生了显著的正向影响，这体现了"促进性"效应，并成为推动农户参与意愿提升的主要动力。具体而言，农户对土地信托流转收益的满意度越高，政策支持力度越大，以及农户对信托公司的认可度越高,其参与土地信托流转的意愿就越强烈。另一方面,农户家庭的农业经营情况则对土地信托流转行为产生了负向影响,这体现了"抑制性"效应,并成为制约农户参与土地信托流转行为的重要客观因素。农户家庭承包地的质量越好、农业收入越高、务农热情越浓厚,其对土地信托流转行为的抑制作用就越为显著。

(2)外部环境对农户土地信托流转行为产生了间接影响。在本书中,外部环境变量主要聚焦于政府宣传土地信托流转政策以及为农户流转土地后提供的就业保障措施。这些外部环境因素对农业经营情况产生了正向影响,进而形成了"外部环境—农业经营情况—参与土地信托流转行为"的行为路径。政府通过积极宣传政策、提供就业帮扶以及提高农户外出打工的便利程度等措施,能够有效地促进土地信托流转的推行。相反,如果缺乏良好的非农就业环境与保障,农户则更倾向于继续耕种自己的土地,这无疑会对土地信托流转的推进构成阻碍。

第 5 章　可持续生计资本对农户土地信托流转意愿的影响

要通过发展现代农业、提升农村经济、增强农民工务工技能、强化农业支持政策、拓展基本公共服务、提高农民进入市场的组织化程度，多途径增加农民收入。

——习近平 2017 年 6 月 21 日—23 日在山西考察时的讲话

5.1 既有文献对农户土地流转意愿的研究

5.1.1 农户土地流转意愿研究概况

对于农户土地流转意愿问题，国内学者进行了大量研究，获得了大量研究成果。梳理既有研究成果可以把影响农户土地流转意愿的因素归纳为以下几个方面。

5.1.1.1 农民的个人因素

陈昱等人[1]研究发现随着年龄增长农民的劳动能力会逐渐降低，其转

---

[1] 陈昱，陈银蓉，马文博. 基于 Logistic 模型的水库移民安置区居民土地流转意愿分析：四川、湖南、湖北移民安置区的调查[J]. 资源科学，2011, 33（6）：1178-1185.

出土地的意愿会逐渐增强；农民文化程度越高，获得的外出务工机会越多，转出承包土地的意愿越高；女性保留家庭承包经营权的意愿更高。赵光和李放[1]则发现受教育程度水平的提高能显著提高农户土地流转意愿，但农民的年龄对土地流转意愿的影响不显著；男性农民和已婚农民对土地流转的意愿相对较低。洪名勇和关海霞[2]研究表明农民的年龄越大，其外出务工机会的机会越少，其土地流转意愿就越低；受教育程度则可能对农户土地流转意愿同时产生正向和负向影响，两者相抵对农户土地流转意愿的影响不明显。

5.1.1.2 农户家庭因素

许恒周等人[3]研究发现家庭人口数量的增加，有可能增加土地流转的概率；农业劳动力在家庭中所占比重越大，则农户进行土地流转的意愿越强。薛凤蕊等人[4]发现家庭人口数对于土地流转会产生负向影响，但模型显示影响不显著。陈昱等人[5]认为农户家庭的人口数及农业劳动力人数与农户的土地真实需求缺乏必然联系，对土地流转意愿的影响不大。林善浪等人[6]发现成长型的核心家庭、成熟型的核心家庭和扩大的家庭比年轻夫

---

[1] 赵光，李放. 养老保险对土地流转促进作用的实证分析[J]. 中国人口·资源与环境，2014，24（9）：118-128.

[2] 洪名勇，关海霞. 农户土地流转行为及影响因素分析[J]. 经济问题，2012（8）：72-77.

[3] 许恒周，郭玉燕，吴冠岑，等. 代际差异视角下农民工土地流转意愿的影响因素分析：基于天津613份调查问卷的实证研究[J]. 资源科学，2012，34（10）：1864-1870.

[4] 薛凤蕊，乔光华，侯安宏. 农区与半农半牧区土地流转意愿比较分析：以内蒙古鄂尔多斯市为例[J]. 农业技术经济，2010（2）：24-30.

[5] 陈昱，陈银蓉，马文博. 基于Logistic模型的水库移民安置区居民土地流转意愿分析：四川、湖南、湖北移民安置区的调查[J]. 资源科学，2011，33（6）：1178-1185.

[6] 林善浪，叶炜，梁琳. 家庭生命周期对农户农地流转意愿的影响研究：基于福建省1570份调查问卷的实证分析[J]. 中国土地科学，2018，32（3）：68-73.

妇家庭的土地转入意愿更高，转出土地的意愿更低；农户家庭中小孩和老人等需求个体越多，农户越有意愿转入土地。

5.1.1.3 社会经济因素

裴厦等人[1]发现农业收入占家庭总收入高的农户转入土地的意愿更为强烈。钟晓兰等人[2]认为农户家庭承包耕地面积大、家庭年收入高、收入来源以非农业为主和家庭参加新农保等能显著提高农户土地流转的意愿。罗光莲等人[3]认为非农收入是农户决定是否流转土地的重要决定因素，农业收入对土地流转的影响有限。李国珍等人[4]认为工商资本下乡带来的非农就业机会增加能减轻农户对土地的依赖，能显著提升农户土地流转意愿。

5.1.1.4 外界条件影响

林善浪等人[5]认为非农生计能力对增加农户土地流转意愿有显著作用。张忠明和钱文荣[6]发现农户对社会保障重视程度在不断提高，农村社会保障水平的提高能有效推动农地流转。李景刚等人[7]认为规范的土地流转合

---

[1] 裴厦，谢高地，章予舒. 农地流转中的农民意愿和政府角色：以重庆市江北区统筹城乡改革和发展试验区为例[J]. 中国人口·资源与环境，2011，21（6）：55-60.

[2] 钟晓兰，李江涛，冯艳芬，等. 农户认知视角下广东省农村土地流转意愿与流转行为研究[J]. 资源科学，2013，35（10）：2082-2093.

[3] 罗光莲，关丽丽，骆东奇，等. 农村土地流转市场的农户行为选择实证分析：基于重庆市34个区县大样本调查数据[J]. 开发研究，2009（2）：66-69.

[4] 李国珍，张应良，易裕元. 工商资本下乡的福利补偿对农户土地流转意愿的影响[J]. 西南大学学报（社会科学版），2022，48（3）：88-99.

[5] 林善浪，王健，张锋. 劳动力转移行为对土地流转意愿影响的实证研究[J]. 中国土地科学，2010，24（2）：19-23.

[6] 张忠明，钱文荣. 不同兼业程度下的农户土地流转意愿研究——基于浙江的调查与实证[J]. 农业经济问题，2014，35（3）：19-24，110.

[7] 李景刚，高艳梅，臧俊梅. 农户风险意识对土地流转决策行为的影响[J]. 农业技术经济，2014（11）：21-30.

同有利于锁定农户参与土地流转的风险,明确农户的土地流转预期收益,能显著促进农户土地流转意愿。张永强等人[1]研究表明农户对涉农政策越熟悉,其土地流转的意愿就越强,但交通的便利化使得离县镇的距离对农户土地流转意愿的影响减弱。Lu 和 Su[2]认为与县城或乡镇距离对农户非农就业的机会影响较大,如果农户非农就业的机会大则更倾向于流转土地。段静琪等人[3]研究发现农地确权可以使承包土地的产权更明晰,农户的土地流转意愿可以顺利转化为土地流转行为。

5.1.2 既有文献的研究方法及其局限

既有研究指出农户土地流转受到农民个人、农户家庭、社会经济和外界条件4个方面因素的影响,这些研究结论对于深入剖析农户土地信托流转意愿无疑具有重要的借鉴价值。但是,农户形成土地流转意愿往往并非受单一因素影响,而是多方面因素共同作用的结果。然而,学者们对农民个人、农户家庭、社会经济和外界条件4方面的因素,如何共同影响农户土地流转意愿方面缺乏必要的探讨。因此,既有研究存在以下问题。

一是不同影响因素之间的互动关系问题。虽然既有研究总结出了影响农户土地流转意愿4个方面的因素,但是学者们更多地是关注每种因素产生影响的差异性部分(并集),也就是认为各因素之间会产生叠加效应,存在互补关系,但是对各方面因素间的相似功能(交集)未予以充分考虑。

二是研究方法的局限性问题。既有研究大多采用 Logistic 回归模型识

---

[1] 张永强,高延雷,王刚毅,等. 黑龙江省土地转出行为分析:基于13个地市47个村的调研数据[J]. 农业技术经济,2016,(3):68-74.

[2] Lu J X, Su Y W. On willingness of rural land circulation and securitization in central regions of China[J]. Asian agricultural research, 2014, 6(3): 36-41.

[3] 段静琪,郭焱,朱俊峰. 产权安全性、产权认知与土地流转高意愿低行为[J]. 华中农业大学学报(社会科学版),2021(1):156-164,181-182.

别对农户土地流转意愿有显著影响的因素[①]。但是传统的线性回归模型分析并不能有效揭示不同变量之间的互动关系[②]。定性比较分析（qualitative comparative analysis，QCA）可以弥补传统的线性回归模型的不足。QCA方法分析的不是传统的净效应问题而是组态问题。虽然QCA方法用于分析单个条件的必要性是可行的，但是QCA方法在分析组态问题时更具优势，即QCA方法研究的是多种原因共同产生的结果，这与用传统的回归模型研究线性关系的净效益存在显著区别[③]。

5.2 农户土地信托流转意愿模型构建

5.2.1 定性比较分析概述

为了弥补既有研究的不足，本书将引入定性比较分析方法（QCA）研究农户土地信托流转意愿。

与回归分析、因子分析和结构方程模型等基于变量间的相关关系进行因果推断的研究方法不同，定性比较分析法基于条件集合和结果集合之间的集合关系进行因果推断。定性比较分析是一种非对称的数据分析技术，它结合了具有丰富情境信息的定性方法，以及能够处理大量案例且具有比对称理论和工具更具普遍性的逻辑和经验强度[④]。

---

① 既有文献大部分采用了 Logistic 回归模型。除此之外采用的研究方法还包括 PLS 路径模型、Probit 模型、Tobit 模型、中介效应模型、Meta 模型以及描述统计分析等，但使用这些研究方法的文献相对较少。

② Fiss P C. Building better casual theories: a fuzzy set approach to typologies in organizational research [J]. Academy of management journal, 2011, 54（2）: 393-420.

③ 杜运周, 贾良定. 组态视角与定性比较分析（QCA）：管理学研究的一条新道路 [J]. 管理世界, 2017（6）: 155-167.

④ Ragin C C. The comparative method: movingbeyond qualitative and quantitative strategies [M]. Berkeley: University of California Press, 1987: 85.

传统统计分析模型与定性比较分析模型在解释方法和因果理念上存在明显不同[①]。相较而言,传统统计分析方法是一种由因到果的分析方法,致力于估计一个或者多个变量在样本中的净效应或平均效应,如回归分析中估计自变量对因变量的净效应;而定性比较分析法则是一种由果及因的分析方法,力图为解释特定的结果从案例中形成有意义的合理的机制或模式。在模型因果分析中,传统统计分析方法用于检验自变量是否对因变量产生正向或负向显著影响,该方法假定变量关系具有一致性、恒定性、对称性和可加性的特点;而定性比较分析法则侧重于检验单个条件或条件组态是否具有结果产生的必要性和充分性,这种借助集合关系推断的因果关系具有非对称性和多重并发的特点[②]。正如Ragin[③]指出的,集合关系可以为社会经济现象提供明确的重要的信息。在QCA分析中,必要条件关系中条件是结果的超集,也就是说如果没有该条件则结果不会发生;充分条件关系中条件是结果的子集,这意味着条件的存在导致结果的产生。而这些基于条件的因果关系却被传统相关关系所掩盖,即并无显著的相关关系的两个条件之间,可能存在集合关系[④]。

定性比较分析有清晰集QCA(crisp-set QCA,csQCA)、多值集QCA(multi-value QCA,mvQCA)和模糊集QCA(fuzzy-set QCA,fsQCA)3种类型。

---

① Vis B. The comparative advantages of fsQCA and regression analysis for moderately large-N analy-ses[J]. Sociological methods and research, 2012, 41(1): 168-198.

② 张明, 杜运周. 组织与管理研究中QCA方法的应用:定位、策略和方向[J]. 管理学报, 2019, 16(9): 1312-1323.

③ Ragin C C. Redesigning social inquiry: fuzzy sets and beyond[M]. Chicago: University of Chicago Press, 2008: 15.

④ Meuer J, Rupietta C. A review of integrated QCA and statistical analyses[J]. Quality & Quantity, 2017: 2063-2083.

csQCA 主要用于处理复杂的二进制数据集[1]。QCA 的目标是解释现实生活中复杂现象的"多重并发因果关系"。多重并发因果指的是"非线性、非可加性、非概率的概念，否定任何形式的永久因果关系，而是强调等效性（equifinality，即不同路径可以导致相同结果）与条件和条件组合的多样性"[2]。QCA 使用布尔代数和布尔最小化算法来捕捉多重连接因果关系的模式，并以逻辑和整体的方式简化复杂的数据结构。使用布尔代数意味着 QCA 以二进制数据（0 或 1）作为输入，并使用逻辑运算（即 AND/OR），因此对变量进行有意义的二分是非常重要的。

mvQCA 是 csQCA 的一个扩展，将变量看作多值的而不是二分的。mvQCA 保留了对数据集进行综合的做法，结果变量由一种多变量组合的解来解释。自该方法引入以来，mvQCA 的潜力及其实用性受到广泛讨论[3][4][5]，但与其他两种 QCA（csQCA 和 fsQCA）变体相比，mvQCA 仍未得到充分利用[6]。

csQCA 的一个重要局限是二进制变量无法完全捕捉随级别或程度而变化的案例复杂性。fsQCA 通过将模糊集和模糊逻辑与 QCA 原理相结合

---

[1] 杜运周，贾良定. 组态视角与定性比较分析（QCA）：管理学研究的一条新道路[J]. 管理世界，2017（6）：155-167.

[2] Berg-Schlosser D, De Meur G. Comparative research design: case and variable selection [M] //Rihoux B, Ragin C C. Configurational comparative methods: qualitative comparative analysis (QCA) and related techniques. Thousand Oaks: Sage, 2009: 19-32.

[3] Thiem A. Clearly crisp, and not fuzzy: a reassessment of the (putative) pitfalls of multi-value QCA [J]. Field methods, 2013, 25 (2): 197-207.

[4] Vink M P, Van Vliet O. Not quite crisp, not yet fuzzy? assessing the potentials and pitfalls of multi-value QCA [J]. Field methods, 2009, 21 (3): 265-289.

[5] Vink M P, Vliet O. Potentials and pitfalls of multi-value QCA: response to thiem [J]. Field methods, 2013, 25 (2): 208-213.

[6] Thiem A, Dusa A. QCA: a package for qualitative comparative analysis [J]. The R journal, 2013, 5 (1): 87-97.

解决了这一问题[1]。当与复杂性理论一起应用时，fsQCA 有助于获得更深入和更丰富的数据洞察力，因此该研究方法开始受到越来越多学者的关注和应用[2][3][4]。

5.2.2　可持续生计分析方法

可持续生计框架（sustainable livelihoods approach，SLA）方法是最近十多年来发展起来的一种研究贫困问题的分析方法。在 Chambers 和 Conway[5] 提出的可持续生计概念的基础上，1999 年英国国际发展部（department for international development，DFID）把可持续生计定义为：生计包含了农户为了生存或者谋生所需要的能力、资产（物质的和社会的资源）和从事的活动；只有当某种生计能够应对并从压力、打击、突变中恢复，在当前和未来长远地维持乃至加强其能力与资产，同时不损坏自然资源基础，这种生计才是可持续的。可持续性生计方法基于"资本—可获得性—活动"的分析框架，包含了贫困、脆弱性、风险处理、农村个体和农户对变化的环境的适应等多方面的内容。DFID 关于可持续生计基本概念的定义在国际

---

① Pappas I O, Woodside A G. Fuzzy-set Qualitative Comparative Analysis（fsQCA）：Guidelines for research practice in Information Systems and marketing［J］. International Journal of Information Management，2021，58（102310）：1-23.

② Fiss P C. Building better causal theories：a fuzzy set approach to typologies in organization research［J］. The academy of management journal，2011，54（2）：393-420.

③ Ordanini A P A R. When the recipe is more important than the ingredients a Qualitative Comparative Analysis（QCA） of service innovation configurations［J］. Journal of service research，2014，2（17）：134-149.

④ Pappas I O K P. Explaining online shopping behavior with fsQCA：the role of cognitive and affective perceptions［J］. Journal of business research，2016，69（2）：794-803.

⑤ Conway G，Chambers R. Sustainable Rural Livelihoods：Practical Concepts of the 21st Century［EB/OL］.（1992-10-01）［2024-08-30］. http://www.ids.ac.uk/publication/sustainable-rural-livelihoods-practical-concepts-for-the-21st-century.

学术界得到了广泛的认同，尽管其后一些国际组织和研究机构发展出了各自不同的可持续生计分析框架，但 DFID 建立的 SLA 仍然是为学术界广泛采纳和应用的主流生计资本研究理论框架。

本书认为每个农户家庭所具有的生计资本的数量是不同的，影响农户家庭生计状况的因素包括生计资本构成的多样性、各类资本的数量、不同类型资本之间的构成与平衡等。按照 DFID 建立的 SLA 分析框架，人力资本、自然资本、金融资本、物质资本和社会资本 5 种资本的组合构成了农户家庭的"生计五边形"。某种类型资本的缺乏或资本组合不平衡会使农户的"生计五边形"相对缩小。脆弱的外部环境和背景是农户所无法左右的，其对农户的生计资本起到了直接和间接的加强或削弱作用。而政策、相关机构则可能通过对脆弱的环境或背景施加影响而改善或恶化农户的生计。农户则会在考量他们能够使用的资产以及脆弱的环境和背景等因素的情况下确定相应的生计策略，做出参与或不参与土地信托流转的决策。而生计策略的不同将使农户生计资本的产生变化，进而影响农户的生计状况。

5.2.3　研究设计

QCA 方法可以通过布尔逻辑以及代数来实现对研究对象的比较分析，从而能够探索多种生计资本之间的互动过程对农户土地信托流转意愿的"联合效应"。因此，本书将使用 fsQCA 方法研判人力资本、自然资本、社会资本、物质资本和金融资本 5 类生计资本如何相互作用，共同影响农户参与土地信托流转的意愿。

本书选择 fsQCA 研究农户土地信托流转意愿的原因如下。

一是传统的回归分析方法侧重于探索单个因素的"净效应"，而且对变量影响的显著性要求较高；使用 fsQCA 进行数据分析，可以得到前因条件的组合，其中也包括不具备显著性影响的前因条件[1]。fsQCA 将样本分

---

[1] Woodside A G. Embrace·perform·model: complexity theory, contrarian case analysis, and multiple realities [J]. Journal of business research, 2014, 67 (12): 2495-2503.

解为多个子集，进而检查多个条件组合。每个组态只代表样本的一个子集，而异常值只会出现在一些可能的解中。因此，fsQCA 对异常值不敏感，样本的代表性不会影响到所有的解，这使得它比回归分析方法和结构方程分析方法更稳健。同时，fsQCA 能够发现多种因素之间的组态关系及哪些不同组态能导致相同结果的产生[1]。

二是尽管还有检验组态关系的其他方法，如聚类分析、因子分析等，但是这些方法无法有效识别条件之间的因果非对称性、组态等效性和相互依赖性[2]。

三是 mvQCA 和 csQCA 是基于清晰集和真值表开展分析的，这决定了它们只适合处理类别问题，即特定案例只能被分配到分类变量的某一类别集合中。fsQCA 在 mvQCA 和 csQCA 的基础上进一步提升了分析定距、定比变量的能力，fsQCA 不仅可以处理类别问题，也可以处理程度变化的问题和部分隶属的问题。另外，fsQCA 通过分析软件把模糊集数据转换成为真值表，保留了真值表简化组态以及分析处理定性数据、有限多样性的优点，使 fsQCA 兼具定量分析及质性分析的双重属性[3]。

本书根据 DFID 建立的可持续生计资本分析框架，将生计资本细分为人力资本、自然资本、社会资本、物质资本和金融资本 5 个方面。

（1）人力资本，作为农户劳动力素质与结构水平的直接体现，主要由户主的健康状况、受教育程度以及农业劳动力比重等关键指标来表征。农户家庭成员的整体健康状况、受教育程度的深浅以及家庭非农就业人数的多少，均会对农户家庭的总体非农就业倾向以及生计决策的多样化

---

[1] Rihoux D B, Ragin C C. Ragin. Configurational comparative methods: Qualitative Comparative Analysis (QCA) and related techniques [M]. Thousand Oaks: Sage, 2009: 87.

[2] 张明，陈伟宏，蓝海林. 中国企业"凭什么"完全并购境外高新技术企业：基于 94 个案例的模糊集定性比较分析（fsQCA）[J]. 中国工业经济，2019（4）：117-135.

[3] 杜运周，贾良定. 组态视角与定性比较分析（QCA）：管理学研究的一条新道路[J]. 管理世界，2017（6）：155-167.

产生影响。

（2）自然资本，则主要来源于农户从事农业生产所依托的自然资源——土地。地块数量、流转面积以及家庭承包地的质量等，都是衡量自然资本的重要指标。随着土地流转的推进，农户所使用农地的数量和质量也会发生相应变化。农地的转出往往导致农业劳动力的流失，促使他们转向非农工作；而农地的信托流入，则为流入方提供了优质的农地和良好的耕作条件，进一步促进了农业生产的集约化和高效化。

（3）金融资本，指的是农户能够自由支配和筹措的资金，主要由流转后的人均年收入以及亲友借钱的难度表征。农户流转土地后的人均年收入，不仅是其金融资产的重要基础，更反映了农户经济实力和生计水平。同时，亲友借钱的难度也直接影响了农户在金融资本上的获取能力和风险抵御能力。

（4）物质资本，涵盖了农户生产生活中所使用的各类基础设施和物质手段。在本书的样本地中，住房被视为农村家庭最为重要的资本形式之一。攒钱建房、修缮房屋，是绝大多数农户的基本需求和刚性支出。因此，本书通过住房类型、住房资产、住房人均面积以及建筑年限等多个维度，对物质资本进行全面度量。

（5）社会资本，则体现了农户在实现生计需求过程中所能利用的社会网络关系。流转后政府提供的就业帮扶种类数量与养老保险缴费水平，是衡量社会资本的重要指标。政府提供的就业帮扶种类越多，越有助于促进农户的兼业化生产，提高农户的生计多样性和稳定性。而养老保险的缴费水平越高，则意味着农户在生产决策上拥有更大的灵活性和选择空间，进一步增强了农户抵御风险的能力和生计的安全性。根据以上设定，本书构建了以下农户土地信托流转意愿的分析框架（图5-1）。

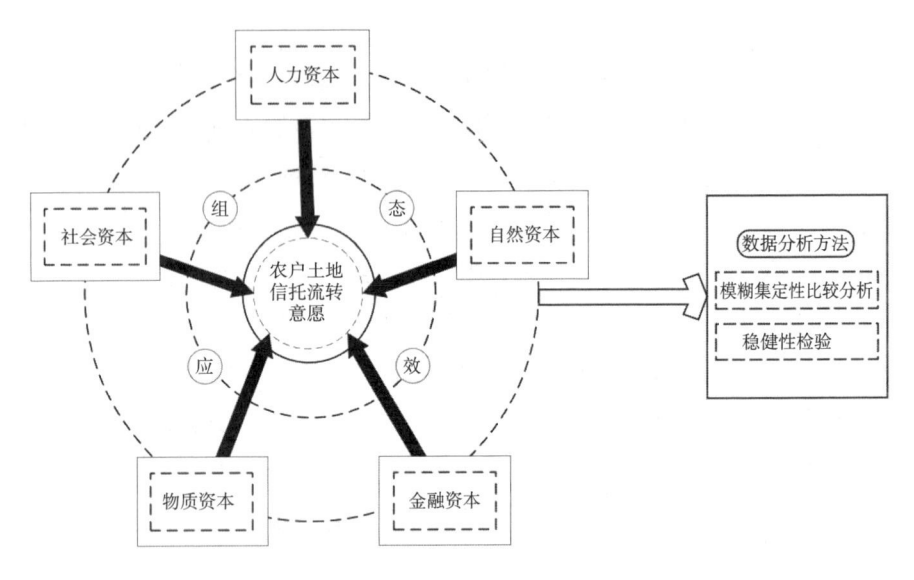

图 5-1 基于可持续生计资本理论的农户土地信托流转意愿分析框架

5.2.4 变量的测量与校准

5.2.4.1 变量的测量

本书案例来源于 2018 年 8 月、2019 年 1 月和 2019 年 8 月对邓州市孟楼镇及林扒镇农户的土地信托流转满意度情况的问卷调查。问卷调研区域涉及孟楼镇及林扒镇的官庄营村、克岐营村、军九村、张仙营村、阎东村、吴岗村、辛家村、小李营村、姜营村、耿营村、长乐村 11 个村；调研对象为农户户主。调研共发放问卷 400 份，回收问卷 383 份，问卷回收率为 95.7%。问卷回收后，通过现场废卷筛除和表列删除法筛除无效问卷，最终获得有效问卷 356 份，问卷有效率为 92.9%。根据已有 QCA 研究的经验，理想的条件个数一般在 4 与 7 之间[1]；生计资本的五大类型符合样本数据

---

[1] Misangyi V F, Acharya A G. Substitutes or complements? a configurational examination of corporate governance mechanisms [J]. The academy of management journal, 2014, 57 (6): 1681-1705.

研究的理想条件范围。因此，本书选取5个条件用以解释引发农户信托流转意愿的原因，有利于使研究结果接近反映因果机制的"核心"[①]。

5.2.4.1.1 结果变量

农户流转意愿是根据问卷调查数据中受访农户的农地流转意愿来衡量的。该数据为五级李克特量表数据，即农户非常不愿意流转土地赋值1；比较不愿意流转土地赋值2；流不流转无所谓赋值3；比较愿意流转土地赋值4；非常愿意流转土地赋值5。

5.2.4.1.2 前因条件

生计资本的人力资本、自然资本、金融资本、物质资本和社会资本条件构成了模型的5项条件变量。每项条件变量下设二级指标，对其加权平均后计算出一级要素指标得分。

各项二级指标采用调研问卷中获得的相应数据进行测度。为了便于后续分析，本书运用效用值法对数据进行无量纲化处理，处理后数据的值域为[0，100]。数值越接近100，说明该二级指标得分越高。计算公式为

$$y_{ij}=[(x_{ij}-m_j)/(M_j-m_j)]\times 100 \quad (5-1)$$

式中：x_{ij}为指标实际值；y_{ij}为标准化后的值；i、j分别为评价对象和评价指标；m_j、M_j分别为第j个指标的最小值和最大值。

二级指标的权重采用变异系数法计算。具体计算思路为假设有n个指标，这n个指标的变异系数为

$$V_i=\frac{S_i}{\bar{x}} \quad (5-2)$$

式中：S_i代表第i个指标的标准差；$\bar{x}$代表样本均值。

各指标的权重的计算公式为

$$W_i=\frac{V_i}{\sum_{i=1}^{n}V_j} \quad (5-3)$$

[①] Rihoux D B, Ragin C C. Configurational comparative methods: Qualitative Comparative Analysis (QCA) and related techniques [M]. Thousand Oaks: Sage, 2009: 27.

计算所得的权重见表 5-1。在基础指标无量纲化后，分层逐级加权得到最后的生计资本指数。

表 5-1 fsQCA 模型的变量赋值及变量权重

变量	类别	具体指标	变量赋值	权重
结果变量	流转意愿（T）	土地信托流转意愿	非常愿意为 5；非常不愿意为 1	1
条件变量	人力资本（H）	户主健康状况	非常好为 5；很差为 1	0.21
		户主受教育程度	小学及以下为 1；初中为 2；高中或中专为 3；大专为 4；本科及以上为 5	0.32
		农业劳动力比重		0.47
	自然资本（N）	地块数量	连续变量	0.48
		流转面积	连续变量	0.40
		家庭承包地质量	非常好为 5；很差为 1	0.12
	金融资本（F）	流转后家庭人均年收入	连续变量	0.74
		好友借钱难易程度	方便为 5；很难为 1	0.26
	物质资本（P）	住房类型	自建 5；集体建 4；保障房 3；租房 2；其他为 1	0.16
		住房资产	混凝土构造赋值为 5；砖瓦构造赋值为 4；砖木构造赋值为 3；土木构造为 2；其他为 1	0.15
		房屋人均面积	连续变量	0.41
		建筑年限	5 年以内赋值为 5；5 年~15 年赋值为 4；16 年~25 年赋值为 3；26 年~35 年赋值为 2；35 年以上赋值为 1	0.28
	社会资本（S）	流转后当地政府提供的就业帮扶种数量	组织安置到企业赋值为 5；有组织地外出打工赋值为 4；提供就业信息和技能培训赋值为 3；其他赋值为 2；没有提供就业帮助赋值为 1	0.14
		养老保险缴费水平	连续变量	0.86

5.2.4.2 变量校准

本书采取 fsQCA3.0 软件对前因条件（5 类生计资本）以及结果（农户满意度）进行校准，结合研究团队对土地信托流转的知识积累，将条件和结果的绝对数值转化为相应条件和结果的模糊集隶属度。由于缺乏外部和理论标准指导集合校准临界值，参考已有研究文献，本书采用直接法把变量校准为模糊集[①]。首先确定5个条件变量与1个结果变量的3个临界值，即完全隶属、交叉点和完全不隶属。采用fsQCA中的celebrate函数根据设置的锚点将所有数据校准为0~1的模糊集变量。其中，交叉点是区分完全隶属和完全不隶属的中间点，因此该点是属于或者不属于一个集合时的最大模糊点[②]。各变量校准锚点及描述性统计见表5-2。

表5-2 集合、校准和描述性统计

条件/结果	完全隶属（0.95）	交叉点（0.5）	完全不隶属（0.05）
人力资本（H）	58.81	34.21	17.16
自然资本（N）	41.63	20.64	11.08
金融资本（F）	61.46	20.85	6.57
物质资本（P）	77.57	61.52	38.01
社会资本（S）	23.40	11.66	0.43
农户满意度（T）	75.00	50.00	0.00

5.3 数据分析

5.3.1 必要性检验

必要性分析是检验单项生计资本条件对于结果的产生（农户高流转意愿）是否必须。必要条件检验对于fsQCA研究是必要的，因为必要条件在fsQCA结果中会在得到简化方案时被消去，但其本身会对结果的出现产生影响。衡量必要条件的一个重要指标是一致性。通常认为，认定必要条件的一致性分数最低值为0.9。必要条件的一致性反映的是条件x和结果Y

[①] Ragin C C. Redesigning social inquiry：fuzzy sets and beyond [M]. Chicago：University of Chicago Press，2008：109-124.

[②] Fiss P C. Building better causal theories：a fuzzy set approach to typologies in organization research [J]. The academy of management journal，2011，54（2）：393-420.

的交集占结果模糊集合 Y 的比例。较为严格的判定标准则认为，一致性不小于 0.9 的条件才能被认为是结果的必要条件[①]。一般而言，如果某条件作为结果必要条件的一致性不小于 0.85，那么可以认为该条件为结果的必要条件。必要条件一致性的计算公式如下

$$\text{Consistency}(Y_i \leq Y_i) = \sum min(X_i, Y_i) / \sum (Y_i) \quad (5-4)$$

本书将生计资本各个维度作为提高农户满意度的必要条件，其检验结果见表 5-3。从表 5-3 可以看出，各维度生计资本作为必要条件的一致性程度都小于 0.7，均处于较低水平，这意味着每项维度的生计资本均不能认为是提高农户土地流转意愿的必要条件。因此，提高农户土地流转意愿仅通过某一特定维度生计资本难以实现。

表 5-3 农户各维度生计资本对农户流转满意度的必要性分析[②]

生计资本	一致性	覆盖度
人力资本	0.66	0.75
~人力资本	0.63	0.69
自然资本	0.63	0.77
~自然资本	0.68	0.70
金融资本	0.65	0.82
~金融资本	0.68	0.68
物质资本	0.65	0.74
~物质资本	0.67	0.73
社会资本	0.62	0.76
~社会资本	0.68	0.69

---

① 高伟，高建，李纪珍. 创业政策对城市创业的影响路径：基于模糊集定性比较分析［J］. 技术经济，2018，37（4）：68-75.

② 布尔代数是定性比较分析（QCA）的数学基础之一。布尔代数中任何变量只有两个取值，即 0 或 1。"~"表示布尔代数中的逻辑"非"。如果把"真"设为"T"，则 $T=1$，同时，"非真"应记作"~T"，~$T=0$。

5.3.2 条件组态的充分性分析

5.3.2.1 确定案例频数阈值

不同于必要条件分析，组态分析试图揭示多个条件构成的不同组态引致结果产生的充分性程度。站在集合论的角度来看，就是判断多个条件构成的组态所代表的集合是否为结果集合的子集。同样使用一致性来衡量组态的充分性，但是可接受的充分性的一致性水平最低标准及计算方法与必要条件分析不同，一般认为充分性的一致性水平不得低于0.75[1]。fsQCA 分析中通常需要根据样本规模的大小设定案例频数阈值，而案例数量小于阈值的条件组态被认为是逻辑余项。对于频数阈值的设定，则需根据样本规模来确定，对于中小样本的频数阈值设定为1即可，而大样本的频数阈值设定为大于1。本书综合考虑样本规模、前因条件数量、测量和校准的精确度将频数设定为1.5，频数阈值的设定保留总案例数75%以上。

5.3.2.2 确定原始一致性阈值

本书将原始一致性阈值设定为0.8，以区分哪些条件组态通过了模糊集合理论的一致性检验，哪些没有通过。原始一致性分数大于等于阈值的前因组态被认为是结果集合的子集，其结果赋值为1，反之为0。并借助PRI（proportional reduction in inconsistency）一致性阈值综合考虑阈值，将PRI一致性阈值设置为0.70。fsQCA 分析得到的复杂解、中间解、简单解分别见表5-4、表5-5、表5-6。由表5-4和表5-5可知，本案例中复杂解与中间解完全相同，说明本书的样本数据已涵盖了所有情况的前因条件。因此，中间解无须在复杂解的基础上进行容易的反事实假设。

---

[1] Frambach R T, Fiss P C, Ingenbleek P T. How important is customer orientation for firm performance? A fuzzy set analysis of orientations, strategies, and environments. Journal of Business Research [J]. 2016, 69 (4): 1428-1436.

表 5-4　农户土地信托高流转意愿 fsQCA 分析的复杂解[①]

构型	原始覆盖度	净覆盖度	一致性
$F*\sim P$	0.48	0.07	0.88
$N*S$	0.47	0.04	0.89
$H*F*\sim S$	0.39	0.01	0.88
$\sim H*N*P$	0.36	0.03	0.89
$H*\sim F*S$	0.35	0.01	0.90
$H*\sim N*P*\sim S$	0.35	0.00	0.89
$H*\sim N*\sim F*P$	0.35	0.00	0.91
总体一致性		0.78	
总体覆盖度		0.82	

表 5-5　农户土地信托高流转意愿 fsQCA 分析的中间解

构型	原始覆盖度	净覆盖度	一致性
$F*\sim P$	0.48	0.07	0.88
$N*S$	0.47	0.04	0.89
$H*F*\sim S$	0.39	0.01	0.88
$\sim H*N*P$	0.36	0.03	0.89
$H*\sim F*S$	0.35	0.01	0.90
$H*\sim N*P*\sim S$	0.35	0.00	0.89
$H*\sim N*\sim F*P$	0.35	0.00	0.91
总体一致性		0.78	
总体覆盖度		0.82	

---

① 此处的"*"表示布尔代数中的"逻辑与",例如:"X_1*X_2 导致 Y 发生",表示 $X_1=1$ 并且 $X_2=1$ 都发生时 $Y=1$。

表 5-6　农户土地信托高流转意愿 fsQCA 分析的简单解

构型	原始覆盖度	净覆盖度	一致性
F*~P	0.48	0.10	0.88
N*P	0.47	0.03	0.87
N*S	0.47	0.01	0.89
H*P*~S	0.38	0.04	0.87
H*~F*S	0.35	0.02	0.90
总体一致性	0.78		
总体覆盖度	0.81		

5.3.3 测量结果

由表 5-4、表 5-5、表 5-6 可以看出，复杂解、中间解、简单解的总体一致性水平为 0.78，达到了充分条件一致性的合理水平。同时，5 类生计资本的一致性水平都达到了 0.8，说明这些生计资本的组合可被认为是提高农户土地信托流转意愿的一致充分条件。从结果可以发现，想要通过生计资本促进农户提高土地流转意愿可通过 7 种路径实现。表 5-7 具体分析每一种农户土地信托流转意愿的组态。

表 5-7　农户高土地信托流转意愿的组态

前因条件	1	2	3	4	5	6	7
人力资本（H）			●	×	●	●	●
自然资本（N）		●		●		×	×
金融资本（F）	●		●		×		×
物质资本（P）	×			●		●	●
社会资本（S）		●	×		●	×	
一致性	0.88	0.89	0.88	0.89	0.90	0.89	0.91
原始覆盖度	0.48	0.47	0.39	0.36	0.35	0.35	0.35
唯一覆盖度	0.07	0.04	0.01	0.03	0.01	0.00	0.00
总体一致性	0.78						
总体覆盖度	0.82						

注：×表示核心前因条件缺席；●表示核心前因条件存在；×表示辅助前因条件缺席；●表示辅助前因条件存在。

5.3.3.1 纯金融资本依托型

组态1说明将高金融资本、非高物质资本作为核心条件,可以提高农户土地信托流转意愿。本类型组态呈现出单组态直接影响农户土地信托流转意愿的特点,说明金融资本能够直接对农户生产经营的重要行为选择产生重大影响。传统的农地流转方式面临着流转土地细碎化,农地承包方与流入方就流转金额、期限等问题反复博弈,土地流转的交易成本和时间成本高企等问题,这些问题对于农户的农地流转意愿产生了较大负面影响。

邓州市在依托政府背书形式下进行土地信托流转,依托政府公信力由政府出资设立的土地开发公司先与农户签订流转合同,再逐年支付土地流转费用。土地开发公司获得农户土地使用权后,投资1.35亿元实施农田整治,提升耕地等级,再将经整治后的高质量大块农田租赁给专业农业生产企业耕种。这种土地信托流转方式有效避免了信息不对称所造成的市场失灵和农户对于土地流入方不信任等问题,降低了农户在土地流转中的交易成本,带动了农民的土地流转收益的增加,促进了农户信托流转意愿的提高。另外,在高金融资本的背景下,物质资本对于农户的农村土地信托流转意愿的影响力十分有限。

专栏5-1介绍了邓州市孟楼镇统一推进土地整理的相关情况。

专栏5-1 邓州市孟楼镇统一推进土地整理[①]

邓州市在集中流转土地经营权的基础上,由土地开发公司和省农村土地信托有限责任公司共同投资1.35亿元,在孟楼镇全域实施土地综合整理项目,实施地力提升工程,改良土壤,提高耕地等级,把孟楼镇6万余亩耕地从7、8等级全部提升为6等级。把原来低产的"绺绺田"改造成大方田,打破村组界限,在全镇统筹配套沟、路、渠等农业基础设施,改善农业生产条件,实现"田成方、林成网、渠相通、水相连,旱能浇、涝能排",改变"效益低和望天收"的局面。经过集中整治,新增耕地1 600亩。同时,

---

① 摘编自土地开发公司提供的座谈资料。

改革水资源管理机制，充分利用南水北调中线一期工程分配的用水指标，探索实施水票制，建立农业初始水权分配及水权交易新机制，农户依法取得农业初始水权，以水票的形式予以确立；农户结余水量可在水权交易平台交易，也可到财政部门兑付现款，"在公平效率兼顾、公平优先"的原则下实现水资源的优化配置、高效利用，确保各类农业生产用水的供应，保障群众利益。通过提升地力等级、完善农业生产附属设施，满足经营主体的个性化需求，提高"大方田"的市场竞争力，让土地资源"资本化"，产生溢出效应，释放土地资源潜力。

5.3.3.2 自然资本与社会资本双驱动型

组态2说明将高自然资本、高社会资本作为核心条件，可以带动农户表现出较高的农村土地信托流转意愿。

在自然资本方面，邓州市在推动土地信托流转的过程中，由土地开发公司流入农户的小块土地后，将这些小块土地间的田埂推平，使之成为大片的适合机械化耕种的土地，同时通过土地综合整治与农田配套设施建设提升了农田质量，客观上使得农户的自然资本得以提升，对于提高农户土地信托流转意愿能够起到积极作用[1]。

在社会资本方面，邓州市政府通过成立农机合作社、劳务合作公司、植保公司、保洁公司等社会化服务组织，吸纳了大量流出承包土地后的富余农村劳动力，在很大程度上就地解决了农民的土地流转出去后的就业问题。流出土地的农户在获得土地流转费用的同时，还能够通过再就业获得第二份收入，有利于农户摆脱对于土地的依赖，提高土地流转意愿。邓州市常年外出务工农民近50万人，农村从事农业生产的青壮年劳动力逐年减少，农业劳动力兼业化、老龄化、妇女化问题突出，这为土地流转得以顺利进行创造了先决条件[2]。

---

[1] 相关案例和数据来自土地开发公司提供的资料。
[2] 资料来源：调研组与邓州市各部门干部座谈的座谈记录。

> **专栏 5-2　农村土地信托流转助农增收**[①]
>
> "当时村里面组织开会进行宣传动员,说承包的好处。那时候我们还有点怕。现在确实感受到了土地流转的好处。"张某是邓州市孟楼镇长乐村二组村民。他一个儿子是复员军人,另一个儿子在外打工,家中只剩自己和妻子两人。土地流转之前,两人勉强种 8 亩多地,非常辛苦。
>
> 在政府担保、公司资金扶持、国家政策支持保障之下,张某把家里所有的土地都流转了出去,然后又和另一个人承包了 400 亩地。
>
> 张某说,"我爱人在保洁公司上班,一个月 1 000 多元。再加上每亩地租金 600 元,我们俩一年能收入五六万元呢"。
>
> 家住邓州市孟楼镇西竹村的周某提及"三权分置"政策,连连叫好。他把所有的地全部承包了出去。有时间就去地里打零工,干浇水之类的农活,每月能挣 1 000 元,再加上流转出去的土地租金有 10 000 多元,每年稳定收入在 20 000 元以上。
>
> 如今的邓州市孟楼镇,在群众自愿的前提下,已签订流转合同 5 966 份,流转土地 6.2 万亩,占全镇耕地总面积的 98.6%。"以孟楼这种环境,发展规模化经营最为适合。"孟楼镇党委书记说,"没有想到,只用了 3 个星期时间,全镇 97% 的农户都同意流转,流转耕地 5.7 万多亩。"

5.3.3.3　人力资本与金融资本助力型

组态 3 说明将较高的人力资本和金融资本、非高社会资本作为边缘条件,可以提高农户土地流转意愿。该组态并不存在核心条件,而是 3 个边缘条件。由组态 1 可知,如果农户的金融资本能大幅增加,即使其他生计资本未对农户产生明显影响,亦能够提高农户的土地流转意愿。组态 3 说明当金融资本的作用不及组态 1 时,如果农户具备较高的知识文化水平、健康水平和创业经营能力,即人力资本水平较高,有能力探索多样化生计

[①] 夏先清,刘芳芳,王中献. 河南邓州市孟楼镇"三权分置"改革助推乡村振兴[N]. 经济日报,2018-12-20(4).

出路，从事规模化农业生产或非农及兼业化工作，则农户可能产生较高的农地流转意愿。

5.3.3.4 自然资本与物质资本双驱动型

组态4指出将高自然资本、高物质资本作为核心条件，将非高人力资本，作为边缘条件，可以让农户具备较高的流转意愿。与组态2相比，相同的核心前因条件是自然资本，自然资本的作用前文已做分析，此处不再赘述。另一核心前因条件，由社会资本换成了物质资本，由此可见在提高农户土地流转意愿的因素中，物质资本与社会资本之间有一定的替代作用。产生替代作用的原因可能是物质资本的载体住房、社会资本的载体就业扶持与养老保险均属于社会保障范畴，都有保障农户基本生活水平，减少农户将土地作为生计保障的依赖的作用。因此，无论物质资本还是社会资本水平提高，都有利于促使农户提高农村土地信托流转的意愿。

5.3.3.5 人力资本与社会资本双驱动型

组态5说明将高人力资本、高社会资本、非高金融资本作为核心条件，可以让农户具有较高农村土地信托流转意愿。农户的受教育程度与健康状况越高，人力资本水平越高，农户就越容易选择进城务工或从事非农生产，农户农地流转的意愿就越高。农户社会资本的增加能有效提升农户农地流转意愿，前文已经论述，此处不再赘述。值得我们关注的是高人力资本与高社会资本相匹配能够产生$1+1>2$的效果。农地流转后邓州市政府为流出农民提供了就业帮扶，但是帮扶的效果取决于农户人力资本的高低。如果农户的知识文化水平不高或健康状况不佳，无法胜任政府开发的就业岗位，即相对较低的农户人力资本与高社会资本匹配，则无法起到增加农户非农就业的作用。因此，高社会资本需要与高人力资本匹配才能有效提高农户土地流转的意愿。

5.3.3.6 人力资本与物质资本双驱动型

组态6说明将高人力资本、高物质资本、非高社会资本作为核心条件，将非高自然资本作为边缘条件，可以让农户具有较高农村土地信托流转意愿。

组态7指出将高人力资本、高物质资本、非高自然资本、非高金融资本作为边缘条件，可以让农户具有较高农村土地信托流转意愿。

比较组态6和组态7可以发现，人力资本与物质资本无论是核心条件还是边缘条件，只要农户拥有较多的这两种资本，农户都将具有较高的农地流转意愿。

本书对农户高土地信托流转意愿的前因组态进行了稳健性检验来应对参数设定可能产生的问题[①]。检验方法是将案例数阈值由1.5提高至2，产生的组态一致，说明本书fsQCA分析的结果稳健。

5.4 研究结论

本章研究采用定性比较分析法，依托研究团队在河南省邓州市所获取的实地调研数据，从组态研究的视角出发，运用模糊集定性比较分析方法（fsQCA），深入探讨了人力资本、自然资本、金融资本、物质资本以及社会资本这5类生计资本对农村土地信托流转所产生的联合作用。经过分析与论证得出以下具体研究结论。

（1）我们发现单项生计资本要素并不足以构成产生高土地信托流转意愿的必要条件。通过对单项生计资本要素进行必要性检验，我们得出结论：任何单项生计资本要素均无法单独引致农户的高土地信托流转意愿；相反，要实现农户土地信托流转的高意愿，需要多项生计资本要素的共同作用。在引致农户高土地信托流转意愿的7条路径中，人力资本在4条路径中均有出现，这充分说明了人力资本是影响农户土地信托流转意愿的最具普遍性的因素。一般而言，农户若拥有较高的农业资本，将更有利于其

---

① 张明，杜运周. 组织与管理研究中QCA方法的应用：定位、策略和方向[J]. 管理学报，2019，16（9）：1312-1323.

离开农业领域，转向收入更为可观的非农行业就业，从而增强农村土地信托流转的意愿。

（2）通过运用组态视角和 QCA 方法，我们揭示了农户产生高土地信托流转意愿的 7 条具体路径。这 7 条路径展示了提高农户土地信托流转意愿的多样性和灵活性。这些路径的形成，与河南省邓州市所推进的"三权分置"改革与创新紧密相连。我们可以将这 7 种路径进一步细分为以下 3 种类型。

金融推动型（纯金融依托型）：此类路径通过金融支持提高农户的土地流转意愿。具备较高金融资本的农户更容易获得各类融资并取得兼业经营收益。同时，农户的收入水平较高，能降低对土地的生存保障依赖，从而愿意离开土地从事非农工作，由此带来更高的土地流转意愿。

人力资源主导型（人力资本与金融资本助力型、人力资本与社会资本驱动型、人力资本与物质资本双驱动型）：在此类路径中，人力资本的作用非常显著。这意味着当农户家庭成员身体健康、知识文化水平较高时，其就业的选择面相对较为宽广，即使离开传统农业生产领域，他们亦有能力获得非农就业收入。因此，这类农户对于流出农地的态度较为积极。

自然禀赋推动型（自然资本与社会资本双驱动型、自然资本与物质资本驱动型）：此类路径中的农户多为种粮大户或经营了农业生产实体的农户，这些农户主要是农地的流入方。一方面，这些农户自有的农地质量较好，能通过从事农业生产取得较好的收益；另一方面，这些农户对于政府集中整治后的农地质量较为认同，希望流入土地进行规模化生产，获取更多农业生产利润。但是由于农业生产属于"望天收"的露天生产，面临降水异常所致的水涝灾害、干旱、暴雨、冰雹，温度异常引起的高温、寒潮，风力异常引起的台风、龙卷风等自然灾害风险，以及虫害、草害等生物灾害风险，农户对于社会保障的需求较为强烈，物质资本中的住房保障和社会资本中的养老保障则可满足农户部分社会保障需求。

第6章　农户土地信托流转满意度影响因素分析

> 现代高效农业是农民致富的好路子。要沿着这个路子走下去，让农业经营有效益，让农业成为有奔头的产业。要更加重视促进农民增收，让广大农民都过上幸福美满的好日子，一个都不能少，一户都不能落。
> ——习近平2014年12月13日—14日在江苏调研时的讲话

6.1　顾客满意理论及土地流转满意度研究

6.1.1　顾客满意理论

20世纪60年代，Cardozo[①]最早开始进行有关顾客满意度理论的研究。他认为顾客对于购买商品的预期会影响到对商品的感受和评价，进而影响

---

① Cardozo R M. An experimental study of consumer effort, expectation and satisfaction [J]. Journal of marketing research, 1965, 2(8): 244-249.

到顾客满意度,满意度高会使顾客愿意继续购买。Howard[1]认为,顾客满意是客户在接受服务过程中得到的和实际付出的相比对的程度,是顾客的认知感受。Oliver[2]构建了"期望差异模型",厘清了顾客满意的前因变量及其形成机理,认为满意度是顾客将对产品或服务各方面积攒形成的服务体验与历史期望对比的结果。Philip Kotler 认为顾客满意度是一种差异性函数,提出顾客满意是指顾客将产品的感受效果与期望值相比较后形成的幸福或失望的感觉状态[3]。Zeithaml 等人[4]认为满意度是一种态度,是顾客购买前的期望与实际购买后的感受相比较的差异,是顾客对其购买行为评估和对产品互动的评价。

20世纪90年代以来,许多国家的机构都开发了顾客满意指数模型并进行了相关测度工作。1989年,瑞典建立了全国性顾客满意指数——瑞典顾客满意晴雨表指数(Sweden customer satisfaction barometer,SCSB)并对30多个行业、100多家公司、22 300多个顾客样本,进行了调查。该指数模型以感知绩效和顾客期望为前因变量,以顾客满意为目标变量,以顾客投诉和顾客忠诚度为结果变量。1994年,美国密歇根大学商学院和美国国家质量研究中心在SCSB的基础上创建了美国顾客满意度指数(American customer satisfaction index,ACSI)。ACSI包括国家整体满意度指数、部门满意度指数、行业满意度指数和企业满意度指数4个层次。ACSI模型以顾客满意度为目标变量,以预期质量、感知质量和感知价值为前因变量,以顾客抱怨和顾客忠诚作为结果变量,其调查范围涵盖了7个国民经济部

---

[1] Howard I,Sheth J N. The theory of buyer behavior [M]. New York:John Wiley and Sons,Inc.,1969:125-136.

[2] Oliver R L. A cognitive model of the antecedents and consequences of satisfaction decisions [J]. Journal of marketing research,1980,17(4):460-469.

[3] 于洪彦.顾客满意度涵义诠释[J]. 中国统计,2003(9):50-51.

[4] Zeithami V,Parasuraman A,Berry L L. The nature and determinants of customer expectations of service [J]. Journal of the academy of marketing science,1993,21(1):1-12.

门、40个行业和200多家公司机构。1999年,欧盟11个国家开展了欧洲顾客满意指数(European customer satisfaction index,ECSI)的试点调查,与ACSI模型相比,ECSI模型删除了顾客抱怨变量,增加了企业形象变量。1997年,中国质量协会和全国用户委员会着手编制顾客满意度指数;2005年,中国标准化研究院与清华大学组建了中国标准化研究院顾客满意度测评中心,该中心推出了中国顾客满意度指数(China customer satisfaction index,CCSI)。CCSI模型是以ACSI模型为基础,吸收了ECSI模型的一些结构变量构建而成的,包括形象、预期质量、感知质量、感知价值、顾客满意度、顾客抱怨和顾客忠诚7个结构变量。其中,"形象"为外生变量,其他变量为内生变量。模型结构如图6-1所示。

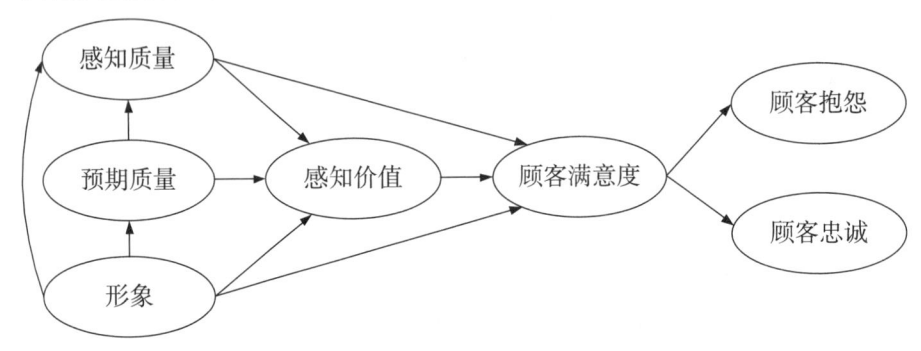

图6-1 中国顾客满意度指数(CCSI)模型结构图

6.1.2 农户土地流转满意度的研究

当前我国关于农户土地流转满意度的相关文献较为丰富,研究内容和研究视角较为成熟。马艳艳[1]通过实证研究发现农户的文化认知水平、农户参与流转的土地数量,以及流转土地的租金和农户对土地流转政策的认知程度,对农户流转土地的满意度有显著的正向作用;同时,农户土地经

---

[1] 马艳艳,林乐芬. 农户土地流转满意度及影响因素分析:基于宁夏南部山区288户农户的调查[J]. 宁夏社会科学,2015(3):71-77.

营风险的预期对土地流转的满意度有显著的负向作用。陈璐[1]等基于顾客满意度指数理论框架构建了农户农地流转满意度指数模型，发现农户对农地转出的感知质量是影响土地流转满意度的决定因素。黄腾等人[2]运用路径分析法，发现农户对流转政策的了解程度、政府对流转政策的宣传成效、土地流转市场的发育程度以及对土地流转的价格评价，显著影响农户土地流转的满意度。童庆蒙等人[3]通过人均纯收入的分层研究发现对于较低收入水平的农户而言，土地转入明显提高了其生活满意度；对于高收入农民而言，土地转入则对其生活满意度产生显著的抑制作用。牛星等人[4]研究发现农户对土地流转风险的感知，对土地流转满意度的影响十分显著：农户年龄、农户土地流转后的经济收入、农户对土地流转协议的方式的变化感知、农户对土地流转政策的认知程度、农户对流转后农业经营情况的风险感知，对土地流转满意度有显著正向影响；而农户对土地流转过程中纠纷的感知及土地流转的期限，对土地流转满意度有显著负向影响。

然而，国内土地信托研究主要集中在农地金融领域，研究内容主要包括土地信托流转的制度构建、模式选择[5]、效益评价等[6]。对于土地信托流转中农户的研究，大多聚焦于参与土地信托流转前农户参与意愿的影响因

---

[1] 陈璐，甘臣林，梅昀，等. CSI理论框架下农户农地转出满意度影响因素分析：以武汉城市圈典型地区调查为例[J]. 中国土地科学，2017，31（2）：67-76.

[2] 黄腾，刘天军，董春柳. 农户满意度视角的土地流转政策分析[J]. 西南师范大学学报（自然科学版），2018，43（6）：52-58.

[3] 童庆蒙，张露，张俊飚. 土地转入能否提升农民生活满意度？：来自湖北省江汉平原地区的经验证据[J]. 长江流域资源与环境，2019，28（3）：614-622.

[4] 牛星，王超，吴冠岑. 流转特征、风险感知与土地流转满意度：基于长三角地区1008个农户的调查[J]. 农业经济与管理，2020（2）：45-55.

[5] 殷志扬，程培堽，王艳，等. 计划行为理论视角下农户土地流转意愿分析：基于江苏省3市15村303户的调查数据[J]. 湖南农业大学学报（社会科学版），2012，13（3）：1-7.

[6] 钱文荣. 农户家庭的土地流转行为与意愿研究：浙江省奉化市的农户调查与计量分析[J]. 浙江经济，2003（4）：20-23.

素分析，认为农户的个人特征、家庭禀赋、社会制度构建[1]等会影响农户的参与意愿。对于土地信托流转后农户满意度的研究相对较为匮乏。为了弥补既有研究这方面的不足，本书将在借鉴既有农户土地满意度研究的基础上，基于顾客满意度理论将农户视为"顾客"，运用结构方程模型研究农户对于土地信托流转的满意度问题，以求为进一步推进土地信托流转的健康有序发展提供有益的决策参考。

6.2 农户土地信托流转满意度模型构建

6.2.1 模型构建思路

农户对土地信托流转满意度影响因素的判断属于农户的主观认识，具有难以直接测量和难以避免主观测量误差的基本特征。结构方程模型是一种建立、估计和检验因果关系模型的方法。模型中既包含有可观测的显变量，也包含无法直接观测的潜变量[2]。结构方程模型是一种分析工具，旨在为难以直接观测的潜变量提供可观测和处理的途径，而且能够将难以避免的误差纳入模型之中[3]。结构方程模型中包括两个基本模型，其中测量方程描述潜变量与指标之间的关系，结构方程描述潜变量之间的关系。潜变量指的是不能直接或难以准确测量的变量，如本书涉及的生活环境情况、信托流转满意度情况以及社会保障情况等变量。如果各个变量可以直接测

---

[1] 闫小欢，霍学喜. 农民就业、农村社会保障和土地流转：基于河南省479个农户调查的分析[J]. 农业技术经济，2013（7）：34-44.

[2] 武文杰，刘志林，张文忠. 基于结构方程模型的北京居住用地价格影响因素评价[J]. 地理学报，2010，65（6）：676-684.

[3] 吴林海，侯博，高申荣. 基于结构方程模型的分散农户农药残留认知与主要影响因素分析[J]. 中国农村经济，2011（3）：35-48.

量，那么变量本身就是指标①。本书的测量模型为

$$X=\Lambda_X\xi+\delta, \quad Y=\Lambda_Y\eta+\varepsilon$$

式中：X 和 Y 分别表示外衍潜变量及内衍潜变量的观察变量；Λ_X 与 Λ_Y 表示指标变量（X 和 Y）的因素负荷量；ξ 与 η 分别表示外衍潜变量和内衍潜变量；δ、ε 为外显变量的测量误差，δ 与 ξ、η 及 ε 不相关，ε 与 ξ、η 及 δ 也不相关。

本书的结构模型为

$$\eta=\Gamma\xi+\zeta \quad 或 \quad \eta=B\eta+\Gamma\xi+\zeta$$

式中：Γ 为 $m\times n$ 阶矩阵，表示 ξ 变量对 η 变量产生影响的回归系数；B 为 $m\times m$ 阶矩阵，表示 η 变量间有方向性的回归系数；ζ 为内衍潜变量的误差，ξ 与 ζ 不相关②。

6.2.2 评价指标的选取与测量

农户作为土地信托流转的委托人和受益人，对该项流转方式的满意度会受到诸如年龄、受教育程度、土地信托流转收益、外部环境等多种因素的综合影响。本书参照以往研究情况，借鉴蔡书凯等③、黄腾等④ 和罗颖⑤ 等学者的研究经验，遵循指标的可得性、可操作性和代表性等原则，选取个人特征、家庭禀赋、土地特征、外部环境和土地信托流转满意度5个维

---

① 方福前，吕文慧. 中国城镇居民福利水平影响因素分析：基于阿马蒂亚·森的能力方法和结构方程模型［J］. 管理世界，2009（4）：17-26.

② 吴明隆. 结构方程模型：AMOS 的操作与应用［M］. 重庆：重庆大学出版社，2010：16-17.

③ 蔡书凯，蔡荣. 土地信托流转与农户参与意愿：基于 Probit-ISM 分析方法［J］. 中国农业大学学报，2017，22（7）：173-185.

④ 黄腾，刘天军，董春柳. 农户满意度视角的土地流转政策分析［J］. 西南师范大学学报（自然科学版），2018，43（6）：52-58.

⑤ 罗颖，郑逸芳，许佳贤. 农户参与土地信托流转意愿与行为选择偏差研究：基于福建省沙县农户的调查数据［J］. 中共福建省委党校学报，2019（5）：115-123.

度的变量作为潜变量。下面对5个维度指标进行说明。

6.2.2.1 个人特征

本书以农户作为基本分析单位,认为户主在家庭决策中处于核心地位。户主的年龄、健康状况以及受教育程度作为其核心特征,对土地信托流转政策的认知与接受能力产生了深远影响,进而决定了其对土地信托流转满意度的评价。

户主年龄对信托流转满意度的影响,呈现出复杂且不确定的特点。一方面,年轻农户通常具备较强的劳动能力,他们可能会因为农业生产带来的净收入高于土地流转所得,而选择继续坚守土地,对信托流转持保留态度。另一方面,这些年轻农户也可能被非农生产的高收入所吸引,愿意在参与土地信托流转的同时,获取额外的经济收益,从而提升了对信托流转的满意度。相对地,年长农户对土地的情感依恋更为深厚,他们更倾向于依赖土地作为生活的保障。随着年岁的增长和劳动能力的逐渐下降,土地信托流转所提供的稳定收益和便捷服务,恰好满足了他们的保障需求和生活开销,进而促使他们对信托流转的满意度有所上升。

户主的健康状况作为其劳动能力的重要体现,直接关乎其就业选择和经济来源。健康状况良好的户主,更有可能选择从事收入较高的非农业生产工作,并倾向于将土地交由具有公信力的政府或信托公司进行托管,从而增加了对信托流转的满意度。

户主的受教育程度也是影响其土地信托流转认知和接受程度的关键因素。文化水平较高的农户,通常对新事物具有更强的接受能力和理解能力。他们更容易在新的就业市场中寻找到适合自己的机会,实现向非农生产的顺利转移;在享受信托流转收益的同时,也解放了生产力,提高了生活品质,因此对信托流转政策的满意度也自然更高。

6.2.2.2 家庭禀赋

本书在家庭环境的分析框架中选取了3个关键指标:家庭务农人数占比、信托流转后家庭年农业收入以及信托流转后家庭年非农业收入。

这3个指标共同构成了评估家庭经济结构、土地流转意愿及流转效益的重要维度。

家庭务农人数占比，作为反映家庭经济结构的重要指标，其高低直接体现了家庭对土地的依赖程度和农业生产能力。当家庭中从事农业生产的人数较多时，意味着家庭对土地的依存度较高，农业生产在其经济活动中占据主导地位。这种紧密的土地依赖关系，往往导致农户对农地经营权的流转持谨慎态度，进而可能降低对土地信托流转的满意度。

信托流转后家庭年收入，则是一个综合性的经济指标，它涵盖了家庭在信托流转后的年非农收入和年农业收入两部分。其中，年非农收入是农户在流转土地后，通过从事非农业生产活动所获得的收入；年农业收入则包括信托流转带来的直接收益、分红以及从当地经营大户中获得的工资性收入等。这一指标的引入，旨在全面反映农户在土地流转后的经济状况和收益水平。收入的高低，不仅直接体现了农户流转土地的效益，也间接反映了其从事非农生产的能力和农地对其生活影响的程度。因此，收入越高，往往意味着农户获得的流转效益越好，其从事非农生产的能力越强，农地对其生活的影响也就越低，从而提升了农户对土地信托流转的满意度。

6.2.2.3 土地特征

在土地特征方面，本书选取了土地面积和土地质量这两个核心指标，它们均基于参与信托流转前的承包地面积和质量进行衡量。

土地面积作为影响农户土地信托流转满意度的关键因素之一，其重要性不容忽视。按照邓州市土地信托流转的统一标准，即每亩600元的流转费用，承包面积较大的农户能够获得的流转收益自然更为丰厚。与此同时，这些农户也面临着更高的农业资金投入、人力投入以及时间成本，并需承担更大的农业风险。从这一层面来看，土地信托流转为农户提供了一种低风险、收益稳定的选择，无疑成为他们的优选方案。此外，土地对农户而言不仅承载着生产功能，更发挥着重要的社会保障作用。面积广阔、质量上乘的承包地，其保障功能自然更为强大。对于农户而言，这样的土地不仅是他们生活的依托，更是他们抵御风险的重要屏障。因此，当面临土地信托流转的决策时，农户对于面积大、质量好的承包地的风险预期会相对较低，他们更愿意选择参与土地信托流转，以期获得更为稳定和可靠的收益。而这种积极的参与态度，也直接反映在了他们对土地信托流转的满意度上，即满意度水平相对较高。

6.2.2.4 外部环境

农户对土地信托流转的满意度，不仅受到自身及家庭情况的直接影响，还受到因参与流转而引发的外部环境变化的间接影响。邓州市开展土地信托流转后，农户的生活环境发生了一系列变化。信托公司组织开展了土地整理工作，统筹修整了沟、路、渠等农业基础设施，并完善了交通通信设施，为农业生产提供了便利条件。同时，在土地流转的过程中，也有部分外来人员，如种植大户，来到邓州承包土地。这不仅为当地带来了新的农业生产模式，吸纳了当地无业村民就业，对当地的治安情况产生了一定的积极影响。据调研时的访谈，笔者了解到在邓州市开展土地信托流转的区域，当地村集体还利用信托流转的增值收益为农户缴纳医保等费用，这一举措有效提升了农户的医疗保障水平。这些外部环境的变化，无疑对农户的生活环境产生了深远的影响，进而影响着他们对于土地流转的满意度。然而，这些变化在实际中很难进行客观测量，因此本书采用农户的主观感受作为测量标准，具体选取了生活环境感知、治安条件感知、医疗卫生条件感知、交通设施感知和教育条件感知5个指标，以全面反映农户对土地流转后生活环境的整体感受。此外，土地信托流转后，原本从事农业种植的农户失去了土地经营权，面临就业转型的挑战。为此，邓州市政府积极提供多种渠道的就业帮扶，通过提升农户就业技能，帮助他们顺利实现就业转型，从而增强了农户对土地信托流转的满意度。因此，本书还选取了政府就业帮扶这一指标，以衡量外部环境是否对农户的土地信托流转产生了积极的影响。

6.2.2.5 土地信托流转满意度

本书从农户对信托公司、信托流转收益、信托流转政策 3 个方面衡量农户对土地信托流转的满意度。本书研究贯穿信托流转全过程，涵盖信托流转开始前的政策设定、流转中受托方的执行力度和流转后的收益 3 个方面。笔者选取农户对土地信托流转政策的满意度、对信托公司的满意度、对土地信托流转收益的满意度和对流转收益发放及时度 4 个指标，基本较为全面综合地测量了农户对土地信托流转的满意程度。

根据前文论述，本书提出如图 6-2 所示的影响农户土地信托流转满意度主要因素的假说模型。假说模型以农户的土地信托流转满意度为内生潜变量，以农户的个人特征、家庭禀赋、土地特征和外部环境为外源潜变量，具体的假设见表 6-1。

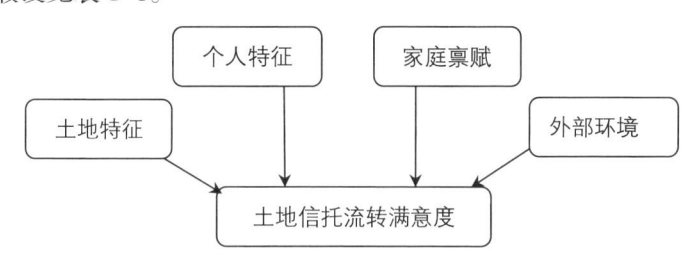

图 6-2 农户土地信托流转满意度影响因素假说模型

表 6-1 农户土地信托流转满意度研究假设表

序号	研究假说
H1	农户在土地流转中更多的获益对土地信托流转满意度影响显著为正
H2	更大面积和更肥沃的土地对土地信托流转满意度影响显著为正
H3	农户更强的非农领域工作能力对土地信托流转满意度影响显著为正
H4	更高的外部公共服务水平对土地信托流转满意度影响显著为正

据前文构建的理论框架，设计出本书的结构方程模型，包括个人特征、家庭禀赋、土地特征、外部环境和土地信托流转满意度在内的 5 个潜变量，具体有 18 个观察变量：个人特征维度下的户主年龄、户主健康状况和户

主受教育程度；家庭禀赋维度下的家庭务农人数占比、信托流转后家庭年农业收入和信托流转后家庭年非农业收入；土地特征维度下的家庭承包地面积和家庭承包地质量；外部环境维度下的生活环境感知、交通设施感知、治安条件感知、教育条件感知、医疗卫生条件感知和政府就业帮扶种类；土地信托流转满意度维度下对土地信托流转政策的满意度、对信托公司的满意度、对土地信托流转收益的满意度和对信托收益发放及时性的满意度。土地信托流转满意度影响因素之间的结构关系如图6-3所示，具体指标及说明见表6-2。

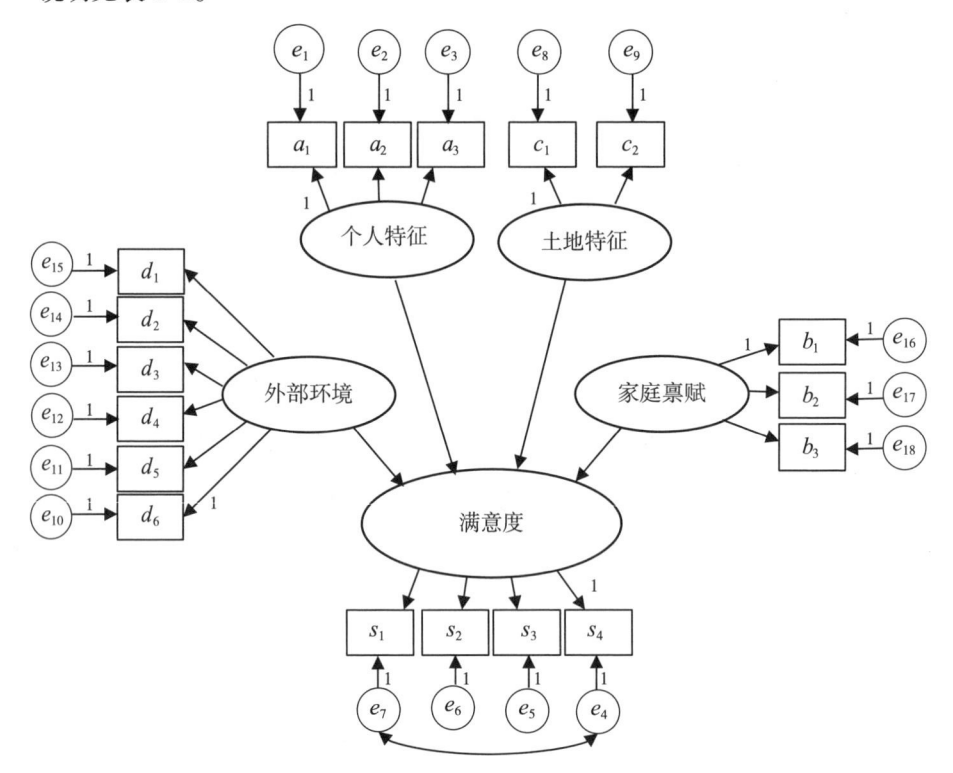

图6-3 土地信托流转满意度影响因素结构关系

表 6-2 农户土地信托流转满意度研究指标选取及说明

潜变量	观察变量	模型中的名称	变量定义
个人特征	户主年龄	a_1	实际年龄（岁）
	户主健康状况	a_2	非常差=1；比较差=2；一般=3；比较好=4；非常好=5
	户主受教育程度	a_3	小学及以下=1；初中=2；高中或中专=3；大专=4；本科及以上=5
家庭禀赋	家庭务农人数占比	b_1	单位：%
	信托流转后家庭年农业收入	b_2	2万以下=1；2万~3万（不含3万）=2；3万~4万（不含4万）=3；4万~5万（不含5万）=4；5万及以上=5
家庭禀赋	信托流转后家庭年非农业收入	b_3	3万以下=1；3万~6万（不含6万）=2；6万~9万（不含9万）=3；9~12万（不含12万）=4；12万及以上=5①
土地特征	家庭承包地面积	c_1	单位：亩
	家庭承包地质量	c_2	非常差=1；比较差=2；一般=3；比较好=4；非常好=5
外部环境	生活环境感知	d_1	非常差=1；比较差=2；一般=3；比较好=4；非常好=5
	交通设施感知	d_2	
	治安条件感知	d_3	
	教育条件感知	d_4	
	医疗卫生条件感知	d_5	
	政府就业帮扶种类	d_6	单位：种
土地信托流转满意度	对土地信托流转政策的满意度	s_1	很不满意=1；不满意=2；一般=3；满意=4；非常满意=5
	对信托公司的满意度	s_2	
	对土地信托流转收益的满意度	s_3	
	对信托流转收益发放及时性的满意度	s_4	

① 家庭经济收入的划分参照 2015—2018 年《邓州市统计年鉴》。

6.2.3 模型的拟合指数评估及参数检验

本书运用 AMOS 24 软件进行理论模型的构建和运行。对模型拟合程度的评价从两个方面进行：一是根据各类拟合指数对模型进行评价；二是评价参数的合理性和显著性[①]。只有模型的拟合优度能够通过检验，才能继续解释测量模型和结构模型的意义。

6.2.3.1 模型的拟合指数评价

当前学者将拟合指数按其功能分为 3 类：一是绝对指数（包括 RMSEA、CMIN/DF、GFI、SRMR 等），该类指标仅基于理论模型本身，衡量样本数据和理论模型的拟合程度，不与其他模型进行比较；二是相对指数（又称"增值指数"，包括 NFI、NNFI、CFI、TLI 等），该类指标将理论模型和虚拟模型进行比较，判断模型拟合程度的改进情况；三是省俭指数（又称"简约指数"，包括 PNFI、PGFI 等），该类指标是由绝对指数和相对指数派生出来的，目的是惩罚复杂模型，避免盲目通过增加自由参数达到减少模型 CHI 值的效果[②]。部分学者认为相较于其他拟合指标，RMSEA 指标可以作为结构方程中值得信赖的拟合指数，同时 CFI 也具有相对独特的优势[③]。吴明隆[④]提出了评判模型的 3 类拟合指数，具体拟合指数及检验标准见表 6-3。

[①] 吴明隆. 结构方程模型：AMOS 的操作与应用[M]. 重庆：重庆大学出版社，2010：37-39.

[②] 温忠麟，侯杰泰，马什赫伯特. 结构方程模型检验：拟合指数与卡方准则[J]. 心理学报，2004（2）：186-194.

[③] 王长义，王大鹏，赵晓雯，等. 结构方程模型中拟合指数的运用与比较[J]. 现代预防医学，2010，37（1）：7-9.

[④] 吴明隆. 结构方程模型：AMOS 的操作与应用[M]. 重庆：重庆大学出版社，2010：40-59.

表 6-3　拟合指数测量结果

模型适配指标类型	适配指标	适配标准	本研究指标值	结果
绝对适配统计量	CMIN/DF	< 3.00	2.591	良好
	RMSEA	0.05～0.08	0.067	良好
增值适配度统计量	CFI	> 0.9	0.910	良好
	NFI	越接近 1 越好	0.862	良好
	RFI	越接近 1 越好	0.839	良好
	IFI	越接近 1 越好	0.911	良好
	TLI	越接近 1 越好	0.895	良好
简约适配统计量	PCFI	> 0.5	0.779	良好
	PNFI	> 0.5	0.738	良好

侯杰泰[1]认为符合"好"模型的 3 个原则：CMIN/DF 在 2 与 5 之间、RMSEA 在 0.08 以下、NNFI 和 CFI 在 0.9 以上。本书构建的土地信托流转满意度影响因素模型的各类拟合指标均在适配标准范围内，通过检验。CMIN/DF 值为 2.591，RMSEA 值为 0.067，CFI 值为 0.910，符合"好"模型的 3 个原则，说明模型拟合程度较好，其结果是可信的。

6.2.3.2 *模型假设的显著性检验*

路径系数的显著性检验是为了判断模型是否具有统计学意义，模型假设检验即本书的结构模型参数检验。具体标准化估计系数和参数显著水平见表 6-4。根据 p 值结果，在显著性水平为 5% 的标准下，本书提出的土地信托流转满意度影响因素的 4 个研究假设中，有两个理论假设通过检验，即家庭禀赋对农户满意度有显著的正向影响，外部环境对农户满意度有显著的正向影响。且 4 个假设的标准化估计系数均小于 1，没有违反估计，说明该结构方程模型能够通过检验，模型系数具有可解释性。对于显著性较差的变量在后文模型结果分析时做具体讨论。

---

[1] 侯杰泰. 结构方程模型及其应用 [M]. 北京：教育科学出版社，2004：154-169.

表 6-4 结构模型：潜变量路径系数

假设	路径	标准化系数	显著性水平
H5	土地信托流转满意度 ← 个人特征	-0.027	0.564
H6	土地信托流转满意度 ← 土地特征	-0.075	0.912
H7	土地信托流转满意度 ← 家庭禀赋	0.104	0.048**
H8	土地信托流转满意度 ← 外部环境	0.827	0.029**

注：*、**、*** 表示显著性水平分别为 0.1、0.05、0.001。

6.2.4 模型回归结果解读

根据结构模型运行结果（表6-5），在显著性水平设定为5%的条件下，我们观察到假设5和假设6均未能通过统计检验。具体而言，农户的个人特征以及土地特征对于农户土地信托流转满意度的影响并未呈现出显著性。针对农户个人特征影响不显著的现象，可能的一个解释是，在问卷调查过程中，受访农户的户主在填写问卷时，其提供的个人信息与整个家庭的基本情况存在一定的偏差。这种偏差可能源于户主在填答时更多地反映了个人的情况，而非整个家庭成员的平均状态。这种偏差可能导致数据无法准确反映家庭成员的整体特征，从而影响了家庭对信托流转满意度的整体判断。至于土地特征对农户土地信托流转满意度影响不显著的原因，可能有以下两点：第一，家庭承包地面积的大小往往与家庭人口数量密切相关。在比较面积大小时，如果未考虑家庭人口数量这一因素，可能会对模型结果产生干扰。因此，一个更为合理的指标是户人均承包地面积，而非单纯的承包地面积。第二，农户对家庭承包地质量的评价往往基于其个人判断。这种判断可能受到农户的知识文化水平、农耕经验以及个人判断耕地质量的标准等多种因素的影响。因此，农户对耕地质量的主观评定可能与实际确定的土地分等定级结果存在差异，这种差异可能对模型运行结果产生一定的影响。

第6章 农户土地信托流转满意度影响因素分析

表 6-5 结构模型：潜变量路径系数

假设	路径	标准化系数	显著性水平	研究结论
H5	土地信托流转满意度 ← 个人特征	−0.027	0.564	不成立
H6	土地信托流转满意度 ← 土地特征	−0.075	0.912	不成立
H7	土地信托流转满意度 ← 家庭禀赋	0.104	0.048**	成立
H8	土地信托流转满意度 ← 外部环境	0.827	0.029**	成立

注：*、**、*** 分别表示显著性水平分别为 0.1、0.05、0.001。

另一方面，家庭禀赋对农户土地信托流转满意度的影响呈现出正向趋势。在保持其他控制变量不变的情况下，家庭禀赋资源每增加一个单位，农户的信托流转满意度将相应提高 0.104 个单位，从而验证了假设 7 的成立。外部环境同样对农户土地信托流转满意度产生正向影响。在控制其他变量的情况下，外部环境每提升一个单位，农户的信托流转满意度将增加 0.827 个单位，这支持了假设 8 的成立。

从测量模型的结果来看（表 6-6），除家庭承包地质量的参数估计值不显著外，其他 17 个观察变量的参数估计均通过显著性检验。其中，个人特征和土地信托流转满意度维度下的 7 个观察变量均在 1% 的水平下显著，且外部环境、家庭禀赋和土地信托流转满意度维度下的观察变量的因子载荷较高，说明这些变量的解释力较强，能够有效地解释潜变量。

表 6-6 测量模型：潜变量对观察变量的估计

潜变量	观察变量	标准化系数	临界比值	显著性水平
个人特征	户主年龄	0.725	—	***
	户主健康状况	−0.443	−4.227	***
	户主受教育程度	−0.500	−4.241	***

续表

潜变量	观察变量	标准化系数	临界比值	显著性水平
家庭禀赋	家庭务农人数占比	0.166	—	***
	信托流转后家庭年农业收入	0.963	3.060	**
	信托流转后家庭年非农业收入	0.344	2.782	**
土地特征	家庭承包地面积	0.785	—	***
	家庭承包地质量	−0.055	−0.110	不显著
外部环境	生活环境感知	0.779	2.239	**
	交通设施感知	0.838	2.243	**
	治安条件感知	0.818	2.242	**
	教育条件感知	0.787	2.240	**
	医疗卫生条件感知	0.827	2.242	**
	政府就业帮扶种类	0.124	—	***
土地信托流转满意度	对土地信托流转政策的满意度	0.860	8.523	***
	对信托公司的满意度	0.811	8.827	***
	对土地信托流转收益的满意度	0.819	8.853	***
	对信托流转收益发放及时性的满意度	0.482	—	***

注：*、**、*** 表示显著性水平分别为 0.1、0.05、0.001。

6.3 农户土地信托流转满意度的影响因素分析

本书利用 AMOS 24 软件绘制农户土地信托流转满意度影响因素结构方程模型路径，并对调研所获样本数据进行估计，得出各项标准化估计系数值（图 6-4）。

第 6 章 农户土地信托流转满意度影响因素分析

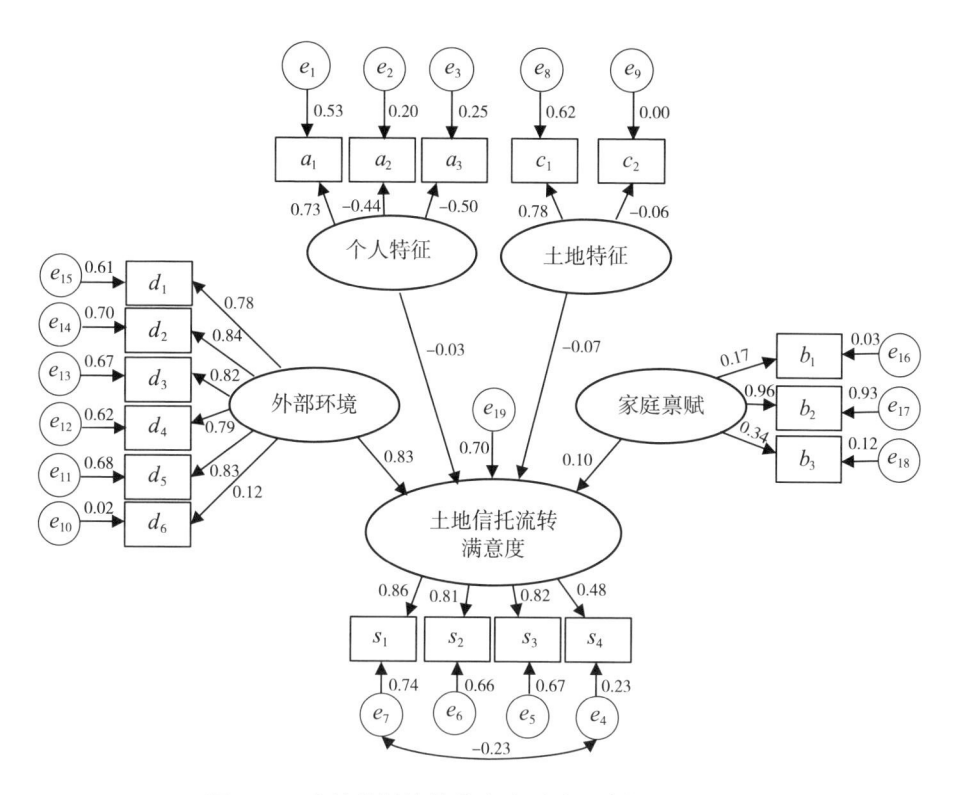

图 6-4 土地信托流转满意度影响因素标准化系数

6.3.1 家庭禀赋条件的影响

家庭禀赋对农户土地信托流转满意度具有显著的正向影响，该潜变量的影响具体表现为 3 个方面。

一是家庭务农人数占比。我们发现家庭务农人数占比这一变量在 0.001 的显著性水平检验中呈正向影响，且通过了检验。这意味着，在家庭务农人数占比越高的情况下，农户对土地信托流转的满意度越高。这一结果与我们最初的预期存在出入。通过进一步的分析，我们认为土地信托流转后，那些家庭务农人数占比较高的家庭，往往有更多的劳动力得以从传统家庭农耕领域中解放出来。这部分劳动力有两个主要的流向：一部分劳动力选择从事非农工作，通过参与其他行业获得更高的经济收入；另一部分劳动力则选择协助当地的经营大户进行农业种植，以获取工资性收入。这两种方式都能有效提升农户的经济收益，从而增强他们对土地信托流转的满意度。此外，我们还对比了土地信托流转前后受访农户的家庭收入结构变化。在土地信托流转之前，以种植业收入为主要经济来源的家庭占比高达50%，这是受访农户的主要经济来源方式。然而，在土地信托流转之后，务工收入逐渐成为主要的经济来源。具体而言，有194户家庭以务工收入为主，占比达到了54.5%。这些家庭通过务工方式获得的收入普遍高于农业种植收入。因此，家庭务农人数占比越高的家庭，在土地信托流转后更有可能实现向非农就业市场的转移。这是因为，这些家庭拥有更多的剩余劳动力，他们更容易找到适合的非农工作机会，从而实现家庭收入结构的优化和经济收益的提升。

二是流转后家庭年农业收入。该变量是家庭禀赋维度下影响最大的观察变量。该变量在0.05的显著性水平检验中通过且系数为正，表明在土地信托流转后，家庭年农业收入越高，农户对土地信托流转的满意度也相应越高。这一结果可以从多个方面进行解释。小农作业模式由于规模较小、技术落后等因素，往往面临着较高的生产风险和不确定性。而通过土地的信托流转，农户可以将土地委托给专业的机构或大户进行规模化经营，从而降低了生产风险。此外，土地信托流转还具有稳定性和安全性，每年每亩地600元的补贴为农户提供了一笔稳定的收入来源。同时，农户还有机会获得其他形式的分红和补助，进一步增加了其农业收入。通过对比信托流转前后的数据，我们发现流转前家庭年农业收入在2万元以上的家庭占比为22.2%，而流转后这一比例提升至25.6%。这充分说明土地信托流转为当地农户增加了农业收入，进而提升了他们对土地信托流转的满意度。

三是流转后家庭年非农业收入。该变量在0.05的显著性水平检验中通过且系数为正，表明流转后家庭年非农业收入越高，农户对土地信托流转的满意度越高。根据我们的调研结果，流转后的家庭年非农业收入相较于流转前有了一定幅度的增长。具体来说，流转前家庭年非农业收入在3万元以上的家庭占比为30.4%，而流转后这一比例提高到了33.8%。这一变化说明，参与土地信托流转的农户在获得流转补贴的同时，还能够积极转向非农领域就业，从而获得额外的非农收入以改善家庭经济条件。这些农户通过土地租金和非农就业的双重收入，实现了家庭经济条件的提升，进而提高了他们对土地信托流转的满意度。

专栏6-1介绍了土地信托流转让农户家庭劳动力从传统农耕领域转移到非农领域工作，增加了农户家庭收入的案例。调研中我们发现类似案例还有很多。

专栏6-1　土地信托流转惠及流出土地的农户[①]

调研组在邓州市孟楼镇军九村调研时对该村农民周某进行了访谈，访谈记录整理如下。

调研员：您家有几口人，都在从事什么工作？

周某：我家有6口人，现在儿子、儿媳常年在外务工，我和老伴在家带孙子孙女，我有时候在周边打点零工。

调研员：土地流转前，咱们村里农业生产情况是怎样的？

周某：土地流转前，我们村的地因为农药、化肥连年使用，土地耕层很浅，土壤板结，农业亩产不高。而且我们村土地等级不一样，有岗地、洼地、深耕地等，大型农机进不了田，生产效率低。村里大部分年轻人都出去打工了，田都是留在村里的老人和妇女种，有些活老人妇女干不了，只好请工人来做，成本高，风调雨顺时一亩赚不到400块钱，要是碰到旱涝和虫灾种田还要赔钱。

调研员：土地流转前，您家农业生产情况是怎样的？

周某：我老伴身体不好，干不了活。儿子、儿媳在外打工，我一个人种12亩承包地。这些年我年纪大了，感到种地力不从心了。土地流转前是靠天收，每到夏收、秋收，儿子儿媳还得回来帮忙，一年回来两趟，耽误两个月打工收入，再加上来回车费，一年要损失一两万块钱。

---

① 根据研究团队对邓州市孟楼镇军九村村民周某的访谈记录及村干部介绍的情况整理。

调研员：土地流转后情况怎么样？

周某：现在这些难题都解决了，地交给政府的公司后，我不用种地了，儿子儿媳不用回来帮忙了，一年啥都不干每亩地还能净得600块。我经常用接送孙子孙女上学之外的时间给租了村里土地的老板打个零工，每天也能挣个六七十块钱呢！

调研员：您家现在一年能挣多少钱？

周某：儿子儿媳的打工收入加上土地流转金，还有我打零工赚的钱，一年大概能落个八九万块钱吧。

调研员：您对把土地转给土地开发公司满意吗？

周某：满意，满意。

6.3.2 外部环境影响

在探究影响农户土地信托流转满意度的诸多因素中，我们发现外部环境是一个具有显著正向影响的潜变量。这一影响具体体现在两个方面。

一是对生活环境感知、交通条件感知、治安条件、教育条件和医疗卫生条件的满意度较高。首先，交通条件的满意度在诸多外部环境因素中脱颖而出，成为影响农户土地信托流转满意度的最关键因素。在0.05的显著性水平检验中，交通条件满意度这一变量不仅通过了检验，而且系数为正，这充分说明交通条件的改善能够显著提升农户对土地信托流转的满意度。土地开发公司在获得土地经营权后，积极进行了土地整理和基础设施的修建，特别是沟、渠、路的修建，这些举措极大改善了当地的交通条件。例如，在孟楼镇，团队对当地农户进行访谈时，农户们纷纷反映土地信托流转后，原本狭窄、泥泞的道路变得宽敞、整洁，这不仅方便了农户的出行，也促进了当地经济的发展。其次，生活环境的舒适性同样对农户土地信托流转满意度产生重要影响。土地开发公司的土地整理项目不仅改善了交通条件，还提升了当地的生活环境。农户们表示，土地信托流转后，村庄的整体环境得到了显著改善，生活变得更加舒适。此外，治安条件的改善也是提升农户土地信托流转满意度的重要因素。随着外地种植大户的引进和政府为了创造良好的投资环境而加强了对街道、村庄和农田的管理，当地的治安条件有了明显改善。农户们感到更加安全，对土地信托流转的满意度也随之提升。同时，教育条件和医疗卫生条件的提升也对农户土地信托流转满意度产生了积极影响。随着当地经济的发展和基础设施的完善，教育和医疗资源也逐渐丰富起来。农户们表示，土地信托流转后，他们的子女能够享受到更好的教育资源，而当地的医疗卫生条件也得到了显著改善，这让他们感到更加安心和满意。

专栏6-2对邓州市孟楼镇公共服务水平提升进行了介绍。

专栏6-2　土地信托流转助力农村公共服务提升[①]

孟楼镇经过土地集中流转、整理，全镇新增一般农地5 900亩，15个村每个村集体新增耕地200～500亩；全镇新增集体建设用地1 600亩，每村新增村集体建设用地100亩左右。每个村集体经济收入每年增加40万～60万元，集体经济组织实力有了提升。

2017年以来，孟楼镇借助"四化双评"工作，新建2个高标准村级服务中心、扩建3个村级服务中心，所有服务中心都配齐了服务设施。同时，镇、村两级公共资源配置能力全面提升，在进行农田整治的同时，新修和拓宽了多条农村道路，修建了文化体育设施，改善了落后的生产生活条件，农村群众生产生活方式也更加健康。这既解决了农业问题，又解决了农民问题。以前孟楼镇农村的生活垃圾都是随手倒在沟边河边，现在土地流转后集体经济收入增加，镇政府有钱组建保洁公司，对全镇进行统一打扫，使得孟州镇城乡的生活环境有了很大改善。

二是政府帮扶种类对农户土地信托流转满意度存在正向影响。在探究影响农户土地信托流转满意度的因素时，我们发现政府帮扶种类是一个具有显著正向影响的变量。该变量在0.001的显著性水平检验中通过了检验，且系数为正。这表明流转后政府提供的帮扶种类越多，农户对土地信托流

---

① 根据调研组与邓州市孟楼镇干部的座谈记录整理。数据资料由孟楼镇人民政府提供。

转的满意度越高。邓州市在推进土地信托流转的过程中，政府采取了多种措施来帮扶农户。具体而言，政府提供了多种渠道的就业帮扶和多种形式的就业补贴。例如，为在邓州市域外就业的贫困劳动力提供奖补，对介绍转移就业的中介机构给予每人 300 元的补贴资金，对提供公益性岗位的部门发放岗位补贴，同时对自主创业的市民提供一次性 5 000 元的创业补贴[①]。这些措施不仅为农户提供了多样化的就业选择，还降低了他们的就业成本，从而提高了他们的就业意愿和满意度。进一步分析发现，83% 的农户认为政府确实提供了有效的就业帮扶。这些帮扶措施具体包括提供就业信息和技能培训、安排有组织地外出务工、组织安置到企业、提供公益性岗位等。通过这些帮扶措施，农户们得以提高自身的非农就业技能，减少对土地的依赖，并在非农就业市场中获得更多的机遇。这不仅有助于提升农户的经济收入水平，还促进了他们的个人发展和家庭福祉。由此可见，政府提供的就业帮扶在提高农户信托流转满意度中发挥了重要作用。

6.3.3 土地信托流转过程的影响

在探究影响农户土地信托流转满意度的流转过程因素时，本书发现以下 4 个观察变量具有显著的正向影响：农户对流转前信托政策的理解程度、流转中对信托公司的满意度、流转后流转收益的高低以及流转收益发放的及时度。这 4 个变量在显著性水平为 0.1% 的检验中均通过了检验，且系数为正。具体而言，在其他控制变量不变的情况下，当农户对土地信托流转政策的理解程度、对信托公司的满意度、对信托流转收益的满意程度以及流转收益发放及时度分别提高一个单位时，农户对土地信托流转的满意度将分别提高 0.860、0.811、0.819 和 0.482 个单位。邓州市在宣传土地流转政策方面做出了显著努力，并取得了良好的效果。具体而言，政府通过多种形式向农户普及土地信托流转政策，包括举办讲座、发放宣传册、开

---

① 资料来源：邓州门户网《邓州市产业就业扶贫相关政策解读》（网址：http://www.dzmhw.cn/article-30808-1.html?_dsign=dbfb9d70）。

展现场咨询等。这些举措有效提高了农户对土地信托流转政策的认知和理解程度。根据调研结果，96.1%的农户认可政府宣传土地信托流转政策的行为，这充分说明了政府宣传工作的成效。土地开发公司依托政府的公信力，在农户中建立了较高的信任度。68%的农户表示愿意将土地交由土地开发公司进行统一流转，这体现了农户对土地开发公司的信任和支持。然而，在流转过程中，农户对土地信托流转收益的满意度却相对较低。仅有28.1%的农户对信托流转补贴收入表示满意。在访谈中，我们了解到农户对土地流转收益的期望与现实之间存在一定的差距。虽然农户承认土地流转前自行耕种承包土地的年收入普遍低于600元，但土地流转后，他们看到耕地通过土地整治提高了耕地等级，因此希望能分享到土地整治带来的红利。这种期望与现实之间的差距导致了农户对土地信托流转收益的不满。此外，有46.5%的农户对土地开发公司土地租金发放的及时度表示担忧。他们担心应得的土地收益不能按时兑现，这种担忧进一步影响了农户对土地信托流转的满意度。

专栏6-3 邓州市各乡镇加大宣传力度，推进土地流转[①]

2018年4月，穰东镇积极推广孟楼镇"三权分置"改革实践经验。该镇各村组干部分好组，逐户发放宣传彩页时还向农户进行详细的政策解读，通过村、组两级会议向党员群众讲解政策，让群众吃透政策，明白"三权分置"工作的好处。村组干部率先从党员干部、种地大户、年轻人外出务工家中仅有留守老人的农户开始，对于外出不在家的群众逐个打电话讲解政策，以点带面，很快就完成了80%以上的委托书签订。针对思想上有顾虑的家庭，村组干部逐户解答，消除他们的后顾之忧。

2018年5月，林扒镇采取多项措施，积极推进土地"三权分置"工作。该镇通过多次召开动员大会、工作推进会，各村召开村组干部、党员、村

[①] 资料来源：调研组与邓州市国土资源局、土地开发公司、邓州市林扒镇相关干部座谈记录；邓州市当地媒体新闻报道。

民代表会，分网格召开群众大会，提高镇、村组干部、村民代表等对"三权分置"工作重要性的认识；在村主干道、背街小巷悬挂横幅300余幅；挨家挨户发放宣传彩页共10 000余份，每天出动3辆宣传车，以管理区为单位进行宣传，营造全镇推进"三权分置"宣传的良好氛围。

2018年5月，小杨营乡采用出动宣传车，村干部入户张贴宣传彩页的形式，向群众宣讲土地"三权分置"的政策依据及实施步骤。同时，该乡政府给群众算清"四个账"，即国家基础设施项目投入账、村集体经济收入账、群众净收益账和自然灾害风险账。让群众明白了其中"两个理"：一是在家门口就业增加收入；二是照顾了家庭，免除在外务工的后顾之忧。通过"四个账""两个理"的深入宣传，又由政府担保，使群众吃上了"定心丸"，打消了群众的顾虑及观望思想。

2018年8月，十林镇多举措积极推进土地流转。该镇专门成立了由书记、镇长及相关部门和村党支部书记为成员的土地"三权"分置领导小组，制定了土地流转工作实施方案，把工作任务细化，明确每个时间阶段的工作内容；并通过召开全镇土地流转动员推动会、村组干部会等会议，层层宣传发动，多次组织镇村组干部深入到组与群众中，面对面宣传政策，解决群众思想顾虑和提出的问题；通过宣传发动，群众对土地流转政策知晓度高，同意流转土地的农户达90%以上。

6.4 研究结论

本章研究通过对邓州市土地信托流转的实地调研数据分析和构建的土地信托流转满意度影响因素模型，得出研究结论如下。

（1）家庭收入的增加对农户土地信托流转满意度的提升具有显著效果。根据问卷调查统计结果及调研组访谈记录，邓州市大部分参与土地信托的农户实现了家庭收入的增加。土地流转后，农户的收益主要来源于3个方面：一是农户通过土地承包经营权流转获得每年每亩600元的固定收益。二是农户可获得工资性收入。农业种植业作为劳动密集型产业，在经营大户向土地开发公司租赁土地后，会吸纳大量劳动力进行种植。部分农民可在就近的农业专业经营公司土地上打工，从而获得工资性收入；同时，也有部分农民从土地中解放出来，选择外出打工以获取更高的工资性收入。三是农户还可获得土地分红，即每亩土地流转价格超过原来流转价格的溢价部分，由村集体、土地开发公司和农户按照4∶4∶2的比例进行分成。对于大多数农户而言，这3项收入的总和超过了其传统的务农收入和外出打工收入，从而有效提升了他们对土地信托流转的满意度。

（2）政府在提高农户土地信托流转满意度中发挥着至关重要的作用。前述分析表明，农民在转出土地后，就业并获得除土地租金之外的收入，是提高农户农地流转满意度的关键因素。邓州市在流转农地时，出台了一系列措施对自耕农进行就业帮扶，这些措施有效提高了农户的收入水平，并带动了农村土地信托流转满意度的提升。此外，邓州市组建国有企业流入农民土地也是提高农户土地流转满意度的关键举措。传统的个体对个体的土地流转方式存在信任程度低、谈判成本高、维权难等问题，而国有企业的介入则有效解决了这些问题。同时，邓州市政府还利用土地整治新增的耕地和集体建设用地产生的增值收益，进行公共设施建设和购买公共服务，这不仅改善了农户的生活环境，还增加了农户的幸福感和获得感，从而进一步提高了他们对土地信托流转的满意度。

（3）在土地信托流转过程中，仍存在一些影响农户满意度的问题，这些问题不容忽视。首先，邓州市在推行土地信托流转过程中，部分农户的流转意愿较低，对流转补偿收益标准不满意，或对信托公司的服务不满意。调查数据显示，仅有约68%的农户愿意参与土地信托流转，而被调研区域官方公布的农户签约率却超过了85%。这说明有部分农户并非自愿参与土地流转，其土地是被流转的。其次，在调研组访谈过程中，一些农户反映少数村镇干部为了完成土地流转任务，工作方式简单粗暴，甚至在村民未表态的情况下擅自代签土地流转合同。这些做法不仅不合法不合规，为后续土地转出埋下了法律隐患，还可能激化干群矛盾，引发群体性事件，进而影响到整理完成农田后的招商引资工作。此外，统计数据还表明，仍有 19.9% 的农户对信托公司提供的服务不满意，部分受访农户反映土地开发公司仅在土地流转的第一年按时发放了土地租金，从第二年起土地租金就没有按时发放，有些农户甚至逾期 3 个多月都未收到土地租金。针对上述问题，当地政府应加强对土地流转相关工作人员的业务培训，提高他们的法律意识和服务水平；同时，应敦促村镇干部尊重农户的流转选择权，依法依规引导农户参与农地流转；此外，土地开发公司也应加强契约意识，及时支付农户的土地租金，为后续土地信托流转积累良好的口碑和信誉。

第 7 章　进一步推动农村土地信托流转健康发展的政策建议

新时代推进农村土地制度改革，要坚持把依法维护农民权益作为出发点和落脚点，坚持农村土地农民集体所有制不动摇，坚持家庭承包经营基础性地位不动摇。

——习近平对推进农村土地制度改革、做好农村承包地管理工作作出重要指示，据新华社北京 2020 年 11 月 2 日电

7.1　找准地方政府在农村土地信托中的角色定位

针对前文所讨论的"宿州模式"与"邓州模式"中地方政府在农村土地信托项目中的深度参与情况，我们注意到，尽管地方政府的介入在一定程度上推动了项目的进展，但宿州项目最终搁浅的结果也揭示了政府角色"越位"与"缺位"所带来的问题。在宿州项目中，安徽省宿州市埇桥区政府直接充当了与中信信托签订土地承包经营权信托合同的签约人、土地信托的委托人和受益人，而实际转让土地经营权的农户却被排除在土地信托合同之外。这一行为明显构成了政府角色的越位。在信托合同签订后，埇桥区政府对农业经营风险的认识不足，未能充分行使委托人的知情权、

建议权和撤销权,未对土地租赁经营者进行审慎的调查评估,也未对中信信托将信托土地经营权出租给经营能力和资金实力均存在明显不足的DY农业公司的行为提出异议。这一系列行为又构成了农村土地信托中政府保护农民利益角色的缺位。政府角色在农村土地信托流转中的越位与缺位,不仅违背了政府依法行政的原则,还损害了政府在行使农村土地流转管理权时的权威性和公信力。这种行为阻碍了农地经营者间的自由市场竞争,剥夺了信托委托人通过市场竞争择优选择农地经营者以提高土地信托收益的权利,最终侵害了参与土地信托农户的合法权益。因此,在农村土地信托流转过程中,地方政府必须找准自身恰当的定位。具体来说,地方政府应避免"越位"干预微观经济活动,不应直接介入农村土地信托流转的各项具体事务;同时,也不应对农村土地信托流转采取无为而治的态度,"缺位"于农村土地信托流转的管理与服务。

为了更好地履行自身职责,地方政府应将自己定位为农村土地信托流转的撮合者、农民利益的保护者和信托土地合法利用的监管者。

首先,作为农村土地信托流转的撮合者,地方政府应抢抓国家建设互联网+政务平台的契机,积极利用现代信息技术手段,加快建立农村土地信托云端信息平台。通过该平台,地方政府可以发布拟信托流转的农地的详细信息,如土地位置、土地面积、土地等级等,为有意参与农村土地信托的信托公司和新型农业经营主体提供在线竞投服务。这种方式可以鼓励信托公司和新型农业经营主体通过公开、公正、公平的竞争获得信托服务资格和农地经营资格,从而有效避免政府"越位"干预信托公司和新型农业经营主体选择时的寻租和腐败行为。同时,这也有助于消除农户对于政府借土地信托谋利的疑虑,增强农户对政府服务的信任感,实现农户利益的最大化。

其次,作为农民利益的保护者,地方政府在农户签订土地信托合同前,应对土地信托合同的各项条款进行细致审核。由于信托公司通常具有信息、知识、经验等方面的专业优势,因此政府需要特别关注合同中是否存在对农户显失公平的条款,并切实保护农户在土地流转中的合法权益。在土地流转后，地方政府的自然资源、农业农村、市场监督等部门应在自身职权范围内对信托公司和新型农业经营主体进行严格监督，确保其合法合规经营使用土地，避免损害农户的合法权益。当农户与信托公司、新型农业经营主体发生法律纠纷时，地方政府应积极为农户提供法律援助，指导和帮助农户依法维护自身权益。

最后，作为信托土地合法利用的监管者，地方政府应采取有力措施，强化对信托公司和新型农业经营主体的土地利用行为的监督管理。这包括确保土地利用方严格按照信托土地规划用途使用土地，以及及时制止和追究违规占用耕地开展非农建设的行为。当信托公司和新型农业经营主体存在违法用地行为时，当地政府应依法追究其责任，并协助农户收回信托合同项下的土地经营权。同时，地方政府还应依法依约追究信托公司和新型农业经营主体的违约责任，以维护农村土地信托流转的秩序和农户的合法权益。

7.2 建立农村土地信托市场化流转价格形成机制

在审视我国当前农村土地信托项目的实践过程中，我们不难发现，确定合理的农地流转价格是确保农村土地信托项目得以顺利推进的核心要素。这一价格机制不仅直接关系到农户、信托公司以及新型农业经营主体等多方利益主体的切身利益，更是衡量项目成功与否的重要标尺。然而，由于当前我国农村地区尚缺乏一套科学、准确的土地价格评估体系，在实际操作中，土地租金标准的设定往往缺乏充分的科学依据，进而使得农村土地信托项目中的收益分配难以体现出公平性和合理性。

具体而言，在一些农村土地信托项目中，地方政府出于多种复杂因素，如寻租动机或政绩压力等，往往会通过行政手段干预土地租金标准的制定。为了调动农户参与土地流转的积极性，一些地方政府甚至要求信托公司支付远高于市场水平的土地租金。以宿州农村土地信托项目为例，宿州市政府明确规定了新型农业经营主体 DY 农业公司每年每亩地向农户支付的土地租金不得低于1 000斤小麦的市价,折合人民币约为1 000～1 100元/亩。此外,农户还能享受信托收益分红[①]。这一价格水平,已接近甚至等同于当地农业生产每亩地的收益水平,从而使得信托公司和新型农业经营主体在项目中几乎无利可图。而在邓州市农村土地信托项目中,代表政府的土地开发公司以每亩700～800元的价格向新型农业经营主体转租土地。然而,调研结果显示,这些新型农业经营主体的盈利水平普遍不高。在遭遇自然条件恶劣的年份,则会出现大面积亏损[②]。一旦新型农业经营主体在信托项目中无法获得盈利,他们往往会选择退出土地的耕种。这不仅会导致农户无法获得土地经营收益分成,甚至可能连每年的租金都无法收回。最终,遭受损失的仍然是广大农户。

因此,科学合理地确定土地流转价格,确保农地种植收益能够在各方利益主体间得到公平合理地分配,是农村土地信托得以健康运营的基础和前提。为了形成各方都能接受的土地流转价格,我们必须尊重市场规律,遵循市场化原则。具体而言,可采取以下几项具体措施。

第一,地方政府应积极发挥引导作用,建设区域性土地流转价格信息平台。通过邀请广大土地流入方和流出方进驻平台,并在平台上发布信托土地的供需信息、用地条件和报价等关键信息,为农地供需双方提供一个高效、便捷的对接平台。他们可以根据平台上的信息搜寻合适的合作对象,并开展业务洽谈,从而降低信息不对称带来的交易成本。

第二,各地应积极探索建立土地流转价格评估机制。通过科学制定流转土地价格评估体系和方法,引入第三方评估机构为拟流转土地进行土地价格评估。这一举措可以为土地流转价格的制定提供更为客观、准确的依

---

① 王永群. 土地流转信托 "点石难成金" [N]. 中国经济时报, 2015-05-28 (A01).
② 调研组在对邓州市新型农业经营主体的访谈中得知:2017年邓州市雨水较多,苏州市某农业公司种植的南瓜很多烂在了地里,经营出现亏损;重庆某粮贸公司在邓州种植高粱,原预计亩产至少800斤,当年由于雨水太大,高粱大面积倒伏,估计亩产只有四五百斤,且品质不佳,预计也会亏损。

据。同时，政府还可以通过购买公共服务的方式支持这一机制的运行，并在此基础上定期在土地流转价格信息平台上更新土地流转指导价格，为市场提供参考。

第三，建立土地信托流转交易市场也是提升土地流转交易透明性和公平性的重要举措。通过增加土地信托流转交易的公开性和透明度，降低土地信托各环节的交易成本，提高土地流转交易的效率。这将有助于形成更为合理、公正的土地流转价格机制，从而推动农村土地信托项目的健康发展。

7.3 构建农村土地信托的风险防范体系

在探讨农村土地信托流转的过程中，我们不得不正视其面临的诸多风险与挑战。这些风险源自农业、金融业、工商业等多个行业的参与者，以及项目运作过程中的诸多不确定因素。具体而言，农村土地信托流转主要面临以下 3 类风险：一是自然风险。农业生产活动大多在露天环境下进行，这使得其极易受到干旱、暴风、暴雨、洪水、霜冻、冰雹、病虫害等自然灾害的侵袭。这些不可抗力因素不仅会影响农作物的正常生长，还可能对农村土地信托项目的运营造成重大损失。因此，自然风险是农村土地信托流转中不可忽视的重要风险之一[1]。二是政策法规风险。由于我国的农村土地信托流转开展时间相对较短，相关的法律法规、政策体系尚不完善，在实际操作中许多做法仍处于摸索阶段，缺乏明确的法律政策依据。这种政策法规的不确定性给农村土地信托项目的运营带来了潜在的风险，可能导致项目在实施过程中遭遇法律障碍或受到政策调整的影响[2]。三是生产

---

[1] 如 188 页第二条脚注介绍，2017 年邓州市降水偏多让流入土地的新型农业经营主体损失惨重。

[2] 如第三章介绍，中信信托安徽宿州项目就是因为农业经营商 DY 农业公司迟迟无法拿到用地指标而搁浅。

经营风险。农村土地信托项目涉及农户、政府、信托公司、新型农业经营主体等多个利益主体，其利益博弈关系十分复杂。在项目运营过程中，各方能否通力合作，提高农业生产效率，提升农地盈利水平，具有较大的不确定性。这种生产经营风险的存在，可能对农村土地信托项目的长期稳定发展构成威胁[①]。

为了有效化解上述风险，保护农村土地信托项目各方利益主体的切身利益，我们需要从以下几个方面着手建立农村土地信托风险控制防范体系。

首先，加大财政税收政策支持力度。鉴于农业项目的长周期、高投入、高风险、低收益特征，以及其在国计民生和粮食安全方面的重要作用，政府应为农村土地信托流转提供必要的融资支持和政策扶持。具体而言，政府可以对为农村土地信托项目提供融资支持的信托公司、贷款银行以及参与项目的新型农业经营主体给予一定的税收减免优惠。同时，政府还可以为新型农业经营主体的农业贷款提供财政贴息支持，以减轻其资金压力，降低金融机构向农村土地信托项目提供融资时面临的金融风险。

其次，设立农村土地信托风险补偿基金。为了进一步完善农村土地信托流转的风险防控机制，政府应牵头设立农村土地信托风险补偿基金。该基金旨在为农业贷款提供增信服务和风险补偿。当新型农业经营主体因面临自然风险、政策法规风险、经营管理风险等原因给金融机构和农户带来损失时，基金可按一定比例提供补偿。基金的资金来源可以包括政府财政补贴资金、农地整治新增农用地和建设用地指标交易收入、农村土地信托项目累积的未分配利润等。通过设立风险补偿基金，可以增强金融机构对农村土地信托项目的信心，促进项目的顺利开展。

最后，扩大农业保险的覆盖范围。为了进一步提高农村土地信托项目的风险抵御能力，我们应在农地流转合同中加入新型农业经营主体参加农

---

① 安徽铜陵某农地信托项目，成立仅一个月就因土地承租方公司股东撤资，4 000多亩土地在与农民签订协议不到一个月便全部退还给农户。（参见：王永群. 土地流转信托"点石难成金"[N]. 中国经济时报，2015-05-28：A01.）

业保险的强制性条款。通过契约的方式推动农村土地信托项目、扩大农业保险覆盖面，为项目提供更为全面的风险保障。同时，保险公司应针对农村土地信托项目的特点量身定制个性化的保险产品，以满足不同项目的需求。地方政府可通过出台相关政策引导保险公司扩大保险赔付范围、提高赔付标准，确保农业项目在遭遇自然灾害时能够及时获得合理的赔付。

此外，政府还可以对农业保险机构给予一定的税收减免优惠，对参与农村土地信托项目的新型农业经营主体提供一定比例的农业保险费用补贴，以调动其参与农业保险项目的积极性。

7.4 加强农村土地信托流转的相关法律法规建设

完备的土地信托法律法规是农村土地信托流转健康发展的前提条件。从国际经验来看，不少发达国家为土地信托构建了完整严密的法律体系，保障了土地信托的平稳运行。以日本为例，日本针对信托业出台了《信托法》《信托业法》等基本法律，对于土地信托专门出台了《土地信托法》等特别法。在我国，农村土地信托流转开展时间不长，有关土地信托的规定分散于《中华人民共和国民法典》《中华人民共和国信托法》《中华人民共和国土地管理法》《中华人民共和国农村土地承包法》等多部法律法规之中。这些法律并非为农村土地信托量身定制，其法律规定在形式和内容上多有抵触和错漏，已不能很好规范农村土地信托流转各方参与主体的行为，因此建议国务院农业农村主管部门会同有关部门制定出台《中华人民共和国农村土地信托管理条例》（以下简称《条例》）。《条例》的制定应遵循以下3个原则。

第一，突出农村土地信托中的契约精神。在我国的农村土地信托流转实践中，农户作为信托委托人在土地信托合同的签订过程中，受制于市场竞争不完全、信息不对称，对于合同条款缺乏话语权，往往在非自愿情况下签下损害自身利益的流转合同。这类合同明显违背了《中华人民共和国民法典》规定的契约精神，严重损害了农户的利益，不利于维护农村社会的和谐稳定。因此,《条例》应明确规定签订农村土地信托合同应遵循平等、公平、诚实、守信的契约精神,合同中显失公平的条款自始无效。

第二,明确信托受托人须履行忠实、勤勉、谨慎的信托义务。《中华人民共和国信托法》第25、26条虽然对受托人的信托义务作出了规定,但是这些规定相对抽象和概括且缺乏客观衡量标准,不利于维护农户在土地流转中的合法权益,也增加了农户在土地流转中的交易成本。因此,有必要在《条例》中对于受托人在土地信托谈判、信托土地外包、土地经营管理以及信托收益分配中的信托义务作出明确规定,并明确列明受托人违反忠实、勤勉、谨慎义务的各种情形及相应的民事赔偿责任。

第三,厘清农村土地信托受益人享有的权利。根据《中华人民共和国信托法》第38、40、43、49条等条款规定,农村土地经营权信托受益人享有的权利包括收益权、知情权和监督权。关于收益权,《条例》应包含农村土地信托合同中应载明土地信托关系存续期间信托收益应如何分配,土地信托终止后土地经营权应如何处置等条款。关于知情权,《条例》应规定农户在其承包土地信托生效期间有权要求受托人对土地信托的管理运作、信托资产的处分、财务收支状况作出说明,有权要求查阅土地信托项目账目、信托收益分配方案、新型农业经营主体的营业执照、经营资质等资料。关于监督权,《条例》应明确农户有权在信托关系存续期间对受托人和土地实际经营者的生产经营行为实施监督。具体而言,如农户发现土地实际经营者存在土地管理不善、专业技术水平低下、违法利用土地等情形,农户有权要求受托人约束或更换农地经营主体;如农户发现受托人或土地实际经营者变更土地用途、过度开发利用土地导致水土流失、土地地力退化,有权要求受托人和土地实际利用人恢复土地原状并赔偿农户损失;如受托人在利用土地时存在重大过失、对委托人造成重大损失的,农户有权向人民法院提起诉讼,要求解除土地信托合同,并追究受托人的违约责任。

7.5 提高土地信托失地农户的社会保障水平

针对我国农村因土地信托流转而失去土地的农户这一特殊群体，我们必须正视他们所面临的生活保障问题。这一群体既无法享受城市居民所拥有的各项社会保障，又失去了农地这一传统农民的最后生存保障。因此，在参与土地信托流转后，许多失地农户对于未来的生活保障问题产生了深深的忧虑。在邓州市的实地调研中，我们访谈了一些常年从事种植业的农户，他们坦诚地表达了自己的担忧。他们表示，在过去，家中拥有土地，即使生活遇到困难，也能通过耕种自家的土地来满足基本的生活需求。然而，土地流转出去后，他们不得不依靠购买来满足生活所需，一旦遭遇大病或重大变故，他们深感无助与迷茫。农户的这些担忧，无疑揭示了当前开展土地信托项目的农村地区社会保障体系的不足，使得失地农民缺乏应有的生活安全感。

为了切实解决土地信托流转后农户的后顾之忧，各级政府应当积极行动起来，进一步织密农村社会保障安全网。在提供基本社会保障的基础上，我们还需要为失地农户提供更多的社会保障措施，以增强他们的获得感和安全感。具体而言，我们可以从以下两个方面着手。

一是设立医疗补充保障基金。在邓州市的调研过程中，我们发现不少农户对于参加新农合的热情并不高[1]，这主要是因为他们担心新农合报销额度有限，大病医药费自付金额过高。针对这一问题，我们强烈建议地方政府为那些参与了土地信托流转且加入了新农合的农户设立专门的医疗补充保障基金。该基金将为失地农民在新农合报销范围之外的医疗费用提供一定比例的报销。此举的益处在于，一方面能够减轻失地农户对于高额医

---

[1] 调研组在与访谈农户时，不少农户反映，新农合每人一年要交220元（2018年缴费标准），按一家五口人算一年就要交上千元，相当于两亩地的土地租金，没生病钱相当于白交了，生小病报销不了多少，生大病进医院至少要花几千块，保险只报销一半，还不如在家吃点药扛着。因此，不太愿意交新农合保险费。

疗费用的担忧；另一方面则能够通过为新农合参保农民提供补充保障来激发他们参保的积极性，从而进一步提升农村新农保的缴费比例。在筹集农村医疗保障基金时，我们可以考虑以下3个主要渠道：首先是流转农地土地整治所新增的农业用地指标转让收益、新增农业用地出租收益以及新增集体建设用地出让、出租所获得的收益；其次是信托公司支付的固定土地租金以外的土地利用收益分红；最后是政府提供的一定额度的财政补贴。农村医疗补充保障基金筹集设立后，应聘请具备资产管理资质且声誉良好的金融机构对其进行管理。为了确保基金的安全与增值，可以将基金投资于国债、货币基金等风险较低、安全性较高、流动性较强的金融产品。

二是扎实做好失地农民的就业帮扶工作。调查问卷的统计数据显示，农户家庭年非农业收入和政府提供的就业帮扶种类对农户土地信托流转的满意度具有显著影响。在邓州市的部分地区进行农村土地信托流转后，虽然一部分原本从事农业劳动的劳动力得以从土地上解放出来并外出打工，但我们仍然发现有不少农民处于赋闲状态。因此，引导这部分农民实现向非农领域的转移就业，对于增加农户收入而言具有重要意义。调查数据显示，有83%的农户认为邓州市政府提供了就业帮扶服务。然而，由于失地待业农民的受教育程度、年龄以及身体健康状况存在差异，一些年龄较大、文化程度较低、缺乏专业技能的农户在劳动力市场的就业竞争中往往处于不利地位。为此，地方政府应当针对不同待业群体提供更具针对性的就业帮助。对于青壮年劳动力，我们可以根据企业的实际需求，有针对性地提供订单式的学历教育或职业技能培训，从而帮助他们提升知识文化水平和专业技术能力，以便更好地适应企业的用人需求，并实现向非农领域的就业转移。而对于年纪较大的农村劳动力，我们可以引导他们从事一些简单的材料加工类工作（如竹制品、布鞋、工艺品等的手工活制作）或难度不大的服务业工作（如保安、保洁、农田巡护等）。

7.6 加大农村土地信托知识和法规的宣传力度

农户对土地信托政策的认知和理解程度,对其是否愿意参与土地信托流转以及流转后对流转效果的满意度具有直接影响。在邓州市的乡镇政府推动土地信托流转的过程中,通过召开村民大会宣讲、张贴宣传画报、发放宣传手册以及宣传车辆巡回广播等多种方式进行宣传,已在引导农户参与土地信托方面取得了积极的成效[①]。然而,调研组在深入调研后发现,当前的宣传工作仍存在一些不足之处。具体而言,现有的宣传大多停留在帮助农户计算经济收益的层面,而对于土地信托的相关法律法规和专业知识,农户们仍然知之甚少。更为关键的是,农户们对于如何在土地信托流转中维护自身的合法权益,几乎一无所知[②]。在这种对土地信托法规知识缺乏充分了解的情况下,农户们贸然参与土地信托流转,无疑面临着较大的法律风险。一旦发生法律纠纷,由于不知如何依法合理维权,农户们往往容易采取过激行为,从而可能引发群体性事件,对农村社会的安定团结造成不良影响。

因此,在开展土地信托流转的地区,进一步加大土地信托流转法律法规和相关知识的宣传力度,已成为当务之急。为此,地方政府可以着重从以下几个方面入手。

首先,要给农户们算大账、算细账,让他们充分了解土地信托流转的目的和意义。要明确告诉农户,土地信托流转是在不影响其承包权的前提下,实现承包土地的保值增值的,从而将他们从土地上解放出来,增加家庭收入。通过这种方式,可以充分调动农户参与土地信托流转的积极性。

其次,地方政府需要帮助农户深化对信托相关法律法规和专业知识的了解。具体而言,要让农户知晓自己作为委托人,在土地信托流转中享有

[①] 具体情况参见专栏 6-3《邓州市各乡镇加大宣传力度,推进土地流转》。

[②] 调研组发现邓州市不少村庄的农户之所以签订协议,是出于对村镇干部的信任。一些村镇干部称农户也不懂信托是怎么回事,他们只关心每年的土地租金有多少,能不能准时到账。

哪些权利；同时，也要让他们明白信托公司作为受托人应履行哪些义务。此外，还要指导农户在信托关系成立期间如何监督信托公司和新型农业经营主体的经营行为，以维护自身的合法权益。

再次，在农户与信托公司签约的过程中，政府应充分履行其服务职能。可以邀请法律界的专业人士，用农户们听得懂的语言，向他们详细解释土地信托合同各项条款的具体含义。这样做可以切实维护农户作为委托人对于土地信托具体运作情况的知情权。

最后，地方政府还需要通过举办法律讲座、组织当事人现身说法以及发放案例手册等方式，指导农户在信托合同其他签约方违约的情况下如何依法理性维权。同时，在发生土地信托法律纠纷时，政府应为农户提供必要的法律援助，以避免他们在维权过程中出现过激行为，从而维护农村社会的和谐稳定。

参考文献

[1] 吴宏耀. 巩固和完善农村基本经营制度[N]. 学习时报, 2024-10-21（1）.

[2] 农业农村部. 第七批农业产业化国家重点龙头企业名单公布[EB/OL].（2022-01-01）[2024-06-18]. https://www.gov.cn/xinwen/2022-01/01/content_5665970.htm.

[3] 高杨, 关仕新, 王军, 等. 2022中国新型农业经营主体发展分析报告（二）[N]. 农民日报, 2022-12-29（004）.

[4] 钱忠好, 冀县卿. 中国农地流转现状及其政策改进：基于江苏、广西、湖北、黑龙江四省（区）调查数据的分析[J]. 管理世界, 2016（2）：71-81.

[5] 农业农村部. 农业农村部2019年度法治政府建设情况报告[R/OL].（2020-03-27）[2024-06-18]. http://www.gov.cn/xinwen/2020-03/27/content_5496219.htm.

[6] 徐刚. 适度规模才是种粮增收保障：由种粮大户"毁约弃耕"引发的观察与思考[J]. 农村经营管理, 2017（3）：34-35.

[7] 黄惠春, 徐霁月. 中国农地经营权抵押贷款实践模式与发展路径：基于抵押品功能的视角[J]. 农业经济问题, 2016（12）：95-102.

[8] 王方, 沈菲, 陶启智. 我国农村土地信托流转模式研究[J]. 农村经济,

2017（1）：43-47.

[9] 刘卫柏，彭魏倬加. "三权分置"背景下的土地信托流转模式分析：以湖南益阳沅江的实践为例[J]. 经济地理，2016（8）：134-141.

[10] 仝志辉，陈淑龙. 我国土地承包经营权信托的比较分析[R]. 北京：国家发展与战略研究院，2015.

[11] Land Trust Alliance. 61 million acres voluntarily conserved in America，2020 national land trust census report reveals［EB/OL］.（2021-12-08）［2024-06-18］. https：//landtrustalliance. org/newsroom/press-releases/61-million-acres-voluntarily-conserved-in-america-2020-national-land-trust-census-report-reveals.

[12] 柴铎，林梦柔，宋彦. 中国土地保护社会化的路径镜鉴：基于土地信托保护的思辨[J]. 干旱区资源与环境，2018，32（2）：1-7.

[13] 陈悦，陈超美，刘则渊，等. CiteSpace知识图谱的方法论功能[J]. 科学学研究，2015，33（2）：242-253.

[14] 宋秀芳，迟培娟. Vosviewer与Citespace应用比较研究[J]. 情报科学，2016，34（7）：108-112.

[15] 付健，丁敬达. Citespace和VOSviewer软件的可视化原理比较[J]. 农业图书情报，2019，31（10）：31-37.

[16] McLaughlin N A. Conservation easements—a troubled adolescence[J]. Journal of land，resources，and environmental law，2005，26（1）：47-56.

[17] Kiesecker J M，Comendant T，Grandmason T，et al. Conservation easements in context：a quantitative analysis of their use by the nature conservancy[J]. Frontiers in ecology and the environment，2007，5(3)：125-130.

[18] Yandle B. Comments on land trusts and the choice to conserve land with full ownership or conservation easements[J]. Natural resources

journal, 2004, 44（2）: 519-527.

[19] Lieberknecht K. Public access to U. S. conservation land trust properties: results from a national survey [J]. Journal of the American planning association, 2009, 75（4）: 479-491.

[20] Alexander L, Hess G R. Land trust evaluation of progress toward conservation goals [J]. Conservation biology, 2012, 26（1）: 7-12.

[21] Owley J, Rissman A R. Trends in private land conservation: increasing complexity, shifting conservation purposes and allowable private land uses [J]. Land use policy, 2016, 51: 76-84.

[22] Graves R A, Williamson M A, Belote R T, et al. Quantifying the contribution of conservation easements to large-landscape conservation [J]. Biological conservation, 2019, 232: 83-96.

[23] Scott J M, Davis F W, Mcghie R G, et al. Nature reserves: do they capture the full range of America's biological diversity? [J]. Ecological applications, 2001, 11（4）: 999-1007.

[24] Newburn D, Reed S, Berck P, et al. Economics and land-use change in prioritizing private land conservation [J]. Conservation biology, 2005, 19（5）: 1411-1420.

[25] Farmer J R, Meretsky V, Knapp D, et al. Why agree to a conservation easement? understanding the decision of conservation easement granting [J]. Landscape and urban planning, 2015, 138: 11-19.

[26] Klenosky D B, Perry-Hill R, Mullendore N D, et al. Distinguishing ambivalence from indifference: a study of attitudes toward land trusts among members and nonmembers [J]. Land use policy, 2015, 48: 250-260.

[27] Epanchin-Niell R, Kousky C, Thompson A, et al. Threatened protection: sea level rise and coastal protected lands of the eastern United States [J].

Ocean and coastal management, 2017, 137: 118–130.

[28] Rissman A R, Owley J, Shaw M R, et al. Adapting conservation easements to climate change [J]. Conservation letters, 2015, 8(1): 68–76.

[29] Stern M J, Coleman K J. The multidimensionality of trust: applications in collaborative natural resource management [J]. Society and natural resources, 2014, 28(2): 117–132.

[30] Mase A S, Babin N L, Prokopy L S, et al. Trust in sources of soil and water quality information: implications for environmental outreach and education [J]. Journal of the American water resources association, 2015, 51(6): 1656–1666.

[31] Persson O. The intellectual base and research fronts of JASIS 1986–1990 [J]. Journanl of the American society for information science, 1994, 45(1): 31–38.

[32] 刘则渊, 陈悦, 侯海燕, 等. 科学知识图谱方法与应用 [M]. 北京: 人民出版社, 2008.

[33] Rissman A R. Rethinking property rights: comparative analysis of conservation easements for wildlife conservation [J]. Environmental conservation, 2013, 40(3): 222–230.

[34] Peters C B, Zhan Y, Schwartz M W, et al. Trusting land to volunteers: how and why land trusts involve volunteers in ecological monitoring [J]. Biological conservation, 2017, 208: 48–54.

[35] Merenlender A M, Huntsinger L, Guthey G, et al. Land trusts and conservation easements: who is conserving what for whom? [J]. Conservation biology, 2004, 18(1): 65–76.

[36] Parker D P, Thurman W N. Private land conservation and public policy: land trusts, land owners, and conservation easements [J]. Annual review of resource economics, 2019, 11(1): 337–354.

[37] Pidot J. Reinventing conservation easements: a critical examination and ideas for reform [R]. Massachusetts: Lincoln Institute of Land Policy, 2005.

[38] Yuan-Farrell C, Marvier M, Press D, et al. Conservation easements as a conservation strategy: is there a sense to the spatial distribution of easements? [J]. Natural areas journal, 2005, 25(3): 282-289.

[39] Rissman A R, Lozier L, Comendant T, et al. Conservation easements: biodiversity protection and private use [J]. Conservation biology, 2007, 21(3): 709-718.

[40] Fairfax S K, Gwin L, King M A, et al. Buying nature: the limits of land acquisition as a conservation strategy, 1780-2003 [M]. Cambridge: MIT Press, 2005.

[41] Shaffer M L, Scott J M, Casey F. Noah's options: initial cost estimates of a national system of habitat conservation areas in the United States [J]. Bioscience, 2002, 52(5): 439-443.

[42] Gerber J, Rissman A R. Land-conservation strategies: the dynamic relationship between acquisition and land-use planning [J]. Environment and planning A, 2012, 44(8): 1836-1855.

[43] Gerber J. The difficulty of integrating land trusts in land use planning [J]. Landscape and urban planning, 2012, 104(2): 289-298.

[44] Jones K W, Mayer A, Thaden J V, et al. Measuring the net benefits of payments for hydrological services programs in Mexico [J]. Ecological economics, 2020, 175: 106666.

[45] Grima N, Singh S J, Smetschka B, et al. Payment for ecosystem services (PES) in Latin America: analysing the performance of 40 case studies [J]. Ecosystem services, 2016, 17: 24-32.

[46] Muradian R, Arsel M, Pellegrini L, et al. Payments for ecosystem services and the fatal attraction of win-win solutions [J]. Conservation

letters, 2013, 6 (4): 274-279.

[47] Torabin N, Cooke B, Bekessy S A. The role of social networks and trusted peers in promoting biodiverse carbon plantings [J]. Australian geographer, 2016, 47 (2): 139-156.

[48] Nykvist B. Does social learning lead to better natural resource management? a case study of the modern farming community of practice in Sweden [J]. Society and natural resources, 2014, 27 (4): 436-450.

[49] Bennett D E, Pejchar L, Romero B, et al. Using practitioner knowledge to expand the toolbox for private lands conservation [J]. Biological conservation, 2018, 227: 152-159.

[50] Nyhus P J. Human-wildlife conflict and coexistence [J]. Annual review of environment and resources, 2016, 41 (1): 143-147.

[51] Schmitz C, Meijl H V, Kyle P, et al. Land-use change trajectories up to 2050: insights from a global agro-economic model comparison [J]. Agricultural economics, 2014, 45 (1): 69-84.

[52] Nesbitt H K, Metcalf A L, Lubeck A A, et al. Collective factors reinforce individual contributions to human-wildlife coexistence [J]. The journal of wildlife management, 2021, 85 (6): 1280-1295.

[53] Land Trust Alliance. 2015 national land trust census report [R/OL]. (2016-12-01) [2024-06-18] https://www.landcan.org/pdfs/2015NationalLandTrustCensusReport.pdf.

[54] Ranjan P, Church S P, Floress K, et al. Synthesizing conservation motivations and barriers: what have we learned from qualitative studies of farmers' behaviors in the United States? [J]. Society and natural resources, 2019, 32 (11): 1171-1199.

[55] Baumgart-Getz A, Prokopy L S, Floress K. Why farmers adopt best management practice in the United States: a meta-analysis of the adoption

literature [J]. Journal of environmental management, 2012, 96 (1): 17-25.

[56] Bastian C T, Keske C M H, Mcleod D M, et al. Landowner and land trust agent preferences for conservation easements: implications for sustainable land uses and landscapes [J]. Landscape and urban planning, 2017, 157: 1-13.

[57] Stroman D A, Kreuter U P. Perpetual conservation easements and landowners: evaluating easement knowledge, satisfaction and partner organization relationships [J]. Journal of environmental management, 2014, 146: 284-291.

[58] Bennett N J, Dearden P. Why local people do not support conservation: community perceptions of marine protected area livelihood impacts, governance and management in Thailand [J]. Marine policy, 2014, 44: 107-116.

[59] Nielsen G. Capacity development in protected area management [J]. International journal of sustainable development and world ecology, 2012, 19 (4): 297-310.

[60] Teshome A, Graaff J D, Kessler A. Investments in land management in the north-western highlands of Ethiopia: the role of social capital [J]. Land use policy, 2016, 57: 215-228.

[61] Margules C R, Pressey R L. Systematic conservation planning [J]. Nature, 2000, 405 (6783): 243-253.

[62] Feder G, Feeny D. Land tenure and property rights: theory and implications for development policy [J]. World bank economic review, 1991, 5 (1): 135-153.

[63] Alchian A A, Demsetz H. The Property Right Paradigm [J]. Journal of economic history, 1973, 33 (1): 16-27.

[64] Qu F, Heerink N, Wang W. Land administration reform in China:

its impact on land allocation and economic development [J]. Land use policy, 1995, 12 (3): 193-203.

[65] Hibsch C, Alvarado A, Yepes H, et al. Household land tenure reform in China: its impact on farming land use and agro-environment [J]. Land use policy, 1997, 14 (3): 175-186.

[66] Dijk T V. Scenarios of Central European land fragmentation [J]. Land use policy, 2003, 20 (2): 149-158.

[67] Holden S T, Ghebru H. Land rental market legal restrictions in Northern Ethiopia [J]. Land use policy, 2016, 55: 212-221.

[68] Wang J, Cramer G L, Wailes E J. Production efficiency of Chinese agriculture: evidence from rural household survey data [J]. Agricultural economics, 1996, 15 (1): 17-28.

[69] Liu S, Carter M R, Yao Y. Dimensions and diversity of property rights in rural China: dilemmas on the road to further reform [J]. World development, 1998, 26 (10): 1789-1806.

[70] Brabec E, Smith C. Agricultural land fragmentation: the spatial effects of three land protection strategies in the eastern United States [J]. Landscape and urban planning, 2002, 58 (2): 255-268.

[71] 刘莉君. 农村土地流转的国内外研究综述 [J]. 湖南科技大学学报（社会科学版）, 2013, 16 (01): 95-99.

[72] Dong X Y. Two-tier land tenure system and sustained economic growth in post-1978 rural China [J]. World development, 1996, 24 (5): 915-928.

[73] Basu K A. Oligopsonistic landlords, segmented labor markets, and the persistence of tied-labor contracts [J]. American journal of agricultural economics, 2002, 84 (2): 438-453.

[74] Binswanger H P, Deininger K, Feder G. Power, distortions, revolt, and reform in agricultural land relations [J]. Handbook of development

economics, 1993, 3（2）: 2661-2772.

[75] Macmillan D C. An economic case for land reform [J]. Land use policy, 2000, 17（1）: 49-57.

[76] Duke J M, Marisová E, Bandlerová A, et al. Price repression in the Slovak agricultural land market – ScienceDirect [J]. Land use policy, 2004, 21（1）: 59-69.

[77] Kung K S. Off-farm labor markets and the emergence of land rental markets in rural China [J]. Journal of comparative economics, 2002, 30（2）: 395-414.

[78] 叶兴庆, 翁凝. 拖延了半个世纪的农地集中: 日本小农生产向规模经营转变的艰难历程及启示 [J]. 中国农村经济, 2018（1）: 124-137.

[79] Campbell L M. Conservancy: The land trust movement in America [J]. Human ecology, 2005, 33（3）: 439-441.

[80] 李龙浩, 张春雨. 构建我国土地信托登记制度的思考 [J]. 中国土地科学, 2003（4）: 48-51.

[81] 常冬勤, 蒲玥成. 我国农村土地流转信托的现状、问题及对策 [J]. 农业经济, 2016（1）: 92-93.

[82] 陈敦. 土地信托与农地"三权分置"改革 [J]. 东方法学, 2017（1）: 79-88.

[83] 李萌. "三权分置"背景下农村土地经营权的信托流转 [J]. 甘肃社会科学, 2024（1）: 135-144.

[84] 江钦辉, 魏树发.《民法典》背景下农地经营权信托流转法律构造中的主体疑难问题 [J]. 新疆社会科学, 2022（1）: 91-101, 147-148.

[85] 吴昭军. 论农村集体经济组织的经营管理权: 基于信托理论的阐释 [J]. 当代法学, 2023, 37（1）: 95-107.

[86] 陈敦, 张航. 农村土地信托流转的现状分析与未来展望 [J]. 国家

行政学院学报, 2015 (5): 94-98.

[87] 李停. 我国土地信托模式的选择与实践 [J]. 华南农业大学学报（社会科学版）, 2017, 16 (4): 34-44.

[88] 杨明国. 中国农村土地流转信托研究: 基于"宿州模式"和"益阳模式"的比较分析 [J]. 财政研究, 2015 (2): 59-63.

[89] 文杰. 信托: 土地经营权抵押权实现方式的创新 [J]. 兰州学刊, 2024 (8): 80-87.

[90] 叶朋. 农地承包经营权信托流转的发展历程与趋势 [J]. 西北农林科技大学学报（社会科学版）, 2016, 16 (1): 21-25.

[91] 翟黎明, 夏显力, 吴爱娣. 政府不同介入场景下农地流转对农户生计资本的影响: 基于PSM-DID的计量分析 [J]. 中国农村经济, 2017 (2): 2-15.

[92] 黎东升, 刘小乐. 我国农村土地流转创新机制研究: 基于政府干预信息披露的博弈分析 [J]. 农村经济, 2016 (2): 34-38.

[93] 吴本健, 申正茂, 马九杰. 政府背书下的土地信托、权能配置与农业产业结构调整: 来自福建S县的证据 [J]. 华南师范大学学报（社会科学版）, 2015 (1): 132-138.

[94] 陈靖. 进入与退出: "资本下乡"为何逃离种植环节: 基于皖北黄村的考察 [J]. 华中农业大学学报（社会科学版）, 2013 (2): 31-37.

[95] 王克强, 许茹毅, 刘红梅. 土地流转信托对农业生产效率的影响研究: 基于黑龙江省桦川县水稻农户信托项目的实证分析 [J]. 农业技术经济, 2021 (4): 122-132.

[96] 王吕蓉. 西安市农村土地流转的"高陵模式"分析与启示 [J]. 中国农业资源与区划, 2016, 37 (2): 57-61.

[97] 周建军, 陈琦, 吴莎. 农村土地信托流转对中国粮食生产的影响研究: 基于湖南省益阳市案例的分析 [J]. 财经理论与实践, 2017, 38 (3): 135-139.

[98] 辛瑞，辛毅，郭静，等. 我国土地信托流转模式及绩效研究：兼析金融资本与农业产业融合发展关系[J]. 价格理论与实践，2019（12）：83-87.

[99] 吕洪波，刘佳. 我国农村土地信托发展困境对策[J]. 农业经济，2018（1）：112-113.

[100] 曹泮天. 农村土地经营权信托要素的优化配置[J]. 现代法学，2024，46（5）：35-48.

[101] 周乾. 农地经营权信托的价值、羁束与中国式现代化路径[J]. 中国法律评论，2024（4）：206-216.

[102] 陈志，梁伟亮. 土地经营权信托流转风险控制规则研究[J]. 农村经济，2016（10）：25-33.

[103] 李泉，李梦，鲁科技. "三权分置"视域中的农村土地信托模式比较研究[J]. 山东农业科学，2019，51（1）：161-167.

[104] Bogaerts T, Williamson I P, Fendel E M. The role of land administration in the accession of Central European countries to the European Union[J]. Land use policy, 2002, 19（1）: 29-46.

[105] 吴明隆. 问卷统计分析实务：SPSS操作与应用[M]. 重庆：重庆大学出版社，2010.

[106] Kaiser H F. An index of factorial simplicity[J]. Psychometrika, 1974, 39（1）: 31-36.

[107] 王小霞. 全国第二单土地流转信托调查[N]. 中国经济时报，2015-10-26（A01）.

[108] 蒲坚. 信托是公有制的一种实现形式[J]. 红旗文稿，2013（11）：24-27.

[109] 李霄. 农村土地使用权流转的博弈分析[J]. 农业经济问题，2003（12）：4-7，79.

[110] 刘振勇. 论农地流转博弈中农民权益的诉求与保障[J]. 经济问题，2011（12）：79-81.

[111] 王颜齐, 郭翔宇. "反租倒包"农地流转中农户博弈行为特征分析[J]. 农业经济问题, 2010, 31（5）: 34-44, 110.

[112] 李勇, 杨卫忠. 农村土地流转制度创新参与主体行为研究[J]. 农业经济问题, 2014, 35（2）: 75-80, 111-112.

[113] 聂英, 聂鑫宇. 农村土地流转增值收益分配的博弈分析[J]. 农业技术经济. 2018（3）: 122-132.

[114] 卫春江, 张少楠. 我国农村土地流转中利益主体的进化博弈分析[J]. 经济经纬, 2017, 34（2）: 49-55.

[115] 凯莫勒. 行为博弈: 对策略互动的实验研究[M]. 贺京同, 那艺, 冀嘉蓬, 等, 译. 北京: 中国人民大学出版社, 2006.

[116] 金迪斯. 演化博弈论: 问题导向的策略互动模型[M]. 王新荣, 译. 2版. 北京: 中国人民大学出版社, 2015.

[117] Smith J M, Price G R. The Logic of Animal Conflict[J]. Nature, 1973, 246（5427）: 15-18.

[118] Friedman D. Evolutionary Game in Economics[J]. Econometrica, 1991, 59（3）: 637-666.

[119] 杨丹丹. 安徽宿州土地流转信托为何"慢吞吞"[N]. 农民日报, 2015-05-05（5）.

[120] 王永群. 土地流转信托"点石难成金"[N]. 中国经济时报, 2015-05-28（A01）.

[121] 新华社. 河南邓州: "三权分置"盘活农村资源助力乡村振[EB/OL].（2018-12-01）[2024-08-30]. http://www.gov.cn/xinwen/2018-12/01/content_5345106.htm.

[122] Fishbein M, Ajzen I. Belief, attitude, intention and behavior: an introduction to theory and research[M]. Massachusetts: Addison-Wesley publishing company, 1975.

[123] Ajzen I, Fishbein M. Understanding attitudes and predicting social behavior[M]. Englewood Cliffs: Prentice-Hall, 1980.

［124］明均仁. 基于用户感知的移动图书馆服务接受与使用行为研究［M］. 武汉：武汉大学出版社，2017.

［125］Fishbein M. An investigation of the relationships between beliefs about an object and the attitude toward that object［J］. Human relations，1963，16：233-240.

［126］Ajzen I. The theory of planned behavior［J］. Organizational behavior and human decision processes，1991，50：179-211.

［127］Bamberg S, Ajzen I, Schmidt P. Choice of travel mode in TPB: the roles of past behavior, habit, and reasoned action［J］. Basic and applied social psychology. 2003，25：175-188.

［128］段文婷，江光荣. 计划行为理论述评［J］. 心理科学进展，2008（2）：315-320.

［129］胡梦雅，孙彦，曹天庆，等. 耕地面源污染治理农户参与意愿研究［J］. 水土保持研究，2021，28（4）：397-403.

［130］谢金华，杨钢桥，张进，等. 长江经济带农户生态认知对其清洁能源利用行为的影响机制：基于5区市农户的实证分析［J］. 华中农业大学学报，2021，40（3）：52-63.

［131］何悦，漆雁斌. 农户绿色生产行为形成机理的实证研究：基于川渝地区860户柑橘种植户施肥行为的调查［J］. 长江流域资源与环境，2021，30（2）：493-506.

［132］杨文杰，巩前文. 农村绿色发展中农户认知对行为响应的影响研究［J］. 华中农业大学学报（社会科学版），2021（2）：40-48.

［133］吴九兴，杨钢桥. 农地整理项目农民参与行为的机理研究［J］. 中国人口·资源与环境，2014，24（2）：102-110.

［134］魏凤，于丽卫. 天津市农户宅基地换房意愿影响因素的实证分析：基于3个区县521户的调查数据［J］. 中国土地科学，2013，27(7)：34-40.

[135] 刘灵辉, 田茂林, 李明玉. 土地流转对家庭农场经济效益的影响研究: 基于四川、湖北、江苏、山东336户家庭农场的调研[J]. 河北经贸大学学报, 2020, 41 (5): 87-97.

[136] 张占录, 张雅婷, 康明明. 家庭结构对农地流转意愿的影响: 基于结构方程模型的实证分析[J]. 中国土地科学, 2019, 33 (10): 74-83.

[137] 刘涛, 卓云霞, 王洁晶. 村庄环境、非农就业与农地流转: 基于全国百村农户调查数据的分析[J]. 地域研究与开发, 2021, 40 (4): 141-146.

[138] Bagozzi R P, Ue H M, VanLoo M E. Decisions to donate bone marrow: the role of attitudes and subjective norms across cultures[J]. Psychology and health, 2001, 16: 29-56.

[139] 姜立利. 期望价值理论的研究进展[J]. 上海教育科研, 2003 (2): 33-35.

[140] 赵微, 周惠, 杨钢桥, 等. 农民参与农地整理项目建后管护的意愿与行为转化研究: 以河南邓州的调查为例[J]. 中国土地科学, 2016, 30 (3): 55-62.

[141] Ajzen I, Fishbein M. The influence of attitudes on behavior[J]. Organizational behavior and human decision processes, 2005. 173-221.

[142] Kraft P, Rise J, Sutton S, et al. Perceived difficulty in the theory of planned behaviour: perceived behavioural control or affective attitude?[J]. British journal of social psychology, 2005, 44 (3): 479-496.

[143] 吕洪波. 我国农村土地信托发展环境及分析[J]. 农业经济, 2018 (3): 97-98.

[144] Cialdini R B, Kallgren C A, Reno R R. A focus theory of normative conduct: a theoretical refinement and reevaluation of the role of norms in

human behavior [J]. Advances in experimental social psychology, 1991, 21: 201-234.

[145] 刘莎, 刘明. 家庭借贷、经营规模与农户土地经营意愿: 基于小农户、中农户和大农户分化视角[J]. 长江流域资源与环境, 2021, 30(8): 1969-1981.

[146] 蔡书凯, 蔡荣. 土地信托流转与农户参与意愿: 基于 Probit-ISM 分析方法[J]. 中国农业大学学报, 2017, 22(7): 173-185.

[147] 许连君. 行为经济学视角的农户土地流转意愿分析: 以浙江农户为例[J]. 浙江农业学报, 2020, 32(2): 367-372.

[148] 甘臣林, 谭永海, 陈璐, 等. 基于 TPB 框架的农户认知对农地转出意愿的影响[J]. 中国人口·资源与环境, 2018, 28(5): 152-159.

[149] 张占录, 张雅婷, 张远索, 等. 基于计划行为理论的农户主观认知对土地流转行为影响机制研究[J]. 中国土地科学, 2021, 35(4): 53-62.

[150] 罗颖, 郑逸芳, 许佳贤. 农户参与土地信托流转意愿与行为选择偏差研究: 基于福建省沙县农户的调查数据[J]. 中共福建省委党校学报, 2019(5): 115-123.

[151] 吴明隆. 结构方程模型: AMOS 的操作与应用[M]. 重庆: 重庆大学出版社, 2010.

[152] 陈昱, 陈银蓉, 马文博. 基于 Logistic 模型的水库移民安置区居民土地流转意愿分析: 四川、湖南、湖北移民安置区的调查[J]. 资源科学, 2011, 33(6): 1178-1185.

[153] 赵光, 李放. 养老保险对土地流转促进作用的实证分析[J]. 中国人口·资源与环境, 2014, 24(9): 118-128.

[154] 洪名勇, 关海霞. 农户土地流转行为及影响因素分析[J]. 经济问题, 2012(8): 72-77.

[155] 许恒周, 郭玉燕, 吴冠岑, 等. 代际差异视角下农民工土地流转

意愿的影响因素分析：基于天津613份调查问卷的实证研究[J]. 资源科学, 2012, 34 (10): 1864-1870.

[156] 薛凤蕊, 乔光华, 侯安宏. 农区与半农半牧区土地流转意愿比较分析：以内蒙古鄂尔多斯市为例[J]. 农业技术经济, 2010 (2): 24-30.

[157] 林善浪, 叶炜, 梁琳. 家庭生命周期对农户农地流转意愿的影响研究：基于福建省1570份调查问卷的实证分析[J]. 中国土地科学, 2018, 32 (3): 68-73.

[158] 裴厦, 谢高地, 章予舒. 农地流转中的农民意愿和政府角色：以重庆市江北区统筹城乡改革和发展试验区为例[J]. 中国人口·资源与环境, 2011, 21 (6): 55-60.

[159] 钟晓兰, 李江涛, 冯艳芬, 等. 农户认知视角下广东省农村土地流转意愿与流转行为研究[J]. 资源科学, 2013, 35 (10): 2082-2093.

[160] 罗光莲, 关丽丽, 骆东奇, 等. 农村土地流转市场的农户行为选择实证分析：基于重庆市34个区县大样本调查数据[J]. 开发研究, 2009 (2): 66-69.

[161] 李国珍, 张应良, 易裕元. 工商资本下乡的福利补偿对农户土地流转意愿的影响[J]. 西南大学学报（社会科学版）, 2022, 48 (3): 88-99.

[162] 林善浪, 王健, 张锋. 劳动力转移行为对土地流转意愿影响的实证研究[J]. 中国土地科学, 2010, 24 (2): 19-23.

[163] 张忠明, 钱文荣. 不同兼业程度下的农户土地流转意愿研究：基于浙江的调查与实证[J]. 农业经济问题, 2014, 35 (3): 19-24, 110.

[164] 李景刚, 高艳梅, 臧俊梅. 农户风险意识对土地流转决策行为的影响[J]. 农业技术经济, 2014 (11): 21-30.

[165] 张永强, 高延雷, 王刚毅, 等. 黑龙江省土地转出行为分析：基

于13个地市47个村的调研数据［J］. 农业技术经济, 2016（3）: 68-74.

［166］Lu J X, Su Y W. On willingness of rural land circulation and securitization in central regions of China［J］. Asian agricultural research, 2014, 6（3）: 36-41.

［167］段静琪, 郭焱, 朱俊峰. 产权安全性、产权认知与土地流转高意愿低行为［J］. 华中农业大学学报（社会科学版）, 2021（1）: 156-164, 181-182.

［168］Fiss P C. Building better casual theories: a fuzzy set approach to typologies in organizational research［J］. Academy of management journal, 2011, 54（2）: 393-420.

［169］杜运周, 贾良定. 组态视角与定性比较分析（QCA）: 管理学研究的一条新道路［J］. 管理世界, 2017（6）: 155-167.

［170］Ragin C C. The comparative method: moving beyond qualitative and quantitative strategies［M］. Berkeley: University of California Press, 1987.

［171］Vis B. The comparative advantages of fsQCA and regression analysis for moderately large-N analy-ses［J］. Sociological methods and research, 2012, 41（1）: 168-198.

［172］张明, 杜运周. 组织与管理研究中QCA方法的应用: 定位、策略和方向［J］. 管理学报, 2019, 16（9）: 1312-1323.

［173］Ragin C C. Redesigning social inquiry: fuzzy sets and beyond［M］. Chicago: University of Chicago Press, 2008.

［174］Meuer J, Rupietta C. A review of integrated QCA and statistical analyses［J］. Quality & Quantity, 2017: 2063-2083.

［175］Berg-Schlosser D, De Meur G. Comparative research design: case and variable selection［M］. Rihoux B, Ragin C C. Configurational comparative methods: Qualitative Comparative Analysis（QCA）and related techniques. Thousand Oaks: Sage, 2009: 19-32.

［176］Thiem A. Clearly crisp, and not fuzzy: a reassessment of the (putative) pitfalls of multi-value QCA［J］. Field Methods, 2013. 25 (2): 197-207.

［177］Vink M P, Van Vliet O. Not quite crisp, not yet fuzzy?assessing the potentials and pitfalls of multi-value QCA［J］. Field methods, 2009. 21 (3): 265-289.

［178］Vink M P, Van Vliet O. Potentials and pitfalls of multi-value QCA: response to thiem［J］. Field methods, 2013. 25 (2): 208-213.

［179］Thiem A, Dusa A. QCA: a package for qualitative comparative analysis［J］. The R journal, 2013, 5 (1): 87-97.

［180］Pappas I O, Woodside A G. Fuzzy-set Qualitative Comparative Analysis (fsQCA): Guidelines for research practice in Information Systems and marketing［J］. International Journal of Information Management, 2021, 58 (102310): 1-23.

［181］Ordanini A P A R. When the recipe is more important than the ingredients a Qualitative Comparative Analysis (QCA) of service innovation configurations［J］. Journal of Service Research, 2014, 2 (17): 134-149.

［182］Pappas I O K P. Explaining online shopping behavior with fsQCA: The role of cognitive and affective perceptions［J］. Journal of business research, 2016, 69 (2): 794-803.

［183］Conway G, Chambers R. Sustainable Rural Livelihoods: Practical Concepts of the 21st Century［EB/OL］. (1992-10-01)［2024-08-30］. http://www.ids.ac.uk/publication/sustainable-rural-livelihoods-practical-concepts-for-the-21st-century.

［184］Woodside A G. Embrace•perform•model: Complexity theory, contrarian case analysis, and multiple realities［J］. Journal of business research, 2014, 67 (12): 2495-2503.

[185] Rihoux D B, Ragin C C. Configurational comparative methods: Qualitative Comparative Analysis (QCA) and related techniques [M]. Thousand Oaks: Sage, 2009.

[186] 张明, 陈伟宏, 蓝海林. 中国企业"凭什么"完全并购境外高新技术企业: 基于94个案例的模糊集定性比较分析（fsQCA）[J]. 中国工业经济, 2019 (4): 117-135.

[187] Misangyi V F, Acharya A G. Substitutes or complements? a configurational examination of corporate governance mechanisms [J]. The academy of management journal, 2014, 57 (6): 1681-1705.

[188] 高伟, 高建, 李纪珍. 创业政策对城市创业的影响路径: 基于模糊集定性比较分析 [J]. 技术经济, 2018, 37 (4): 68-75.

[189] Frambach R T, Fiss P C, Ingenbleek P T. How important is customer orientation for firm performance? A fuzzy set analysis of orientations, strategies, and environments. Journal of Business Research [J]. 2016, 69 (4): 1428-1436.

[190] 夏先清, 刘芳芳, 王中献. 河南邓州市孟楼镇"三权分置"改革助推乡村振兴 [N]. 经济日报, 2018-12-20 (4).

[191] Cardozo R M. An experimental study of consumer effort, expectation and satisfaction [J]. Journal of marketing research, 1965, 2 (8): 244-249.

[192] Howard I, Sheth J N. The theory of buyer behavior [M]. New York: John Wiley and Sons, Inc., 1969: 125-136.

[193] Oliver R L. A cognitive model of the antecedents and consequences of satisfaction decisions [J]. Journal of marketing research, 1980, 17 (4): 460-469.

[194] 于洪彦. 顾客满意度涵义诠释 [J]. 中国统计, 2003 (9): 50-51.

［195］Zeithami V，Parasuraman A，Berry L L. The nature and determinants of customer expectations of service［J］. Journal of the academy of marketing science，1993，21（1）：1-12.

［196］马艳艳，林乐芬. 农户土地流转满意度及影响因素分析：基于宁夏南部山区288户农户的调查［J］. 宁夏社会科学，2015（3）：71-77.

［197］陈璐，甘臣林，梅昀，等. CSI理论框架下农户农地转出满意度影响因素分析：以武汉城市圈典型地区调查为例［J］. 中国土地科学，2017，31（2）：67-76.

［198］黄腾，刘天军，董春柳. 农户满意度视角的土地流转政策分析［J］. 西南师范大学学报（自然科学版），2018，43（6）：52-58.

［199］童庆蒙，张露，张俊飚. 土地转入能否提升农民生活满意度？：来自湖北省江汉平原地区的经验证据［J］. 长江流域资源与环境，2019，28（3）：614-622.

［200］牛星，王超，吴冠岑. 流转特征、风险感知与土地流转满意度：基于长三角地区1008个农户的调查［J］. 农业经济与管理，2020（2）：45-55.

［201］殷志扬，程培堽，王艳，等. 计划行为理论视角下农户土地流转意愿分析：基于江苏省3市15村303户的调查数据［J］. 湖南农业大学学报（社会科学版），2012，13（3）：1-7.

［202］钱文荣. 农户家庭的土地流转行为与意愿研究：浙江省奉化市的农户调查与计量分析［J］. 浙江经济，2003（4）：20-23.

［203］闫小欢，霍学喜. 农民就业、农村社会保障和土地流转：基于河南省479个农户调查的分析［J］. 农业技术经济，2013（7）：34-44.

［204］武文杰，刘志林，张文忠. 基于结构方程模型的北京居住用地价格影响因素评价［J］. 地理学报，2010，65（6）：676-684.

［205］吴林海，侯博，高申荣. 基于结构方程模型的分散农户农药残

留认知与主要影响因素分析［J］．中国农村经济，2011（3）：35-48．

［206］方福前，吕文慧．中国城镇居民福利水平影响因素分析：基于阿马蒂亚·森的能力方法和结构方程模型［J］．管理世界，2009（4）：17-26．

［207］温忠麟，侯杰泰，马什赫伯特．结构方程模型检验：拟合指数与卡方准则［J］．心理学报，2004（2）：186-194．

［208］王长义，王大鹏，赵晓雯，等．结构方程模型中拟合指数的运用与比较［J］．现代预防医学，2010，37（1）：7-9．

［209］侯杰泰．结构方程模型及其应用［M］．北京：教育科学出版社，2004．

附录1　实地调查问卷

邓州市农村土地信托流转农户调查问卷

各位农户：

您好！本次调查采取不记名方式，问卷统计结果将严格保密，不会对您产生任何影响，请您根据自身的实际情况如实填写。衷心感谢您的支持与合作！

公共管理学院调研组
2019年8月

一、请在问卷中填写您的实际情况（直接填写数量并在您认为正确的选项上打√）

1. 您家户主年龄_____岁，家庭总人口数_____人，其中男性_____人，女性_____人，务农劳动力_____人，外出打工_____人，非劳动人口（老人、小孩和伤残人士等）_____人。

2. 您家拥有承包地_____块，面积_____亩，承包土地主要类别（望天田/水浇地/水田/旱田）。

3. 您家流转土地面积_____亩；流转期限是_____年；流转土地主要类别（望天田/水浇地/水田/旱田）。

4. 当地农业种植公司（是/否）提供就业岗位；（是/否）愿意去当地农业种植公司就业；（是/否）在当地农业种植工作所提供的就业岗位工作，就业岗位的日均工资为＿＿＿元/日。

5. 土地流转前每亩地收入为＿＿＿元；土地流转后每亩地的收入为＿＿＿元。

6. 土地流转前，您的养老保险缴费水平是＿＿＿元/年；土地流转后＿＿＿元/年；

7. 土地流转前，您的医疗保险缴费水平是＿＿＿元/年；土地流转后＿＿＿元/年；

8. 您家拥有以下财产中的几种，土地流转前有＿＿＿种；土地流转后有＿＿＿种。

①电视　②热水器　③冰箱　④空调　⑤手机
⑥三轮车　⑦农用车（送货车）　⑧摩托车　⑨小轿车
⑩电脑　⑪锄头、镰刀等各种农具　⑫家里的牲畜
⑬洗衣机　⑭太阳能热水器　⑮照相机　⑯抽油烟机

二、请根据您的实际情况勾选（在您认为正确的选项上打√）

1. 土地流转前，您家收入最主要来源是
①种植业收入　②养殖业收入　③务工收入　④工资性收入
⑤做生意或个体经营收入　⑥补贴收入　⑦出租土地收入
⑧其他收入

2. 土地流转后，您家收入最主要来源是
①种植业收入　②养殖业收入　③务工收入　④工资性收入
⑤做生意或个体经营收入　⑥补贴收入　⑦出租土地收入
⑧其他收入

3. 土地流转前,您所从事工作是

①赋闲待业　②从事农业生产　③以农业为主兼职副业

④以非农业为主兼职农业　⑤只从事非农业

4. 土地流转后,您所从事工作是

①赋闲待业　②从事农业生产　③以农业为主兼职副业

④以非农业为主兼职农业　⑤只从事非农业

5. 土地流转前,您向亲友借钱的难易程度

①非常容易　②比较容易　③一般　④比较困难　⑤非常困难

6. 土地流转后,您向亲友借钱的难易程度

①非常容易　②比较容易　③一般　④比较困难　⑤非常困难

7. 土地流转前,您从银行或者信用社借钱的难易程度

①非常容易　②比较容易　③一般　④比较困难　⑤非常困难

8. 土地流转后,您从银行或者信用社借钱的难易程度

①非常容易　②比较容易　③一般　④比较困难　⑤非常困难

9. 土地流转前,您遇到困难时,获得来自亲戚、朋友、乡邻的帮助情况

①没有获得任何帮助　②获得过一种帮助　③获得过两种帮助

④获得过三种帮助　⑤获得过三种以上帮助

10. 土地流转后,您遇到困难时,获得来自亲戚、朋友、乡邻的帮助情况

①没有获得任何帮助　②获得过一种帮助　③获得过两种帮助

④获得过三种帮助　⑤获得过三种以上帮助

11. 土地流转前,您获得过来自政府或者合作组织等其他任何形式的帮助情况

①没有获得任何帮助　②获得过一种帮助　③获得过两种帮助

④获得过三种帮助　⑤获得过三种以上帮助

12. 土地流转后，您获得过来自政府或者合作组织等其他任何形式的帮助情况

①没有获得任何帮助　　②获得过一种帮助　　③获得过两种帮助

④获得过三种帮助　　⑤获得过三种以上帮助

三、请根据您的实际情况勾选（在您认为正确的选项上打√）

1. 户主的健康状况

①非常好　　②比较好　　③一般　　④比较差　　⑤非常差

2. 户主的受教育程度

①小学及以下　　②初中　　③高中或中专

④大专　　⑤本科及以上

3. 您认为您家的承包地质量如何

①非常好　　②比较好　　③一般　　④比较差　　⑤非常差

4. 您是否签订了土地流转合同

①与河南邓州国土开发有限公司签订

②与①项以外的主体签订　　　　　③未签订

5. 您是否愿意由河南邓州国土开发有限公司统一流转土地

①非常不愿意　　②比较不愿意　　③无所谓，流转不流转都可以

④比较愿意　　⑤非常愿意

6. 如不愿流转您的具体意愿是

①希望自主流转　　　　　②希望自己耕种

7. 您对由河南邓州国土开发有限公司统一流转土地是否满意（土地未流转的本项不填）

①非常不满意　②比较不满意　③一般　④比较满意　⑤非常满意

8. 土地流转后，您外出进行农业生产或者工作变得

①非常不方便　②比较不方便　③没有变化　④比较方便　⑤非常方便

9. 给农民发放承包土地权证时,你认为证书应该

①仅确定承包土地面积即可

②应确定承包土地的面积、位置和范围

10. 政府是否组织宣传过土地流转相关政策

①是　　　　　　　　　②否

11. 土地流转后,当地政府通过何种方式进行就业帮扶(可多选)

①组织安置到企业　　　②提供就业信息和技能培训

③有组织地外出打工　　④其他(请填写)

⑤没有提供就业帮助

12. 请根据家庭实际情况在附表1合适的方框里打上"√"

附表1　家庭实际情况

项目		土地流转前	土地流转后	项目		土地流转前	土地流转后
家庭年收入	3万以下			家庭年农业收入	2万以下		
	3~6万(不含6万)				2~3万(不含3万)		
	6~9万(不含9万)				3~4万(不含4万)		
	9~12万(不含12万)				4~5万(不含5万)		
	12万及以上				5万及以上		
家庭年非农业收入	3万以下			家庭年支出费用	1万以下		
	3~6万(不含6万)				1~1.5万(不含1.5万)		
	6~9万(不含9万)				1.5~2万(不含2万)		
	9~12万(不含12万)				2~2.5万(不含2.5万)		
	12万及以上				2.5万及以上		

续表

项目		土地流转前	土地流转后	项目		土地流转前	土地流转后
住房类型	宅基地自建房			住房结构	混凝土构造		
	集体统一建房				砖瓦构造		
	租房				砖木构造		
	保障性住房				土木构造		
	其他				其他		
住房面积	100平方米以下			建筑年限	5年以内		
	100～200平方米（不含200平方米）				5—15年		
	201～300平方米（不含300平方米）				16—25年		
	301～400平方米（不含400平方米）				26—35年		
	400平方米及以上				35年以上		

四、满意度打分（直接填写分数）

请根据实际情况在附表2上填写分数。

附表2 满意度打分

序号	项目	土地流转前打分	土地流转后打分
1	住房条件		
2	生活环境		
3	交通设施		
4	与同村村民关系		
5	与其他村村民关系		
6	治安条件		
7	医疗卫生条件		
8	教育条件		

续表

序号	项目	土地流转前打分	土地流转后打分
9	土地流转政策		
10	土地流转收益分成		
11	土地流转收益发放及时程度		
12	土地流转中县政府服务得分		
13	土地流转中镇政府服务得分		
14	土地流转中村委会服务得分		
15	农业种植公司的日均工资		
16	土地流转收益分成的了解程度		
17	对土地流转收益分成的满意程度		

注：序号1~15的打分规则为很不满意打1~20分；不满意打21~40分；比较满意打41~60分；满意打61~80分；很满意打81~100分。序号16、17的打分规则为不了解打1~20分；不太了解打21~40分；一般打41~60分；了解打61-80分；非常了解打81~100分。

附录 2　实地调研收集的部分资料

实地调研收集的部分资料如附图 1 所示。

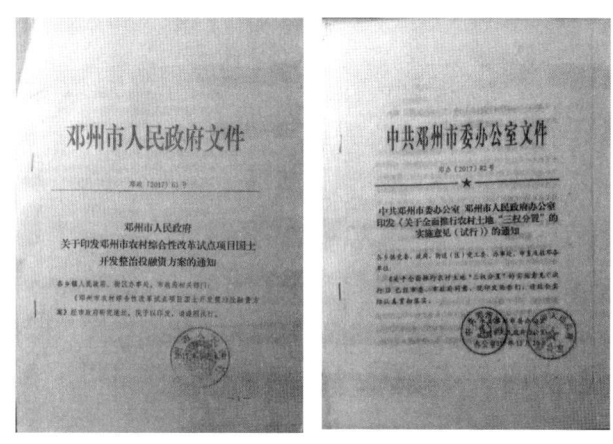

附图 1　实地调研收集的部分资料

附录3 实地调研的部分影像记录

实地调研的部分影像记录如附图2～附图7所示。

附图2 调研团队走访孟楼镇人民政府

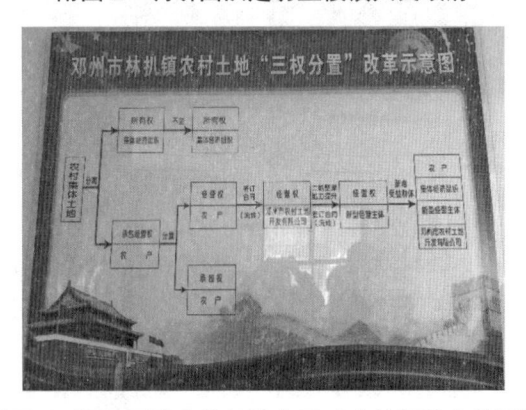

附图3 调研团队在林扒镇人民政府拍摄的宣传展板

附录 3 实地调研的部分影像记录

附图 4　调研团队在孟楼镇军九村进行入户访谈

附图 5　调研团队实地查看土地整治后再流转的农田

附图 6　调研团队与土地开发公司领导座谈

附图 7 调研团队与孟楼镇领导及农业投资商座谈

后　　记

随着《农村土地信托流转中农户福利变化及主观响应研究》一书即将付梓，我内心充满了感激与感慨。此书的完成不仅是我个人学术生涯的一个重要节点，也是对我所承担的国家社科基金项目《农户在农村土地信托流转中的行为响应及福利变化研究》的一次全面总结。在此，我衷心感谢为本书提供出版资助的华中师范大学政治学部公共管理学院，正是他们的慷慨支持，使得本书得以顺利面世。

同时，我要特别向我的同事韩璟老师表达深深的谢意。韩老师凭借其卓越的协调能力，帮助我们课题组争取到了邓州市各级政府对调研工作的鼎力支持，为课题调研的顺利进行奠定了坚实的基础。此外，我还要感谢杨川、张雷、王梓琦、张鑫等课题组成员的辛勤付出。他们不仅在各自负责的研究领域展现了非凡的智慧，更在课题研究遭遇困境时，展现出团结协作的精神，共同攻克了一个又一个难关。

本书从选题到成书的整个过程，是一段充满挑战与收获的旅程。本人与研究团队通过对国内外相关文献的广泛研读，明确了研究方向，并紧扣"如何通过农村土地信托流转提升农户福利"这一核心议题，展开了深入细致的探讨。随后，本人带领团队成员奔赴河南省邓州市等地，开展了扎实的实地调研，搜集了大量宝贵的第一手资料。在数据分析阶段，研究团队运用了多种统计方法，对假设进行了严谨的验证，并构建了结构方程模型，以期揭示农户决策机制背后的复杂逻辑。尽管在研究过程中，研究团队遭遇了数据获取难度大、理论模型构建复杂等多重挑战，但我们始终保持着积极向上的态度，通过不断学习新知识、借鉴前人的研究成果，最终找到了解决问题的路径。

本书的研究发现主要集中在以下 4 个方面：一是明确指出了农户参与农村土地信托流转后，其家庭内部的福利水平得到了显著提升；二是通过对比分析"邓州模式"与"宿州模式"，深入揭示了不同背景下农村土地信托参与企业行为策略形成的内在机制；三是基于计划行为理论，创新性地提出了一个用于解释农户土地信托流转行为决策的新框架；四是发现了可持续生计资本在增强农户土地流转意愿方面的重要作用。这些发现不仅为农村土地制度改革领域的理论体系注入了新的活力，也为政策制定者提供了有力的科学依据，有助于更好地引导小农户融入现代农业的发展轨道。

回顾整个研究历程，虽然取得了一些成绩，但仍存在一些不足之处。例如，在数据收集环节，由于样本的限制，可能在一定程度上影响了结论的普遍性。另外，虽然理论模型能够较好地解释现有现象，但在面对更加多样化的情境时，仍需进一步完善和优化。展望未来，我们将继续深化对农户行为动机及其影响因素的研究，积极探索更多元化的土地信托模式，并加强对实际操作层面问题的关注，以期为该领域的持续发展贡献更多的智慧和力量。

撰写本书的过程，不仅是一次知识的积累，更是一次心灵的洗礼。它让我深刻体会到了科学研究的艰辛与魅力——那是一种对真理的不懈追求、对未知的勇敢探索的精神。我希望通过本书，能够激发更多学者对农村土地制度改革的关注与兴趣，共同推动该领域不断向前发展。同时，我也期待着与广大读者进行更加深入的交流与讨论，相信只有不断地沟通与碰撞，才能激荡出更多新的思想火花。愿每一位致力于改善农村民生福祉的人，都能在前行的道路上找到属于自己的光明与希望。

李名峰
2024 年 11 月 8 日